Cómo educar personas de éxito

ESTHER WOJCICKI

Cómo educar personas de éxito

Lecciones simples
para resultados espectaculares

Grijalbo

Título original: *How to Raise Successful People*
Primera edición: noviembre de 2019

© 2019, Esther Wojcicki
© 2019, Penguin Random House Grupo Editorial, S. A. U.
Travessera de Gràcia, 47-49. 08021 Barcelona
© 2019, Efrén del Valle Peñamil, por la traducción

Printed in Spain – Impreso en España

ISBN: 978-84-253-5634-6
Depósito legal: B-17.671-2019

Compuesto en Pleca Digital, S. L. U.

Impreso en Romanyà Valls, S. A.
Capellades (Barcelona)

GR 5 6 3 4 6

| Penguin
| Random House
| Grupo Editorial |

*A mi marido, Stan, mis tres hijas, Susan,
Janet y Anne, mis diez nietos
y el resto de mi familia, os deseo* TRICK
en vuestra vida y en el mundo

Índice

COLABORACIÓN

AMABILIDAD

Prólogo

Como las tres descendientes de «Woj», nos pareció adecuado que sus hijas se encargaran del prólogo sobre lo que verdaderamente es ser criado al Estilo Woj. Por supuesto, Woj es el afectuoso apodo acuñado por los alumnos de nuestra madre hace décadas (acabó calando) y su método se fundamenta en la confianza, el respeto, la independencia, la colaboración y la amabilidad (TRICK, por sus siglas en inglés), los valores que aborda en las páginas siguientes.

La vida ha traído toda clase de sorpresas, desde nuestro trabajo en Google, YouTube, 23andMe y el Centro Médico de la Universidad de California en San Francisco hasta los desafíos de la crianza de nuestros hijos, un total de nueve entre las tres. Al afrontar los altibajos de la vida, le debemos gran parte de nuestra capacidad para progresar a cómo nos criaron nuestros padres.

Cuando nuestra madre nos dijo que estaba escribiendo este libro, buscamos montones de diarios desde la escuela primaria hasta la universidad. A ella, periodista hasta la médula, le parecía una idea excelente que lleváramos un diario de cada viaje, sobre todo cuando nos trasladamos a Francia en 1980. Aunque hay muchas historias divertidas de peleas y mal comportamiento, estas también incluyen algunos temas fundamentales: independencia, responsabilidad económica, viabilidad, amplitud de miras, audacia y aprecio por la vida.

Hoy en día, una de nuestras mayores alegrías es la sensación de independencia. Nuestros padres nos enseñaron a creer en nosotras mismas y en nuestra capacidad para tomar decisiones. Confiaban en nosotras y nos dieron responsabilidades desde una edad muy temprana. Teníamos libertad para ir solas al colegio, pasear en bicicleta por el barrio y estar con nuestros amigos. Ganamos una confianza que nuestros padres reforzaron siendo respetuosos con nuestras opiniones e ideas. No recordamos que desestimaran nuestros pensamientos o ideas por el hecho de que fuéramos niñas. A cualquier edad, nuestros padres nos escuchaban y actuaban como si se tratara de un aprendizaje mutuo. Aprendimos a defendernos, a escuchar y a darnos cuenta de cuándo podíamos estar equivocadas.

En décimo curso, Anne tuvo una reveladora conversación en el templo sobre las relaciones entre padres e hijos. El padre con el que estaba emparejada mencionó que la obligación del niño era escuchar. Ella le explicó que en nuestra familia discutíamos, pero que nuestros padres siempre nos escuchaban, que no se limitaban a decir: «No, porque yo soy tu padre». Más tarde escribió en su diario lo agradecida que estaba por tener unos padres que no gobernaban con autoridad. Rara vez nos peleábamos. Discutíamos, pero no nos peleábamos. A consecuencia de ello, les estamos extraordinariamente agradecidas por la independencia que experimentamos desde niñas.

De la mano de la independencia llega la libertad económica, que no significa ser rico, sino ser prudente con el dinero y planificar los elementos o aspectos de la vida que se consideran esenciales. Nuestros padres son extremadamente disciplinados con el gasto y el ahorro. Ambos son hijos de inmigrantes, y a menudo nos recordaban que la gente malgasta dinero en cosas innecesarias y luego sufre porque no puede permitirse lo que necesita. La importancia de todo esto afloraba en lecciones diarias. Cuando salíamos a cenar, nunca pedíamos bebida ni entrantes. Antes de ir a comprar comida siempre recortábamos cupones de descuento y consultábamos los anuncios de prensa. En una ocasión, mi madre trajo a casa la comida que le había sobrado de un vuelo reciente y se la dio a Anne para cenar. ¡Sus amigos de la infancia nunca lo han olvidado!

Cuando estábamos en la escuela primaria, nuestra madre nos mostró una gráfica de interés compuesto y decidimos ahorrar como mínimo 2.000 dólares al año. Solicitamos tarjetas de crédito y talonarios antes de saber conducir porque quería enseñarnos la disciplina de saldar mensualmente el crédito de la tarjeta y equilibrar ingresos y gastos. De niñas también nos animaron a fundar una pequeña empresa. Durante años vendimos tantos limones del fértil árbol de nuestros vecinos que en el barrio nos llamaban «las limoneras». Susan se dedicaba a vender «cuerdas de especias» (especias trenzadas que se colgaban en la cocina) y ganó cientos de dólares cuando estaba en sexto curso. Fue idea suya, pero nuestra madre compraba los suministros y la apoyaba cuando salía a venderlos. Íbamos puerta por puerta vendiendo galletas de las Girl Scouts. Y, cuando nos aburríamos mucho, empaquetábamos nuestros juguetes viejos e intentábamos vendérselos a los vecinos, que nos los compraban. A veces.

Como familia, los viajes y la educación eran nuestra máxima prioridad, y todo lo demás recibía unos recursos económicos mínimos. (Nota: nuestro padre lleva las mismas sandalias desde hace sesenta años.) Cuando viajábamos, nos hospedábamos en el hotel más barato y siempre con un cupón de descuento. Gastar dinero era una cuestión de tomar decisiones intencionadas. Nunca fuimos ricos, pero esas decisiones nos otorgaban la libertad económica necesaria para tener las experiencias que queríamos en la vida.

Nuestra madre es una maestra evitando posponer las cosas o quejarse. ¡Si puede hacer algo hoy, lo hará! Nos enseñó a hacer la colada, a limpiar la casa, a pasar la aspiradora, a hacer llamadas telefónicas y a practicar ejercicio, todo al mismo tiempo y en menos de una hora. Nunca hemos conocido a nadie tan eficiente como ella. También nos enseñó lo indoloro que es hacer algo en lugar de dejarlo para más tarde, y que el fin de semana puede ser mucho mejor cuando terminas los deberes el viernes en lugar de darle vueltas los dos días y acabar haciéndolos el domingo.

Aunque la filosofía de mamá consistía eminentemente en adquirir aptitudes, en ocasiones recurría al soborno. Un ejemplo que recuerda Susan es que tenía la mala costumbre de morderse las uñas. Mamá le prometió un conejo si dejaba de hacerlo. Cuando Susan llevaba seis semanas sin morderse las uñas (mamá decía que era el período necesario para corregir un mal hábito), le compró una rata doméstica, ya que el dependiente la convenció de que era mejor mascota que un conejo. En realidad, compró tres ratas domésticas: Snowball, Midnight y Twinkle.

Nuestra madre es muy sociable. Disfruta mucho estando

con toda clase de gente y transmite mucha calidez y accesibilidad porque está abierta a aprender cosas nuevas en todo momento. Es una emprendedora nata, siempre atenta al cambio y la innovación. No fue coincidencia ni «buena suerte» que lograra incorporar la tecnología en su programa académico y en sus aulas cuando Silicon Valley estaba en ciernes; le encanta innovar. Aprende constantemente de sus alumnos, y ese es uno de los motivos por los que confían en ella y la respetan: porque cree en (y progresa con) la visión del cambio de sus estudiantes. Los adultos pueden ser reacios a las rutinas de cambio, lo cual dificulta que entablen conversación con los adolescentes. Pero nuestra madre (¡que también es una «ciudadana de la tercera edad»!) es justo lo contrario, y por eso los estudiantes acuden a ella en tropel. Saben que los respetará y que alentará sus ideas por alocadas que sean. ¡A veces parece que prefiera las ideas más extravagantes! A menudo nos asombra que nuestra madre, que es septuagenaria, tenga tanta energía (¡sí, no está cansada!) después de trabajar hasta altas horas (casi medianoche) con adolecentes en el periódico de la escuela.

Uno de sus mejores rasgos como profesora y madre es que intenta comprender realmente al alumno como persona y trabaja para que se motive con sus propios intereses en lugar de obligarlo a hacer algo. Si una de nosotras llegaba a casa y decía que no le gustaba una asignatura, preguntaba por qué. Siempre trataba de comprender lo que ocurría: ¿necesitábamos la ayuda de un profesor particular? ¿Teníamos problemas con un profesor u otros alumnos? Después intentaba buscar una solución que satisficiera nuestras necesidades y nos ayudaba a resolver el problema. Asimismo, se esforzó en entender nuestras pasiones a lo largo de los años. Apoyó el interés de Anne en el patinaje sobre hielo, el de Janet en sus estudios africanos y el de Susan en los proyectos artísticos. Nos inspiraba con libros, artículos interesantes, charlas y clases. Siempre dejaba que sus estudiantes eligieran los temas para el periódico y que expusieran sus puntos de vista. Cuando hablamos de crianza, nos recuerda que no podemos obligar a un niño a hacer algo: debemos motivarlo para que lo haga por voluntad propia.

También nos gustaría destacar la valentía de nuestra madre, sobre todo en la búsqueda de la justicia. Es la primera en denunciar que el emperador va desnudo. No teme expresar su opinión, defender al desamparado o cuestionar el *statu quo*. Todo ello encaja de forma natural en el contexto del periodismo y la libertad de prensa. Janet recuerda un día que estábamos haciendo cola en una tienda y el dependiente intentaba vendernos algo de calidad inferior y, por supuesto, tuvimos que preguntar por el encargado o amenazar con «denunciarlos a la Oficina para la Protección del consumidor de California». El mantra de nuestra madre siempre ha sido: «Si no dices lo que piensas ni protestas, le ocurrirá lo mismo a otra persona». Otro recuerdo de Janet: mi madre cuestionando al pediatra que quería recetar antibióticos. «¿Los necesita de veras?», preguntó nuestra madre. «¿Puedo mirarle yo también el oído?» No había que temer a la convención, la autoridad y el poder. Por otro lado, no siempre era divertido tener una madre que expresaba libremente sus opiniones a profesores, padres de amigos, novios, etc. Después de todos estos años teniéndola como madre, es imposible pensar en una situación en la que se sintiera incómoda o no estuviera dispuesta a manifestar una opinión sincera. Ni siquiera se abstiene de ofrecer al secretario de Educación su cándida valoración del sistema académico. Este concepto del mundo fomenta un entorno en el que la gente joven desarrolla fuerza y resistencia para perseguir sus sueños y pasiones sin tirar la toalla ni sentirse intimidada. Creemos que gran parte de nuestra energía y motivación proviene de un aprendizaje prematuro de la negativa de nuestra madre a darse por vencida o ceder.

Lo último y más memorable es que nuestra madre nos enseñó a amar la vida. Le gusta hacer el tonto y contar chistes. Atiende pocas formalidades y rompe estereotipos. Le encanta pasarlo bien. Conoció a nuestro padre cuando lo arrolló bajando una escalera en una caja de cartón en su residencia de Berkeley. ¡Nos han echado de varios restaurantes por su mal comportamiento, no el de sus hijas! Cuando tenía setenta y cinco años descubrió Forever 21 y llegó a la conclusión de que era la mejor tienda de ropa, incluso para ella. Hace diez años, acompañada de una docena de alumnos de Periodismo de su instituto, llamó a Anne desde Nueva York y dijo: «¡Anne, hemos encontrado una oferta de limusinas y estamos en Nueva York asomando la cabeza por el techo solar! ¿A qué discoteca podemos ir? ¡Queremos bailar!». A mi madre le gustan la aventura y la exploración. Sus alumnos la quieren porque combina su capacidad de ejecución y su seriedad con apertura mental y creatividad. Se toma en serio la enseñanza del periodismo, pero no tiene inconveniente en que sus alumnos monten en bicicleta estática durante la clase mientras escuchan. Mientras escribíamos esto, acabábamos de ver que nuestra madre había publicado unas fotos suyas vestida de perrito caliente en una tienda. Puede que no llevemos ropa de Forever 21, pero gracias a ella hemos aprendido a mostrar una actitud positiva y a encontrar la felicidad cada día.

Las tres hermanas somos el resultado original de la filosofía de nuestra madre, pero después de nosotras vinieron muchos miles de estudiantes de su programa de Periodismo. En todo el mundo nos para gente y nos dice: «Tu madre me cambió la vida. Creía en mí». No solo influye en la gente mientras está en su aula. Su influencia es de por vida.

Como hijas orgullosas, solo queremos decirte: ¡Gracias por criarnos al Estilo Woj, mamá!

SUSAN, JANET y ANNE WOJCICKI

Introducción

No hay premios Nobel de crianza o educación, pero debería haberlos. Son las dos cosas más importantes que hacemos en nuestra sociedad. Cómo criamos y educamos a nuestros hijos no solo determina qué personas serán, sino también la sociedad que creamos.

Todos los progenitores abrigan esperanzas y sueños para sus hijos. Quieren que sean sanos, felices y prósperos. También sienten miedos universales: ¿Estarán bien? ¿Encontrarán objetivos y se sentirán realizados? ¿Se abrirán camino en un mundo que resulta cada vez más enérgico, competitivo y a veces incluso hostil? Recuerdo que todas esas preocupaciones no expresadas y en gran medida inconscientes se arremolinaban en la pequeña sala de partos cuando sostuve a mi primogénita.

Me encontraba en el hospital acunando a Susan sobre el pecho. La enfermera la había envuelto en una manta rosa y le había puesto un pequeño gorro de lana amarillo. Stan, mi marido, estaba sentado junto a mí. Ambos nos sentíamos cansados pero exultantes, y en ese momento todo estaba claro: amé a mi hija desde el segundo en que la vi, y sentí un deseo primario de protegerla, de darle la mejor vida posible y de hacer cuanto estuviera en mi mano por ayudarla a triunfar.

Pero pronto empezaron a asaltarme las preguntas y las dudas. No sabía coger a Susan en brazos ni cambiar un pañal. Solo hacía tres semanas que había dejado el trabajo, lo cual no me dio mucho tiempo para prepararme. Tampoco entendía cómo se suponía que debía prepararme. El ginecólogo me dijo que me lo tomara con calma al menos seis semanas después del parto. Mis amigas y compañeras me daban toda clase de consejos contradictorios. Me decían que el parto sería largo y arduo, que la lactancia era demasiado difícil y limitadora y que los biberones y la leche de fórmula eran mejores. Leí unos cuantos libros sobre nutrición para adultos (en aquella época no había títulos específicos para niños) y compré una cuna, un poco de ropa y una pequeña bañera de plástico. Y, de repente, tenía a Susan en mis brazos, con sus grandes ojos azules y su pelusa, mirándome como si yo supiera exactamente qué hacer.

Cuando estaban a punto de darme el alta empecé a preocuparme de veras. Era 1968. Por aquel entonces, en los hospitales estadounidenses podías permanecer hospitalizada tres días a partir del nacimiento del bebé. Ahora, en la mayoría de los casos te dan el alta al cabo de dos días. No sé cómo lo hacen las madres en la actualidad.

«¿Puedo quedarme un día más?», supliqué a la enfermera, medio avergonzada y medio desesperada. «No tengo ni idea de cómo cuidar a mi bebé.»

A la mañana siguiente, la enfermera me dio un curso acelerado de cuidados infantiles que, afortunadamente, incluía cómo cambiar pañales. Era la época de los pañales de tela y los imperdibles. La enfermera me advirtió que había que cerrarlos correctamente o podías pinchar al bebé. Siempre que

Susan lloraba, lo primero que hacía era comprobar los imperdibles.

Aunque en aquel momento no gozaba de popularidad, estaba decidida a darle el pecho, así que la enfermera me enseñó a colocarle la cabeza y a utilizar el antebrazo como apoyo. El bebé tenía que «agarrarse» y solo entonces podía estar segura de que estaba ingiriendo leche. No era tan sencillo como esperaba y a veces rociaba a la pobre Susan. La niña debía seguir una periodicidad de cuatro horas y acepté respetarla lo mejor que pudiera.

El último consejo que me dio fue que no olvidara abrazar al bebé. Y entonces, Stan y yo nos quedamos solos.

Como todos los padres, veía a mi hija como una esperanza: esperanza de una vida mejor, esperanza para el futuro, esperanza de que pudiera construir un mundo más deseable. Todos queremos hijos felices, empoderados y apasionados. Todos queremos criar hijos que lleven una vida exitosa y significativa. Eso es lo que sentí cuando nació Susan y más tarde cuando llegaron nuestras otras dos hijas, Janet y Anne. Es ese mismo deseo el que une a gente de diferentes países y culturas. Gracias a mi dilatada carrera como profesora, que ha sido un tanto inusual, ahora asisto a conferencias en todo el mundo. Ya sea reuniéndome con el secretario de Educación en Argentina, con líderes de opinión en China o con unos padres preocupados en India, lo que todos quieren saber es cómo ayudar a que sus hijos tengan una buena vida, sean felices y prósperos y utilicen su talento para hacer del mundo un lugar mejor.

Nadie parece tener una respuesta definitiva. Los expertos en crianza destacan aspectos importantes como el sueño, la comida, los vínculos afectivos o la disciplina, pero el consejo que ofrecen es mayoritariamente restringido y prescriptivo. Lo que en realidad necesitamos no es solo información limitada sobre el cuidado y alimentación de los niños, por importante que sea. Lo que más necesitamos es saber cómo transmitir a nuestros hijos valores y aptitudes para que triunfen como adultos. También debemos hacer frente a los enormes cambios culturales que se han producido en los últimos años, sobre todo en materia tecnológica, y saber cómo afectan a nuestra crianza. ¿Cómo prosperarán nuestros hijos en la era de los robots y la inteligencia artificial? ¿Cómo prosperarán en la revolución tecnológica? Esas ansiedades son habituales en padres de todo el mundo. A todos nos abruma el ritmo del cambio y el deseo de que nuestros hijos puedan seguirlo. Sabemos que nuestras familias y escuelas deben adaptarse a esos cambios, pero no sabemos cómo hacerlo ni cómo aferrarnos a los valores que son más importantes para nosotros y para criar a unos hijos que triunfen.

Como madre joven me sentía igual. Puede que algunos desafíos fueran distintos, pero resultaban igual de amedrentadores. Aceptaba los pocos consejos y orientaciones que encontraba, pero mayoritariamente decidí confiar en mí misma. Tal vez fue mi formación como periodista de investigación o mi desconfianza hacia la autoridad, que había desarrollado de niña, pero estaba decidida a encontrar la verdad yo sola. Tenía ideas propias sobre lo que necesitaban los niños y me mantuve fiel a ellas sin importar lo que pensaran los demás. El resultado fue, para muchos, idiosincrásico en el mejor de los casos o simplemente extraño. Desde el primer día hablé a mis hijas como si fueran adultas. La mayoría de las madres utilizan de manera natural el lenguaje infantil: un tono más agudo y palabras más sencillas. Yo no. Confiaba en ellas y ellas confiaban en mí. Nunca las puse en peligro, pero tampoco impedí que experimentaran la vida o corrieran riesgos calculados. Cuando vivíamos en Ginebra envié a Susan y a Janet a la tienda de al lado a comprar pan; tenían cinco y cuatro años respectivamente. Respeté su individualidad desde el principio. Mi teoría era que los años más importantes eran de cero a cinco y que iba a enseñarles todo lo que pudiera de buen comienzo. Lo que más deseaba era convertirlas primero en niñas independientes y luego en adultas independientes y empoderadas. Imaginé que si podían pensar por sí mismas y tomar decisiones firmes, serían capaces de afrontar cualquier desafío con el que se toparan. En aquel momento no tenía ni idea de que los estudios validarían las decisiones que había tomado. Estaba siguiendo mi instinto y mis valores, y lo que vi funcionó en el aula como profesora.

Es bastante extraño ser una madre «famosa» y que tu familia aparezca en las portadas de las revistas. No me atribuyo todo su éxito como adultas, desde luego, pero las tres se han convertido en personas realizadas, cariñosas y capaces. Susan es la consejera delegada de YouTube, Janet es profesora de pediatría en la Universidad de California en San Francisco y Anne es cofundadora y consejera delegada de 23andMe. Llegaron a la cima de unas profesiones ultracompetitivas y dominadas por hombres, y lo hicieron alimentando sus pasiones y pensando por sí mismas. Ver a mis hijas moverse por el mundo con coraje e integridad ha sido una de las mayores recompensas de mi vida. Me impresiona especialmente cómo compiten, cooperan y se concentran no en ser la única mujer de la sala, sino en buscar soluciones a los problemas que encontramos.

Entretanto, como profesora de Periodismo de alumnos de secundaria durante más de treinta y seis años, he hecho algo similar. Cada semestre tengo unos sesenta y cinco estudiantes, desde el segundo curso hasta el último, y ya el primer día los trato como a periodistas profesionales. Trabajan en grupos y deben ceñirse a un plazo de entrega. Yo presto apoyo y orientación cuando lo necesitan, pero he descubierto que el aprendizaje cooperativo y basado en proyectos es la mejor manera de prepararlos para los desafíos a los que se enfrentarán como periodistas y como adultos. He visto a miles de estudiantes sobresalir gracias a mis métodos de enseñanza, y Facebook me ayuda a seguir en contacto con ellos, incluso con los de los años ochenta. Han cosechado éxitos asombrosos y son personas increíbles. He tenido el privilegio de enseñar a muchos jóvenes, incluidos Craig Vaughan, mi primer redactor jefe en el periódico estudiantil y ahora psicólogo infantil en el Stanford Children's Hospital; Gady Epstein, director de medios en *The Economist*; Jeremy Lin, licenciado por Harvard y base de los Atlanta Hawks; Jennifer Linden, profesora de Neurociencia en el University College de Londres; Marc Berman, legislador del estado de California para el distrito que incluye Palo Alto; y James Franco, el laureado actor, guionista y director. Cientos de estudiantes me han dicho que mi fe en ellos y los valores que les transmití en mis clases cambiaron profundamente la manera en que se veían a sí mismos y quienes llegarían a ser.

Cuando mis hijas empezaron a destacar en los sectores tecnológico y sanitario, y mi programa periodístico cosechó reconocimiento nacional e internacional, la gente notó que estaba haciendo algo diferente. Vieron que mi perspectiva de la crianza y mi método educativo podían ofrecer soluciones a los problemas que afrontamos en el siglo XXI y querían saber más. Los padres me piden consejo constantemente; de acuerdo, a veces me ruegan que les explique las estrategias que utilicé con mis hijas y que ellos también podrían aplicar. Los profesores hacen lo mismo y se preguntan cómo evité ser autoritaria y encontré la manera de orientar a alumnos que sienten una verdadera pasión por el trabajo que desempeñan. Sin querer, descubrí que había entablado un debate sobre cómo deberíamos criar a nuestros hijos y lograr que la educación fuese a la vez relevante y útil. Lo que ofrezco, que ha tocado la fibra a mucha gente en todo el mundo, es un antídoto a nuestros problemas de crianza y enseñanza, una manera de combatir la ansiedad, los problemas disciplinarios, las luchas de poder, la presión social y el miedo a la tecnología que nos nublan el sentido común y perjudican a nuestros hijos.

Uno de los mayores errores que cometemos como padres es asumir una responsabilidad personal por las emociones de nuestros hijos. Tal como afirma la doctora Janesta Noland, una respetada pediatra de Silicon Valley, «los padres se ven tan obligados a perpetuar la felicidad de sus hijos [...] que se sienten responsables de esta y la controlan». Hacemos lo que sea para impedir que nuestros hijos tropiecen con obstáculos o sufrimientos, esto es, para que nunca tengan que enfrentarse a la adversidad. A consecuencia de ello, carecen de independencia y coraje y temen el mundo que los rodea en lugar de sentirse empoderados para innovar y crear. Otro gran error: les enseñamos a pensar casi exclusivamente en sí mismos y en su rendimiento porque deben tener unas calificaciones medias perfectas, ser elegidos por una universidad de primer nivel y encontrar un trabajo impresionante. Están tan ocupados concentrándose en sí mismos que raras veces tienen tiempo para pensar en cómo podrían ayudar y servir a los demás. En ocasiones pasamos por alto la amabilidad y la gratitud, pese a que son las cualidades que más felices nos hacen en la vida, según demuestran los estudios.

También hay disfunciones en el aula. Las escuelas y universidades siguen enseñando al estilo del siglo xx, básicamente preparando a los alumnos para que sigan instrucciones en un mundo que ya no existe. El modelo de clase, basado en la idea de que el profesor lo sabe todo y el papel del estudiante es escuchar en silencio, tomar notas y aprobar un examen, sigue siendo el dominante en todo el mundo pese a que ahora la tecnología nos permite encontrar información en un instante con la biblioteca que todos llevamos en el bolsillo: el teléfono móvil. Los estudiantes aprenden las materias obligatorias y no a través de un aprendizaje o una experiencia basados en el interés. Los programas educativos están orientados a los exámenes y a las evaluaciones estatales en lugar de a un aprendizaje basado en proyectos que enseñe aptitudes del mundo real y permita a los estudiantes descubrir su pasión. Y los exámenes son lo último que fomenta la pasión y el compromiso, los cuales, según demuestran los estudios, son los cimientos de una educación eficaz y de la felicidad vital. Por encima de todo, este sistema desfasado nos enseña a obedecer, no a innovar o a pensar con independencia. ¡Cuando llega el momento de la graduación, celebramos el final del aprendizaje! Deberíamos celebrar el dominio de unas aptitudes que nos permitirán continuar educándonos toda la vida.

Teniendo en cuenta cómo enseñamos y criamos, ¿es de extrañar que los niños acaben deprimidos y ansiosos y sin preparación alguna para hacer frente a las adversidades normales de la vida? Según el Instituto Nacional de Salud Mental, alrededor de un 31,9 % de los jóvenes estadounidenses de trece a dieciocho años padecen trastornos de ansiedad, y cuando los investigadores analizaron los problemas de salud mental que se produjeron en 2016, descubrieron que unos dos millones de adolescentes habían experimentado al menos un episodio depresivo grave. Un estudio de 2016 llevado a cabo en Brasil observó que casi el 40 % de las chicas adolescentes y más del 20 % de los chicos sufrían trastornos mentales comunes como ansiedad y depresión. En India, un estudio demostró que un tercio de los alumnos de secundaria presentaban síntomas clínicos de ansiedad. Otro realizado por el Instituto Noruego de Sanidad Pública descubrió que entre los participantes de catorce y quince años, más del 50 % afirmaban sentirse «tristes o infelices» con frecuencia, y casi la mitad sentía «inquietud». Esta epidemia es universal y debería ser un toque de atención para que todos tomemos medidas.[1]

Hay una manera más adecuada. Hemos convertido la crianza en una actividad increíblemente complicada y poco intuitiva, erizada de miedos y dudas. Nos estresamos porque nos hemos convertido en esclavos de la felicidad de nuestros hijos. Nos preocupa que no triunfen en este mundo tan competitivo en el que vivimos. Nos inquietamos cuando no entran en una guardería de prestigio o cuando todos los niños de su edad parecen saberse el alfabeto, pero ellos no. Somos nosotros quienes estamos creando este mundo frenético y extremadamente competitivo para nuestros hijos. En realidad, la crianza es bastante sencilla, siempre que redescubramos los principios básicos que permiten a los niños prosperar en casa, en la escuela y en la vida. En mis décadas de experiencia como madre, abuela y educadora he identificado cinco valores fundamentales que nos ayudan a convertirnos en personas capaces y de éxito. Para que sea más fácil recordarlo en todos los ámbitos de la vida, yo denomino a estos valores «TRICK»:

TRUST, *RESPECT*, INDEPENDENCE,
COLLABORATION y KIDNESS

Esto es CONFIANZA, RESPETO, INDEPENDENCIA, COLABORACIÓN Y AMABILIDAD.

CONFIANZA: En todo el mundo estamos viviendo una crisis de confianza. Los padres tenemos miedo y transmitimos a nuestros hijos el temor a ser ellos mismos, a correr riesgos y a plantar cara a las injusticias. La confianza debe empezar por nosotros. Cuando estamos seguros de las decisiones que tomamos como padres podemos confiar en que nuestros hijos den pasos importantes y necesarios hacia el empoderamiento y la independencia.

RESPETO: El respeto más fundamental que podemos mostrar hacia nuestros hijos es su autonomía e individualidad. Todos los niños tienen un don, que también es un don para el mundo, y nuestra responsabilidad como padres es alimentarlo sea cual sea. Esto es justamente lo contrario de decir a los niños quiénes deben ser, qué profesión deben elegir y cómo debería ser su vida. Es apoyarlos mientras identifican y persiguen sus objetivos.

INDEPENDENCIA: La independencia se apoya en unos sólidos cimientos de confianza y respeto. Los niños que aprenden autocontrol y responsabilidad en sus primeros años están mucho más preparados para afrontar los desafíos de la vida adulta y también poseen aptitudes para innovar y pensar de forma creativa. Los niños verdaderamente independientes son capaces de lidiar con la adversidad, los reveses y el aburrimiento, todos ellos aspectos inevitables de la vida. Sienten que llevan las riendas incluso cuando están rodeados de caos.

COLABORACIÓN: Colaboración significa trabajar juntos como familia, en un aula o en el lugar de trabajo. Para los padres significa animar a los niños a participar en las conversaciones, las decisiones e incluso la disciplina. En el siglo xx, cuando respetar las normas era una de las aptitudes más importantes, los padres tenían el control absoluto. En el siglo xxi, dar órdenes ya no funciona. No deberíamos decirles a nuestros hijos qué tienen que hacer, sino preguntarles por sus ideas y trabajar juntos para encontrar soluciones.

AMABILIDAD: Es raro, pero cierto, que tendemos a tratar a las personas que tenemos más próximas sin la amabilidad y la consideración que dispensamos a los desconocidos. Los padres quieren a sus hijos, pero los conocen tanto que a menudo pasan por alto la amabilidad más básica. Y no siempre conciben esa amabilidad como un comportamiento para el mundo en su conjunto. La verdadera amabilidad conlleva gratitud y perdón, servicio a los demás y una conciencia del mundo más allá de nosotros mismos. Es importante enseñar a nuestros hijos que lo más apasionante y gratificante es hacer mejor la vida de otra persona.

Los valores TRICK son esenciales para las familias funcionales y la solución a los retos que hallamos en la educación. Las clases más eficaces están cimentadas en la confianza y el respeto, alientan el pensamiento independiente e incluyen un aprendizaje cooperativo basado en proyectos que imita el trabajo en el mundo real. Los líderes educativos finalmente están empezando a darse cuenta de que la memorización y la enseñanza por repetición son absolutamente inadecuadas para transmitir las aptitudes del siglo XXI. He pasado más de tres décadas perfeccionando mi modelo de «aprendizaje mixto», un estilo de enseñanza que otorga a los niños cierto control sobre su educación y hace hincapié en el uso responsable de la tecnología. En la actualidad, profesores de todo el país están emulando mis métodos y viajo con frecuencia por Europa, Asia y Latinoamérica para hablar con líderes educativos y ayudar a poner en marcha nuevas políticas gubernamentales basadas en los valores TRICK fundamentales.

Las empresas también han empezado a reconocer el poder de TRICK y a adoptar esos valores en su cultura. TRICK no solo es criar a niños felices y prósperos; también es sacar lo mejor de personas de cualquier edad. Las empresas buscan empleados que posean valentía, creatividad, aptitudes para el pensamiento independiente y la capacidad de colaborar y adaptarse a un mundo en proceso de cambio constante. Cuando el Servicio de Evaluación Educativa llevó a cabo un análisis de la Red de Información Ocupacional, una gran base de datos de empleo gestionada por el Departamento de Trabajo de Estados Unidos, descubrió que los puestos actuales requieren cinco aptitudes cruciales que surgen de los valores TRICK: resolución de problemas, inteligencia fluida, trabajo en equipo, logros/innovación y comunicación. El pensamiento flexible, la resolución de problemas y la innovación obedecen a un marcado sentido de la independencia, que a su vez se construye sobre la confianza y el respeto. El trabajo en equipo y la comunicación no son posibles sin la amabilidad y el espíritu de colaboración necesarios para tener en cuenta las opiniones e ideas de otros. Por eso, una cadena de hoteles global utiliza actualmente los valores TRICK para formar y empoderar a sus empleados. Por eso los fundadores de Gap, el minorista internacional de ropa, se reunieron recientemente con mi hija Anne y conmigo para intentar aprender a crear más líderes empresariales de éxito como ella. Y por eso tantas grandes empresas (como la importante asesoría global Deloitte; Mercado Libre, la plataforma de comercio electrónico más popular de Latinoamérica; Panera Bread, la cadena de panaderías y cafeterías; e incluso Walmart y McDonald's) están adoptando filosofías similares a TRICK y alentando la independencia, la colaboración y la innovación entre sus trabajadores.

Cuando hablé en la conferencia Conscious Capitalism en 2017 ante una sala abarrotada de líderes empresariales, el público estaba tan entusiasmado con los valores TRICK que nadie quería irse. Hablé con consejeros delegados como John Mackey, de Whole Foods, y Daniel Bane, de Trader Joe's, los cuales dirigen exitosas cadenas de tiendas de alimentación conocidas por el empoderamiento de los empleados. Amit Hooda, el consejero delegado de Heavenly Organics, un fabricante de alimentos respetuosos con el medio ambiente, Jeffrey Westphal, de Vertex, el proveedor de programas informáticos de gestión tributaria, y muchos otros me dijeron que querían ayudar a difundir mi filosofía en todo el mundo. Los valores TRICK impregnaron todos los debates de esta conferencia, ya que debemos empoderar a la gente con la que trabajamos y colaborar para propiciar un cambio real. Los líderes a los que conocí hablaron de formar a sus empleados para el siglo XXI a través de un aprendizaje activo basado en proyectos, igual que yo había hecho en mi aula del instituto Palo Alto.

El objetivo último de TRICK es crear personas responsables en un mundo responsable. Eso es lo que estamos haciendo como padres, profesores y jefes, no solo criando hijos o gestionando aulas y salas de juntas, sino sentando las bases para el futuro de la humanidad. Estamos haciendo evolucionar la conciencia humana, y estamos haciéndolo más rápido que nunca.

Este libro trata de cómo criar a personas de éxito. No plantea otra moda de crianza ni una receta precisa para acostar a los hijos, sino que enseña a los padres a utilizar una filosofía de conducta humana universal para afrontar los problemas que nos encontramos en la actualidad y preparar a nuestros hijos para los numerosos desafíos desconocidos que les depara el futuro. Tampoco ofrece un nuevo programa para el aula, sino una nueva manera de impartirlo, una nueva perspectiva de la enseñanza (en la escuela y en casa) que propicia empoderamiento e independencia y siempre parte de una base de confianza y respeto. En los siguientes capítulos presento los principios básicos que te ayudarán a crear un hogar (o un aula) que os permitirá a ti y a tus hijos prosperar.

Lo que yo hice como madre no es distinto de lo que han hecho los padres a lo largo de toda la historia humana cuando se han visto obligados a confiar en sí mismos, valorar la independencia de sus hijos y afrontar la crianza como una colaboración comunitaria. La prueba definitiva es que mis métodos han sido validados científicamente para su uso en todo el mundo y también por la poderosa experiencia colectiva de los padres. Los he utilizado en mis clases durante los últimos treinta y seis años, y con mis hijas desde hace cincuenta. TRICK funciona para todo el mundo con independencia de la edad, la cultura o las circunstancias, y nunca es tarde para empezar. Puedes corregir errores y tropiezos de crianza y mejorar tu vida y la de tu hijo. Y lo mejor de todo es que adoptar los valores TRICK te convertirá en la clase de padre que quieres ser y te ayudará a criar a la clase de hijo con el que quieres estar, un hijo que también quiera estar contigo; la clase de hijo que otros quieren, necesitan y valoran; y la clase de hijo que afrontará las dificultades que encontramos como comunidades, como países y como mundo.

Es una alegría y un privilegio compartir en las páginas siguientes historias y principios surgidos de los valores TRICK. Espero que te orienten para desarrollar una gran confianza en ti mismo y en tu hijo y que sean tan memorables que puedas utilizarlos como guía. Tú eres el padre o la madre que tu hijo necesita y, con tu confianza y respeto, se convertirá exactamente en la persona que debe ser.

1

La infancia que desearías haber tenido

Todos tendemos a criar igual que nos han criado, pero, cuando fui madre, lo único que sabía con certeza era que no quería repetir los errores de mis padres. Todos tenemos traumas y adversidades de la infancia que influyen en cómo nos relacionamos con nuestros hijos, y si no comprendemos esos traumas, si no evaluamos cuidadosamente lo que salió mal, estamos condenados a repetirlo. No examinar nuestros patrones y programación inconscientes socava nuestros esfuerzos por criar una familia basada en los valores TRICK. Como veréis en mi historia, yo no me crie con esos valores fundamentales. Tuve que aprenderlos por las malas. Compartiendo mis experiencias de infancia y la perspectiva de mis padres sobre la crianza espero inspirarte para explorar tu propia historia y que así puedas comprender el modelo del que fuiste testigo y si se basaba o no en los valores TRICK.

La historia de la madre en la que me convertí empieza en un edificio de viviendas del Lower East Side de Nueva York. Vivía en un pequeño apartamento de una habitación con mis padres, inmigrantes judíos rusos que llegaron a este país sin nada. Mi madre, Rebecca, era de Krasnoiarsk, Siberia, un lugar que de niña me parecía increíblemente frío y remoto. Me

contaba que nevaba tanto que la casa entera quedaba enterra-
da y tenían que cavar túneles para salir. Era extremadamente
hermosa (la gente me lo dice cada vez que ve una foto suya) y
tenía un acento que nadie sabía ubicar, una mezcla de yidis
y ruso que aprendí, pero perdí cuando empecé la escuela. Mi
padre, Philip, era un artista especializado en acuarelas y dibujos al carboncillo e incluso recibió una beca del Instituto
Politécnico de Rensselaer. Por desgracia, no pudo aceptarla
porque tenía que mantenernos a mi madre y a mí. Él y su familia habían huido de los pogromos de la región ucraniana de
Chernivtsi y fueron caminando hasta Viena, donde podían
solicitar los documentos para viajar a Estados Unidos. Durante años no me creí la historia de que hubieran caminado
hasta tan lejos. Me explicó que metieron todas sus posesiones
en un carromato de madera y tiraban de él hasta que les san-
graban las manos. Parecía una exageración absurda hasta que
leí acerca de la crisis de los refugiados sirios, que recorrieron
cientos de kilómetros a pie para huir de la guerra. Todavía me
arrepiento de no haberle agradecido a mi padre lo que hizo.

Siempre estábamos al borde de la ruina económica. Al
margen del arte, mi padre tenía pocas habilidades. No estábamos viviendo precisamente el sueño americano. Así que,
cuando se quedó sin los trabajos ocasionales que nos mantenían a flote, oyó la llamada del Oeste y decidió probar fortuna
en California. Parecía la tierra del sol, la diversión y las oportunidades, donde podríamos construir una vida nueva por
completo. Lamentablemente, las cosas no salieron como pla-
neábamos.

Aún no sé por qué mis padres eligieron Sunland-Tujunga,
una comunidad agrícola situada en la zona nordeste del valle

de San Fernando. A lo lejos se elevaba la sierra de San Gabriel y las calles eran anchas y de tierra. Años después, mi hermano y yo fundamos una empresa que se dedicaba a sacar coches varados en la arena. Era algo frecuente y me encantaba ganar un dólar cada vez que ocurría. Había vides por todas partes y piedras grises que caían rodando por las laderas. Vivíamos en una casa pequeña construida con esas mismas piedras, y justo detrás se encontraba el Tujunga Canyon Wash, un afluente del río Los Ángeles, donde en los gigantescos peñascos que bordeaban la orilla se ocultaban las serpientes de cascabel.

Mi padre realizó varios trabajos artísticos en California e incluso probó suerte en el mundo del espectáculo, pero sin éxito. Finalmente se vio obligado a aceptar un puesto como cortador de lápidas, que mantuvo el resto de su vida. En cementerios de todo Los Ángeles todavía se pueden ver cientos de sus lápidas, el único legado artístico que dejó. El trabajo era agotador y mal pagado, y cuando llegaba por la noche, cerraba de un portazo y se paseaba por nuestra pequeña casa sin decir nada. Siempre me asustaba y aprendí a mantenerme alejada de él. Si no lo hacía, me veía atrapada en una tormenta. «La letra con sangre entra», me decía a menudo, y hablaba en serio. Mi madre hacía todo lo posible por protegerme de sus arrebatos y a veces incluso me compraba mi comida favorita (gelatina verde y albaricoques en lata), premios infrecuentes que se convirtieron en nuestro pequeño secreto. De noche me sentaba en la habitación y los oía discutir. Siempre, siempre por dinero.

Lo más difícil para mí era soportar la tradición ortodoxa que consideraba a los hombres los miembros más importantes de la familia. Y no solo de la familia: los hombres eran los miembros más importantes de la sociedad. Toda la comunidad giraba en torno a ellos. El *kadish*, la oración para los muertos, solo puede ser leído por hombres; la Torá, nuestros libros sagrados de la Biblia, solo pueden ser sostenidos y leídos por hombres. Básicamente, si quieres hablar con Dios tienes que ser hombre. Supongo que ese es el motivo por el que los ortodoxos se levantan cada mañana y agradecen a Dios no haber nacido mujeres.

Me pasaba los sábados en una pequeña sinagoga y me sentaba en el piso de arriba con las mujeres y los niños. Siempre hacía calor, pero las mujeres llevaban manga larga y el pelo tapado tal como exigía la religión. Era un atuendo conservador y, desde luego, poco cómodo. A mí me gustaba ir porque susurraba a los otros niños mientras los hombres rezaban abajo. Parecían existir en otro mundo en el que yo nunca podría entrar.

En la tradición judía ortodoxa, las mujeres solo tienen un papel claramente definido: el de madres de familia. Eso significa que no necesitan educación, tan solo saber cuidar de los hijos y su marido y llevar la casa. Al crecer me di cuenta de que todas las mujeres que me rodeaban ocupaban posiciones serviles. Mi madre siempre tenía que escuchar a mi padre. Las mujeres de la sinagoga obedecían a sus maridos. Benjamin, mi abuelo paterno, que había sido rabino, controlaba a toda la familia. El objetivo para mí era que me casara con un judío rico cuando cumpliera dieciocho años y que tuviera muchos hijos. El hecho de que mis metas fueran otras abrió una grieta en la relación con mi abuelo que duró hasta su muerte.

La importancia de los hombres quedó drásticamente ilustrada cuando nació mi hermano Lee el 23 de mayo de 1945, tres días antes de mi quinto cumpleaños. Lo trajeron a casa el día de mi aniversario y apenas pude contener la emoción cuando mi padre le abrió la puerta a mi madre. Llevaba una cesta y dentro iba mi nuevo hermanito. Para mí era como un regalo especial. Eché a correr para verlo de cerca, pero mi padre me agarró del hombro y me empujó. «No te acerques demasiado al bebé», me advirtió. «Podrías hacerlo enfermar.» Me detuve en seco, más confusa que dolida, y mi madre se quedó callada. Después, mi padre dijo una cosa que sigue conmocionándome hoy en día. «Tu hermano Lee es niño», sentenció, «y en nuestra familia los niños son más importantes.» Me dio la noticia como si no comprendiera cómo podía afectarme. Aún hoy me cuesta imaginar a alguien diciéndole eso a un niño. Al principio no entendí a qué se refería (que ahora sería la segunda de la cola), pero sabía que no era bueno. Antes de que Lee naciera yo era la niña bonita de la familia, la única hija y el centro de atención, aunque esa atención a veces fuera negativa. Pero pronto vi cómo irían las cosas. Las necesidades de Lee tenían prioridad sobre las mías. A él le compraban docenas de juguetes y a mí ninguno. Él tenía ropa nueva en lugar de prendas usadas de nuestros primos de Nueva York. Él podía cenar lo que quisiera, mientras que a mí me reñían por coger demasiada comida.

Volviendo la vista atrás me doy cuenta de que no me molestaba tanto como cabría esperar. En parte, lo que me ayudó a sobrellevarlo fue el amor constante de mi madre. Era paciente, nunca crítica, y me hacía sentir importante pese a lo que había dicho mi padre. Además, me gustaba mucho Lee. Era un bebé muy mono y me divertía jugando con él. Para mí era como una muñeca a tamaño real y disfrutaba ayudando a mi madre y sintiéndome un miembro útil de la familia. Al hacerme mayor esperaban que lo hiciera casi todo sola, ya que los recursos eran limitados y toda la atención iba destinada a Lee. Pero incluso eso era una suerte, porque, sin querer, tanta independencia me empoderaba. Aprendí a hacer la colada, a fregar los platos, a limpiar la casa, a cocinar para Lee, a hacer recados, a hacer las camas, a barrer el suelo y a limpiar las alfombras (no teníamos aspiradora). Me crie pensando que podía hacer cualquier cosa. Mientras tanto, Lee se crio pensando que siempre necesitaba ayuda y apoyo. Lo mimaban hasta el punto de la parálisis, una consecuencia no deseada de toda esa devoción.

Sin embargo, en el colegio no les gustaba mi independencia. Allí, el aprendizaje se materializaba por medio de la fuerza y la obediencia estricta. Siempre había sido una alumna un poco obstinada y el director incluso me pegaba a veces. Los castigos corporales siguen siendo legales en las escuelas públicas de diecinueve estados de Estados Unidos y en todas las privadas excepto las de New Jersey y Iowa (la gente no lo sabe, pero debería). Yo fui uno de los muchos niños que sufrieron debido a esa política inhumana. Con frecuencia, los profesores no parecían tener ni idea de qué hacer conmigo. Cuando estaba en segundo curso, la maestra me tiró debajo de su mesa cuando me descubrió ayudando a otros estudiantes en lugar de mirar al vacío cuando terminé la tarea, y se enfadó aún más cuando saludé a mis compañeros desde debajo de la mesa. Recibí un «insatisfactorio» en conducta, la única nota que le preocupaba a mi padre. Como podrás imaginar, no estaba contento conmigo.

La biblioteca pública era mi santuario. Me encantaba calzarme los patines e ir a toda velocidad hasta la diminuta biblioteca de Sunland-Tujunga, donde me sentaba con un buen montón de libros. Leer me ayudaba a pensar por mí misma y me ofrecía atisbos de otros mundos muy distintos del mío. Un verano incluso gané un premio por leer más libros que ningún otro estudiante de la ciudad. También vendí más galletas de las Girl Scouts que cualquier otra chica de Sunland-Tujunga. No iba a clases ni tenía actividades extraescolares o actuaciones especiales, pero la escuela pública me prestó un violín y cada noche practicaba concienzudamente en mi habitación. La música era y sigue siendo una gran pasión para mí. En quinto curso era lo bastante buena para ingresar en la orquesta de la escuela y tuve la suerte de tocar durante los cuatro años de instituto. Incluso entonces parecía entender que la música hace la pobreza más llevadera.

En 1948, mis padres tuvieron otro hijo, David, lo cual supuso aún más estrés económico para la familia. Era un bebé precioso, con un pelo rubio reluciente y unos ojos azules traslúcidos. Recuerdo que era muy curioso y lloraba mucho. Mi madre se agobiaba cuidando de tres hijos y no siempre podía satisfacer las necesidades de David, así que yo la ayudaba en todo lo que podía. Jugaba con él y lo llevaba por toda la casa y el patio. Le enseñaba mi árbol de pimienta favorito, situado cerca del riachuelo, y le decía que en unos años le explicaría cómo trepar a él.

Un día, cuando David tenía dieciséis meses, estaba jugando en el suelo de la cocina y encontró un frasco de aspirinas. Creía que era un juguete y empezó a agitarlo. Cayeron docenas de pastillas (en aquella época, Bayer no tenía tapones de seguridad) y se las tragó todas antes de que mi madre se diera cuenta de lo ocurrido. Llamó al médico y la enfermera le dijo que metiera a David en la cama y que dentro de unas horas fuera a ver cómo estaba (solo teníamos un coche y mi padre se lo había llevado al trabajo). Sospecho que la enfermera no ofreció una respuesta más adecuada porque no podíamos pagar todos los costes de la clínica y mi madre hizo lo que le indicó. Horas después, David se despertó vomitando.

Luego lo llevamos al hospital del condado, donde le practicaron un lavado de estómago y le dieron el alta, pero empeoró y volvimos. Nos dijeron que no había camas disponibles (un eufemismo para «no hay justificante de pago»), así que fuimos al Huntington Memorial, donde también afirmaron no tener camas, y luego al hospital St. Luke's, momento en el cual estaba en tan mal estado que los médicos aceptaron tratarlo. Pero era demasiado tarde: David murió aquella noche. Cuando pienso en mi infancia, la emoción más intensa que siento es el dolor de su pérdida, cómo cubrió nuestra casa como una nube negra, cómo mis padres no llegaron a recuperarse nunca, sobre todo mi madre. El fallecimiento de David me afectó como ningún otro hecho de mi infancia. Excepto uno.

Meses después de la muerte de David, mi hermano Lee, que en aquel momento tenía cinco años, tuvo un desmayo y se desplomó en el comedor. Mi madre lo sacudió, pero no despertaba. Al cabo de unos minutos yo también empecé a notarme mareada. En aquel momento, mi madre fue lo bastante inteligente para salir corriendo de casa, pero me pidió que me quedara quieta. «Túmbate en la cama y vendré a por ti», dijo, y sacó a Lee de allí. Yo estaba grogui y desorientada, pero me negué a hacerle caso. Mi escepticismo empezaba a tomar las riendas. Me apoyé en las paredes para mantenerme en pie y cuando salí de casa me estiré en la gravilla del patio delantero y empecé a recobrar la conciencia. Entonces vi a mi madre sentada con Lee en el camino de cemento. Él también había despertado, pero aún no teníamos ni idea de qué estaba ocurriendo. Mi madre llamó a un vecino y horas más tarde concluyeron que un radiador estropeado había llenado el edificio de monóxido de carbono. Lee era el más pequeño y vulnerable, así que fue el primero en desmayarse. Yo habría sido la siguiente y, si me hubiera quedado en la cama tal como me habían dicho, no habría sobrevivido.

Ese incidente, junto con la tragedia de la muerte de David, me llevó por un camino que me influyó profundamente el resto de mi vida. Reforzó mi decisión de pensar por mí misma ocurriera lo que ocurriera. Siempre preguntaba qué era sensato, aunque sonara erróneo, aunque tuviera que cuestionar a mis padres o profesores. Sentía la necesidad de hacerlo. De lo contrario, podría resultar herida o incluso morir. Así de serio era para mí. No culpaba a mi madre por ser obediente. No era culpa suya que David muriera o que no se le ocurriera sacarnos a ambos de casa en un momento de peligro manifiesto. Sin embargo, en cierto modo fue culpa suya, o al menos así lo veía yo de niña. Era una víctima de la pobreza y una inmigrante con poca educación académica. Nunca le habían enseñado a reflexionar y confiaba ciegamente en la autoridad por la tradición en la que se había criado, igual que tantos otros por aquel entonces. Pero escuchar, obedecer y no pensar con espíritu crítico provocó la mayor pérdida que unos padres pueden sufrir. Llegué a la conclusión de que quería llevar otra vida. Quería una vida en la que las niñas y los niños fueran tratados por igual. Quería una vida en la que pudiera tomar decisiones inteligentes y no tuviera que preocuparme siempre por el dinero. Quería salir del mundo en el que había nacido y decidí hacerlo pensando por mí misma.

Finalmente salí ocho años después. Obtuve una beca completa para la Universidad de California en Berkeley. De lo contrario, no habría podido permitirme ir a la universidad, ya que mi padre me había cerrado el grifo. Supuestamente debía casarme con un judío rico, no ir a la escuela. En agosto de 1959 me monté en un autobús Greyhound rumbo a Berkeley con mis dos maletas y nunca miré atrás. En segundo curso conocí a Stan, un físico experimental que se convertiría en mi marido. Yo estaba deslizándome por una escalera con una caja de cartón gigante. Era una noche de lunes más en la cooperativa de estudiantes Sherman Hall y aterricé a sus pies. Nos enamoramos. Me di cuenta de que él también veía el mundo con cierto escepticismo. Se crio en Cracovia durante la Segunda Guerra Mundial, junto a las vías ferroviarias que transportaban a los judíos a Auschwitz. Los nazis ocuparon parte del piso de su familia y los obligaron a instalarse en dos habitaciones pequeñas. Él, su hermano y su madre sobrevivieron solo porque eran católicos. Su padre trabajaba en el gobierno polaco exiliado en Londres. Después de la guerra, Stan huyó a Suecia con su madre y su hermano escondidos debajo de los barriles de carbón de un carguero. En un trágico giro de los acontecimientos, a su padre le dijeron que no había espacio suficiente en el barco y que esperara al siguiente. No lo había. Fue detenido en el puerto por las autoridades comunistas recién instaladas y encerrado como preso político hasta la muerte de Stalin, en 1955. Como cabría esperar, Stan sentía un marcado disgusto por la autoridad y el gobierno, y también era profundamente escéptico con los documentos históricos, algo que yo ni siquiera me había planteado. Sabía por experiencia cómo alteran la historia los gobiernos para reflejar la visión de los ganadores. Tiene lógica que dedicara su vida a estudiar los neutrinos, las partículas elementales más pequeñas, y a cuestionar las teorías de Einstein. Estaba buscando los orígenes del universo y, de algún modo, intentando comprender el mundo.

Después de casarnos, Stan recibió una beca de la Fundación Nacional de la Ciencia y vivimos unos años en Ginebra y París. Yo me matriculé en la Escuela de Relaciones Internacionales de la Universidad de Ginebra y luego en la Sorbona, en París. Me encantó vivir en ambas ciudades y aprender a hablar francés. Después regresamos a Berkeley y un año más tarde a Palo Alto, ya que a Stan le ofrecieron un puesto de profesor asociado en Stanford. No esperábamos quedarnos mucho tiempo allí, porque era un trabajo no numerario, pero en 1967 le ofrecieron empleo permanente. Estábamos encantados. En 1968 fuimos padres, pero ninguno de los dos sabía realmente lo que nos esperaba. Fue increíble ser madre, por supuesto, pero resultó mucho más duro de lo que pensaba. Stan se concentró en ejercer de sostén y ofrecer estabilidad y estructura a la familia. Su trabajo de profesor en Stanford era extremadamente exigente. Siempre sentía la presión de «publicar o perecer» y trabajaba sin parar. Además, viajaba por todo el mundo para asistir a conferencias y presentaciones. Su pasión era la física de partículas de alta energía, lo cual conllevaba visitar centros de investigación en Brookhaven,

Nueva York, el Fermi Lab de Chicago y la CERN (Organización Europea para la Investigación Nuclear) en Ginebra. Todavía tenemos en el comedor un mapamundi con chinchetas clavadas en todos los lugares que ha visitado Stan. Hay cientos de ellas. Cuando estaba en casa era buen padre, pero no estaba casi nunca. Aunque era frustrante y a veces habría deseado contar con más apoyo, aprendí a aceptarlo.

La crianza de nuestras tres hijas estaba en mis manos. Recibí mucha ayuda de mis médicos de Kaiser, en Redwood City, California, pero no me facilitaban consejos de crianza y los de mis amigos no satisfacían mis necesidades. Ninguno de los libros que leí tenía sentido hasta que descubrí al doctor Spock, el gurú de la crianza en los años sesenta, y su icónico libro, *Tu hijo* del doctor Benjamin Spock. Su mensaje me caló desde el principio. Nos decía a mí y a miles de madres primerizas: «Sabes más de lo que crees [...] Quieres ser la mejor madre, pero no siempre está claro qué es lo mejor. Allá donde mires hay expertos diciéndote qué debes hacer. El problema es que no siempre se ponen de acuerdo. El mundo ya no es como hace veinte años y las viejas respuestas tal vez no sirvan». Al leer este pasaje tuve la sensación de que estaba hablándome directamente a mí. Las viejas respuestas no me servían. La religión y la cultura en las que me crie no me valoraban como ser humano. Los expertos y las figuras de autoridad no velaban por mis intereses. Yo era la única que sabía lo que era adecuado para mis hijas y para mí.

Muchas madres leyeron al doctor Spock, pero pocas criaron a sus hijos como yo crie a las mías. Encontré mi propio camino, sobre todo rebelándome contra mi infancia. Me asustaba caer en patrones del pasado. Sabía que, si no me andaba con cuidado, podía exponer a mis hijas a las conductas y los valores que tanto sufrimiento me habían causado de niña. Quería recrear los fuertes vínculos emocionales y físicos que yo había tenido con mi madre, pero ahí se acababan las similitudes. Por alguna razón, me di cuenta de que si quería hacer las cosas de otra manera tendría que enfrentarme conscientemente a mi propia infancia. No leí sobre el tema. El doctor Spock no me lo enseñó, ni tampoco lo hicieron otros. Simplemente me pareció lógico. Para cambiar no podía actuar con el piloto automático y criar a mis hijas como me habían enseñado. Debería ser reflexiva en lugar de reactiva. Necesitaría mucha paciencia y determinación.

Resulta que mi conclusión intuitiva la explica el campo de la investigación del apego. El apego fue descrito por primera vez por John Bowlby, un científico británico cuyos estudios desde los años cincuenta forjaron una nueva comprensión de las relaciones humanas. Su teoría afirma que nuestra interacción con los padres cuando éramos jóvenes contribuye a determinar nuestras relaciones interpersonales como adultos e influye enormemente en cómo nos relacionamos con otras personas y, sobre todo, con nuestra pareja y nuestro hijos.

En la década de los setenta, L. Alan Sroufe, un psicólogo e investigador de la Universidad de Minnesota, empezó a recabar datos para el Estudio Longitudinal de Padres e Hijos de Minnesota. Sroufe se inspiró en el trabajo de Bowlby, y quería saber si los primeros patrones de apego podían predecir el comportamiento en la vida adulta. Los resultados de este estudio continuado indican que un vínculo temprano influye en nuestra conducta como adultos, sobre todo en las categorías de confianza en uno mismo, regulación emocional y competencia social. Sroufe y sus compañeros descubrieron que «las experiencias de apego proporcionan ciertos componentes actitudinales, motivacionales y emocionales básicos que constituyen la plataforma para entrar en el mundo de nuestros iguales y gestionar los desafíos que surjan».[2] En otras palabras, nuestras primeras experiencias con el apego nos ofrecen una especie de brújula para orientarnos en la vida. Pongamos por caso la confianza en uno mismo. El estudio de Sroufe confirmó que los niños de guardería cuyos padres mostraban patrones de apego ansiosos y esquivos dependían más de sus profesores. Otro análisis del mismo estudio longitudinal observó que los niños con un gran apego eran considerados más sociables por sus profesores de primaria, tenían más amigos a los dieciséis años y de adultos eran más capaces de resolver conflictos en sus relaciones amorosas.[3]

Esos hallazgos corroboran lo que todos sabemos: las experiencias de la infancia nos afectan profundamente como adultos. Pero ahí es donde la cosa se pone interesante de verdad. Mary Main, otra investigadora psicológica, se preguntaba si esos patrones podían cambiar a lo largo de nuestra vida y, de ser así, cómo. Para averiguarlo, ella y sus compañeros desarrollaron un cuestionario denominado «Entrevista de apego adulto». Durante dicha entrevista, un sujeto adulto comentaba sus experiencias de infancia con un investigador y respondía a preguntas como: «¿A qué progenitor se sentía más unido y por qué?», «Cuando se enfadaba de niño, ¿qué hacía y qué ocurría?» y «¿Cómo cree que han afectado en general sus primeras experiencias a su personalidad adulta?». Los resultados de esas encuestas fueron revolucionarios. Main descubrió que los adultos pueden modificar y revisar sus patrones de apego durante toda su vida. Podemos cambiar un apego inseguro por uno seguro. Pero ¿cómo? Según descubrieron, las relaciones positivas con personas que no sean nuestros padres (que nos dan a conocer otras formas de apego) resultan útiles, pero es igual de importante una reflexión consciente sobre nuestra infancia. El análisis de Main demostraba que los participantes que ofrecían una narración coherente sobre lo que les había sucedido de niños y hablaban sensatamente de sus padres y los obstáculos que estos habían vivido estaban asociados a un apego seguro con independencia de si habían experimentado dificultades, traumas o pérdidas cuando eran niños. Aquellos sujetos cuya narración era menos coherente, desdeñosa o contradictoria estaban asociados a un apego ansioso o inseguro que había persistido hasta la vida adulta.

Creo que todos sabemos esto instintivamente. Tendemos a criar del mismo modo que nos criaron, sobre todo porque ese es el modelo que tenemos. Los valores familiares que aprendemos de niños pueden influirnos de tal manera que quizá no siempre podamos sentir o comprender el alcance de esa influencia. A menudo decimos o hacemos cosas que hacían nuestros padres y nos preguntamos cómo se nos metieron en la cabeza o bajo la piel. En algunas familias existen ciclos de violencia y abusos intergeneracionales en los que la gente al parecer se ve atrapada en los mismos patrones disfuncionales durante generaciones. Un estudio descubrió que un tercio de los niños que habían padecido abusos acababan convirtiéndose en padres negligentes o agresivos.

Por tanto, lo primero que deberían hacer todos los progenitores es reflexionar sobre sus experiencias. Parece simple, pero a menudo no lo hacemos. Tal como escribe Daniel J. Siegel, el investigador de UCLA, en *Mindsight*, «el mejor indicador de la seguridad de apego en un niño no es lo que les ocurrió a sus padres de pequeños, sino cómo interpretaron esas experiencias de infancia». Siegel, Main y otros han comentado que la experiencia de interpretar nuestra vida propicia un «apego seguro». Todos tenemos la capacidad de «ganarnos» la seguridad a través de una reflexión consciente que luego podemos transmitir a nuestros hijos.

Ojalá hubiera sabido todo esto antes. Ojalá alguien me hubiera enseñado a reflexionar, qué preguntas formular y qué respuestas debía buscar. De algún modo, lo averigüé todo yo sola. En primer lugar, tenía el laboratorio de la experiencia. Fuera lo que fuese que estaba haciendo, funcionaba: mis chicas eran felices, pujantes y capaces. Pero había muchos desafíos que no habría podido predecir.

Por medio de un gran esfuerzo consciente me di cuenta de que la crianza nos brinda la que tal vez sea la mejor oportunidad para crecer como seres humanos. Según advierte el doctor Siegel en *Ser padres conscientes*: «Cuando los padres no se responsabilizan de sus asuntos pendientes no solo pierden la oportunidad de ser mejores progenitores, sino también de proseguir su desarrollo». En otras palabras, si no actúas como tu propio terapeuta y cuestionas tu infancia, no serás el mejor padre que puedas ser. Una perspectiva parental nos permite entender los obstáculos a los que hicieron frente nuestros padres y que tal vez no detectamos de pequeños. La perspectiva de los niños es miope y resulta imposible que comprendamos todos los factores que influyen en el comportamiento de nuestros padres.

Nuestros recuerdos de infancia también pueden haberse distorsionado. De adulta volví a aquella casa de piedra en Sunland. En mi recuerdo era una vivienda grande con un patio que llegaba hasta la ladera de la montaña, pero al verla de nuevo me asombró lo pequeña que era. No podía creerme que los cinco viviéramos allí. El patio era un terreno estrecho que solo se extendía hasta la siguiente hilera de casitas de una planta. Los trágicos acontecimientos que tuvieron lugar allí fueron tan cruciales en mi vida y mi concepto de mí misma que mentalmente había construido una casa enorme cuando en realidad se trataba de una modesta casa de piedra para una familia con pocos recursos. Verla me ayudó a reconocer las numerosas penurias que debieron de pasar mis padres. Vi a mi padre como una víctima parcial de sus circunstancias, igual que tantos otros padres imperfectos. Tuvo una vida de trabajo físico combinada con el rencor hacia un mundo que nunca le prestó apoyo. Renunció a su sueño de ser artista por nosotros. Él venía de una cultura que condicionó su conducta autoritaria. Entender todo esto me permitió perdonarle. Yo había triunfado pese a las ideas que mi padre tenía para mí y, en el fondo, sabía que perdonarlo me permitiría seguir adelante.

La crianza es cómo se transmite la cultura a la siguiente generación. Es nuestra oportunidad para legar nuestros principios y valores fundamentales y aprovechar todos nuestros conocimientos y sabiduría a fin de mejorar la vida de otro. También es nuestra oportunidad para influir en la eternidad, lo cual me recuerda una de mis citas favoritas sobre el arte de la enseñanza: «Los profesores afectan a la eternidad; nunca pueden saber dónde termina su influencia». Lo mismo sucede con la crianza. Nunca sabes cómo afectará a las generaciones futuras.

Creo que la pregunta más importante que debemos formularnos es si los principios y valores que estamos transmitiendo a nuestros hijos son éticos, y si son creencias que deseamos perpetuar en la sociedad. Todos formamos parte de una comunidad, de un país, de la Tierra. ¿Estás enseñando a tus hijos las cosas que quieres que enseñen a los suyos? ¿Todo eso mejorará su vida, la cultura o el mundo?

Incluso después de abandonar la tradición ortodoxa seguí experimentando discriminación de género. Como periodista, no pude acceder al Club de Prensa de San Francisco porque solo aceptaban a hombres. En los años setenta no podía tener una tarjeta de crédito a mi nombre. A mí me resultó fácil desear un camino diferente para mis hijas, un camino en el que pudieran ser quienes ellas querían, un camino en el que no estuvieran subordinadas a sus maridos, en el que tuvieran voz y una pasión en la vida. Quería que mis hijas tuvieran cierto control desde el principio y estaba decidida a desarrollar sus aptitudes para la toma de decisiones. Siempre les preguntaba: «¿Quieres uvas o una manzana?», «¿Quieres empezar un proyecto artístico o salir a jugar?». Las ayudé a ser buenas eligiendo desde una edad muy temprana y ahora, unos cuarenta años después, me asombra verlas tomar algunas de las decisiones más complicadas e importantes en los sectores de la sanidad y los medios de comunicación. Entonces ¿qué relación tiene todo esto contigo, lector? El objetivo primordial de este libro es ayudarte a comprender, reflexionar y poner en práctica estrategias de crianza eficaces que os afecten positivamente a ti, a tus hijos, a tu familia, a nuestra sociedad y a las generaciones futuras.

Sabía que no sería fácil llegar hasta allí (la cultura familiar puede ser difícil de cambiar o revisar), pero quería intentarlo. Un niño empoderado y con objetivos os afecta a ti, a tu familia, a tu comunidad y al mundo entero. Es un efecto dominó positivo y empieza en casa.

Cuestionario TRICK

Puede que haya averiguado muchas cosas por mí misma, pero soy la primera en reconocer que la crianza habría sido mucho más fácil con un poco de orientación. Por tanto, eso es lo que me gustaría ofrecerte aquí: orientación. Más abajo encontrarás una serie de preguntas que te ayudarán a pensar en tus experiencias y en cómo se alinean con los valores que conducen a un éxito de por vida. También analizarás los valores de tus padres y tu comunidad, que influyen marcadamente en cómo criamos a nuestros hijos. Este tipo de reflexión puede ayudarte en cualquier fase de la crianza, tanto si estás esperando a tu primer hijo, como afrontando problemas con un adolescente rebelde o trabajando para arreglar una relación con un joven adulto. También puede ser útil si eres profesor, abuelo o cualquier otro cuidador responsable del bienestar de los niños. Todos necesitamos Confianza, Respeto, Independencia, Colaboración y Amabilidad, y todos debemos ser conscientes de esos importantes valores para practicarlos.

Por favor, utiliza estas preguntas cuando leas los capítulos siguientes. Espero que, al responderlas, descubras qué aspectos de tu infancia debes conservar y cuáles debes dejar atrás. Tal vez desees reflexionar sobre estos últimos, plasmarlos en un diario o comentarlos con tu pareja o tu amigo de confianza.

1. TU FAMILIA. ¿Se alentaban o desaconsejaban los valores TRICK en tu familia? ¿Qué se podría mejorar o revisar?

CONFIANZA – ¿En tu hogar se respiraba un ambiente de confianza? ¿De niño confiabas en tus padres? ¿Y ellos en ti? ¿Cómo se demostraba la confianza en tu familia? ¿Esa confianza fue traicionada alguna vez? En caso afirmativo, ¿cómo se resolvió? ¿Cómo pudiste mejorar lo que aprendiste en la infancia sobre la confianza? ¿Qué clase de entorno de confianza quieres crear para tu hijo? ¿Qué puedes hacer para desarrollar confianza con tus hijos? Elabora una lista.

RESPETO – ¿Te sentías respetado de niño? ¿Se tenían en cuenta tus ideas y opiniones? ¿Te sentías un miembro importante de la familia? ¿Alguna vez pensaste que te perdían el respeto? En caso afirmativo, ¿pudiste recuperarlo? ¿Cómo? ¿Cómo mejorarías lo que aprendiste de niño sobre el respeto? ¿Qué podrías hacer para demostrar a tus hijos que los respetas? Puede ser tan sencillo como dejar que se vistan como quieran para una ocasión especial o que ayuden a confeccionar el menú para una cena. Elabora una lista propia.

INDEPENDENCIA – ¿De niño tenías una marcada sensación de independencia o dependías de tus padres en actividades cotidianas como las comidas, la limpieza y los deberes? ¿Qué pasos dieron tus padres para alentar tu independencia? ¿Cómo podrías mejorar lo que aprendiste de niño sobre ella? ¿Qué puedes hacer para fomentar la independencia de tus hijos?

COLABORACIÓN – ¿En tu casa se respiraba un ambiente colaborativo? ¿Cómo fomentaban tus padres la colaboración? ¿Considerabas que tu familia funcionaba como un equipo o que normalmente había una persona que lo controlaba todo? ¿Cómo podrías mejorar lo que aprendiste de niño sobre la colaboración? ¿Qué podrías hacer para alentar la colaboración? ¿Qué te parecería que tus hijos trabajaran en un proyecto comunitario de su elección?

AMABILIDAD – ¿Cómo se mostraba amabilidad en tu casa? ¿Te enseñaron a apreciar y ser agradecido con lo que tenías? ¿Te criaron con un sentido del servicio hacia los demás miembros de tu comunidad? ¿Cómo podrías mejorar lo que aprendiste de niño sobre la amabilidad?

2. TU CULTURA

Tu comunidad, cultura y religión también tienen un profundo efecto en cómo crías a tus hijos.

¿Cuáles son las ideas sobre crianza en tu comunidad y religión (si procede)?

¿Con qué estás de acuerdo y con qué no?

¿Qué prácticas están evolucionando o deben ser cuestionadas? Por ejemplo, la denominada «crianza quitanieves» significa que eliminas todos los obstáculos por tu hijo y nunca lo expones a riesgos. ¿Cómo podrías introducir experiencias que enseñen a los niños independencia y valentía? ¿Qué elementos de tu cultura podrían ser limitadores para ellos?

¿Qué creencias y prácticas se alinean con los valores TRICK y cuáles no?

3. LA FAMILIA Y CULTURA DE TU PAREJA

Si estáis criando hijos en pareja, deberíais responder estas preguntas juntos para determinar cómo funcionaréis como equipo. Os propongo que mantengáis un debate (no una discusión) sobre los pros y los contras de distintas perspectivas de crianza, y deberíais hacerlo sin demora. ¿Cuáles son los mejores aspectos de cómo os criaron? ¿Qué ideas y prácticas de tu pareja podrían ayudar a tu hijo a triunfar? ¿Se te ocurre alguna filosofía que combine las virtudes de ambas perspectivas? Stan y yo no teníamos ni idea de qué clase de padres seríamos. Finalmente hemos seguido unos estilos de crianza muy distintos, lo cual no es de extrañar teniendo en cuenta que él creció en una cultura muy diferente y con su padre exiliado en Londres. Él, su madre y su hermano vivían en la Polonia rural para intentar evitar los bombardeos. Así que, cuando empezamos a criar, Stan abrigaba unas ideas polacas un tanto estrictas sobre cómo debían comportarse nuestras hijas. En su cultura, los azotes eran algo aceptable. Pero yo, que había recibido golpes de niña, no creía que fuera aceptable ni útil. Sé que es difícil resistirse a pegar o azotar, ya que, pese a mi actitud positiva, a veces me costaba no sucumbir a la tentación, pero quería tener una conexión emocional con las niñas. Quería tratarlas con amabilidad. (Gané el debate en parte porque Stan estaba fuera muy a menudo. Victoria por incomparecencia.) Las diferencias en los estilos de crianza son uno de los principales factores del estrés relacional e incluso pueden desencadenar un divorcio. Intenta comprender los valores del otro y su influencia en la infancia y la cultura de cada uno. El método TRICK no es un estilo de crianza específico de una cultura. Se trata de unos valores universales que existen en todas las culturas y son vistos cada vez más como la base de la salud, la felicidad y el éxito en el mundo actual y futuro.

Un último apunte: acéptate a ti mismo. Nadie puede ser perfecto

Los padres son humanos; por más que pienses y planifiques, cometerás errores. Yo los cometí a montones. Castigaba a una niña por algo que había hecho la otra, me enfadaba sin razón o utilizaba el champú equivocado y se les metía en los ojos. En un viaje en autocaravana desde Palo Alto hasta Chicago, Anne tenía lo que parecían picaduras por todas las piernas y el cuerpo y no dejaba de rociarla con repelente de mosquitos, pensando que se trataba de eso. ¡Lo hice durante días hasta que me di cuenta de que tenía varicela!

La familia se trasladó a Ginebra, Suiza, cuando mi hija Anne era un bebé y Janet tenía solo tres años. A Janet le costó mucho adaptarse a su nueva hermana y me preguntaba si la devolveríamos al hospital. «No voy a jugar más con ella, mamá», me decía. Además, tuvo que enfrentarse a una nueva cultura, la suiza, y a un nuevo idioma, el francés. En aquel momento, lo que más necesitaba era seguridad y, sin embargo, su mundo había cambiado en un instante. Subestimé lo difícil que sería todo para ella y para todos nosotros. Sin embargo, como todas las familias, en su momento tomamos la mejor decisión que supimos. ¿Y quién puede afirmar que esa experiencia no la ayudó a desarrollar valentía e independencia?

Mis hijas adultas aún bromean sobre los errores que cometimos Stan y yo como padres. Anne debería haber ido a más clases de tenis, Susan a más clases de arte y Janet a más clases de piano. Siempre me dicen que deberíamos haberles comprado otro perro. (De acuerdo, son bromas de adultas felices y prósperas. Cometí errores más graves, créeme.)

Nuestro objetivo no es crear para nuestros hijos un entorno exento de estrés y dificultades. A menudo crecemos gracias a las experiencias dolorosas y difíciles. Nuestro objetivo no es apartar esos desafíos y el crecimiento resultante (el error fatal de la crianza helicóptero), sino ayudarlos a hacerles frente y aprender de ellos. No necesitamos ser perfectos, pero sí garantizar que nuestros hijos puedan utilizar los valores TRICK para persistir incluso en la adversidad.

No existe el padre, cónyuge o hijo perfecto. Todos lo hacemos lo mejor que podemos. Lo que debemos hacer es utilizar los valores TRICK de manera consistente y no tirar la toalla. No te flageles cuando cometas errores. La primera persona a la que debes perdonar es a ti mismo. La vida puede ser complicada. Si haces algo contraproducente como padre, reconócelo e intenta evitarlo en el futuro. Puede que cometas el mismo error otra vez. Y otra. Aprender como padres lleva su tiempo, igual que les ocurre a nuestros hijos. Concéntrate en entablar relaciones de intimidad con tus hijos y en criarlos con los valores TRICK para que te sientas orgulloso de las personas en las que acaben convirtiéndose. Todos queremos criar a buenos humanos.

Todos tenemos una historia. Todos hemos experimentado traumas y, en muchos casos, tragedias. Yo decidí hacer cuanto estuviera en mi mano por no recrear mi infancia, pero también comprendí que mis hijas se encontrarían con dificultades hiciera lo que hiciera. Mi trabajo no era ser perfecta o que su vida fuera inmaculada, sino reflexionar por mí misma y ahorrarles sufrimientos innecesarios. Al ahondar en los valores de este libro, te animo a que no dejes de cuestionar y examinar tus experiencias. Piensa en qué podría mejorar y cómo, y luego muéstrate dispuesto a cambiar: por ti, por tus hijos y por el mundo.

CONFIANZA

2

Confía en ti mismo, confía en tu hijo

Ser padre es difícil. Ser abuelo tampoco es ninguna broma.

Era primera hora de la mañana en San Francisco y había un tráfico terrible. Aquella semana estaba ejerciendo de abuela mientras mi hija Janet trabajaba en asuntos de nutrición infantil en Ruanda y Kenia. Mi primera tarea era llevar a mis nietos al colegio, lo cual podría parecer bastante sencillo si no fuera por el tráfico del Área de la Bahía. Y por el hecho de que iban a escuelas situadas en extremos opuestos de la ciudad. Y por el hecho de que en cuanto dejé a uno de los dos me di cuenta de que tenía que volver al colegio de mi nieto para entregar unos deberes que había olvidado en su habitación.

A las diez de la mañana pude dejar el coche, pero entonces tenía que pasear a la perra, administrar antibióticos a los dos gatos de la familia, que habían contraído una infección justo antes de que se fuera Janet, y recoger lo que había quedado del desayuno. Volví a preguntarme cómo se las arreglaba para hacer todo aquello a diario. El tráfico ya bastaba para sacarme de mis casillas. Por eso la mayoría de la gente del Área de la Bahía practica la meditación. Sin ella, todos estaríamos denunciados por agresividad al volante.

Mis hijas iban caminando solas a la escuela, pero los tiempos han cambiado.

Al día siguiente, un sábado, hubo más caos, pero de otra índole. Además de cuidar de los hijos de Janet, estaba ayudando a mi hija Susan, que me pidió que llevara a sus hijas a comprar material escolar. El hijo de Janet necesitaba ir a la peluquería.

Ya era hora. Parecía un perro desgreñado.

El tráfico era un poco mejor en Los Altos, situado a las afueras, pero con todos los recados que nos esperaban, decidí que aquel sábado sería una espléndida oportunidad para transformar un día como chófer en un día de aprendizaje.

¿Por qué no les demostraba a los niños que confiaba en ellos? Menos conducción. Más confianza. Más diversión para ellos. Todos saldríamos ganando.

Llevé a mi nieto (de doce años) a la peluquería y dejé que se encargara de todo. Sabía exactamente qué peinado quería y había ido varias veces a aquella peluquería. Después llevé a mis dos nietas (ambas de ocho años) a comprar. De camino repasamos la lista de material escolar necesario, que habían guardado en sus teléfonos móviles. El plan era que se reunieran al lado de las cajas registradoras al cabo de una hora y se pusieran en contacto conmigo. Yo entraría y pagaría con la tarjeta de crédito, pero ellas debían cerciorarse de que compraban todo lo que figuraba en la lista. Si me necesitaban, podían llamarme, pero estaba convencida de que no tendrían problemas. Había ido de compras con ellas docenas de veces. Les había enseñado a comportarse en las tiendas, a utilizar un carro, a permanecer juntas y a encontrar lo que necesitaban. A mis hijas también se lo había enseñado. Desde muy pronto habían aprendido a comprar en un comercio de California Avenue, a unos dos kilómetros de nuestra casa en Palo Alto. Iban solas en bici y se pasaban horas agonizando por decidir qué juguetito o dulce comprarían con su paga. Sus compras no podían superar un dólar, lo cual conllevaba unos cálculos minuciosos y tomar decisiones difíciles. Luego volvían a casa muy orgullosas de sí mismas, sonriendo de oreja a oreja y cargando con sus pequeñas bolsas de papel llenas de golosinas. Quizá soy una profesora nata, pero siempre he visto las compras como una oportunidad para empoderar a los niños, y también para divertirse. ¿Por qué no ayudarlos a desarrollar aptitudes necesarias para la vida lo antes posible? ¿Y por qué estresarse porque hay que hacer recados cuando puedes convertir cada viaje en una pequeña aventura?

Vi a mis nietas franquear la puerta de cristal de la tienda y me sentí igual de orgullosa que con mis hijas años atrás. Después volví a la peluquería. Mi nieto estaba esperándome tal como habíamos planeado, y en lugar del pelo largo y descuidado lo llevaba corto y parecía un joven apuesto. De camino escuchamos a Beyoncé e iba pensando qué cenaríamos. Acabábamos de llegar cuando me sonó el móvil.

Era Susan. Le conté que mi nieto se había hecho un elegante corte de pelo y me preguntó dónde estaban las niñas.

—Están comprando material escolar —respondí.

—¿Las has dejado solas? ¿Cómo has podido hacer eso?

Me sorprendió su alarmismo. Estaba hablando como si fuera un lugar peligroso al que los niños jamás deben entrar sin supervisión.

—Es una tienda bien gestionada —dije.

—Pero, mamá...

—Y las niñas ya saben comprar solas. Me enviarán un mensaje en cuanto hayan terminado.

Susan fue educada («controlada» tal vez sea un término más adecuado), pero estaba enfadada. Cuando aparqué vi a mis nietas esperando fuera y, después de apagar el motor, le dije a Susan que estaban bien.

—No deberías haberlas dejado allí —dijo—. No es seguro.

—Bueno —repuse al dirigirme hacia la entrada con mi nieto—, a mí me parece que están bastante seguras.

Al final todo salió bien. Susan pasó unos minutos de estrés (de mucho estrés), pero la llamé desde las cajas para confirmarle que las niñas estaban bien y habían elegido estupendamente el material escolar. A mis nietas les encantó, por cierto. Se habían divertido mucho comprando solas y se sentían empoderadas. Para Susan también fue un descubrimiento: las niñas estaban más capacitadas de lo que pensaba.

No estoy diciendo que la gente deje inmediatamente a sus hijos sin supervisión en cualquier tienda, pero la cuestión de dónde están a salvo o dónde no es importante, como también lo es hasta qué punto podemos confiar en que se las arreglen solos. Esas listas para la vuelta al colegio (un motivo de estrés para padres de todo el mundo) son un fantástico punto de partida.

La crisis de confianza

Todos los padres deben entender esto: la era digital y la facilidad para transmitir información han provocado una crisis de confianza que está afectando a nuestra forma de vivir y ser padres. No confiamos en nosotros mismos y nuestros instintos, nos cuesta confiar en nuestras parejas e hijos y muchos vivimos con miedo a nuestros vecinos y conciudadanos. Pero vivir con desconfianza es muy triste y nos convierte en personas disfuncionales. Sentimos mucho miedo y ansiedad, y ¿qué hacemos? Transmitimos ese miedo y ansiedad a nuestros hijos. Crecen nerviosos y asustados como nosotros, y nos preguntamos por qué cada vez más niños son incapaces de realizar la transición a la vida adulta. Si crees que es un problema que solo afecta a las familias, te equivocas. La erosión global de la confianza es mala para la salud mental, los vínculos personales, los negocios y las relaciones exteriores, y es especialmente negativa para la democracia.

La desconfianza impregna todos los ámbitos de nuestra vida. El «Barómetro de confianza» Edelman de 2018, una medida sobre la confianza media de la ciudadanía en las instituciones, reveló que Estados Unidos había caído nueve puntos en la Escala de Confianza Global, el descenso más pronunciado en toda la historia de este país. Italia cayó cinco puntos e Irlanda, Sudáfrica, Japón y Rusia figuraban los últimos en confianza ciudadana. Lo mismo está ocurriendo en nuestros barrios. Un informe reciente de Pew Research afirma que solo el 52 % de los estadounidenses confían en todos o la mayoría de sus vecinos. Y lo que es aún más inquietante, solo un 19 % de los *millennials* cree que se puede confiar en la mayoría de la gente, el porcentaje más bajo de todas las franjas de población.

En Palo Alto, probablemente una de las comunidades más seguras de Estados Unidos, rara vez veo a niños jugando en la calle o yendo a la escuela a pie. Cuando mis hijas eran pequeñas había niños por todas partes. En la calle había una señal de CONDUZCA CON CUIDADO. NIÑOS JUGANDO. Esas señales han desaparecido. Los niños se quedan en el patio o, con más frecuencia, dentro de casa pegados al teléfono móvil. En lo relacionado con los niños no confiamos en nuestros vecinos y menos aún en las guarderías. Por eso los blogs de crianza están repletos de publicaciones como «¿Puedes confiar en tu niñera?» y «Diez cosas que tu guardería no quiere que sepas». Tenemos que instalar cámaras para controlar la situación. ¡Lo hacemos incluso con la guardería canina!

Los efectos en las escuelas son igual de alarmantes. A los profesores no nos está permitido encerrarnos en una sala con un alumno y nos dicen que no los abracemos nunca. Estuve a punto de meterme en problemas en el instituto Palo Alto por llevar en coche a un alumno hasta que demostré que el niño en cuestión era mi nieto, que había visitado mi clase aquel día. No confiamos en que los profesores estén desempeñando su labor, por eso les imponemos la carga de los exámenes estatales. Nadie parece tener fe en que estén enseñando lo que deben, así que, cuando a un niño le va mal un examen, se da por hecho que es culpa del docente, no de un programa educativo desfasado o de la falta de recursos. Los padres no creen poder confiar en nadie en la escuela, ni administradores ni profesores, ni siquiera en otros alumnos ni en sus padres. Casi el 50 % de los profesores dejan su profesión al cabo de cinco años y citan la falta de confianza y respeto como uno de los motivos principales. En muchos estados sufrimos una gran escasez de docentes que solo parece ir a peor.

Ahora estoy expuesta a los noticiarios veinticuatro horas al día, siete días a la semana, como todos los demás. Continuamente oigo noticias que me asustan y comprendo por qué a los padres también. Es normal tener miedo, sobre todo en un mundo con tanta desconfianza e incertidumbre. El otro día me encontré con una exalumna y su niña de dos meses y, mientras hablábamos, mencionó lo preocupada que estaba por haber tenido un bebé en un mundo tan inseguro. Estábamos en Palo Alto, por el amor de Dios. Todos extrapolamos lo que vemos en internet. Leemos demasiadas cosas aterradoras y vemos demasiadas noticias escalofriantes. Después de haber vivido en Francia y Suiza, y puesto que viajo por todo el mundo para dar conferencias, tengo la sensación de que los estadounidenses tienen más miedo que la mayoría. Por tanto, es importante que repasemos las estadísticas y cuestionemos nuestras suposiciones sobre lo peligrosas que son nuestras vidas. En el revelador libro *En defensa de la Ilustración: Por la razón, la ciencia, el humanismo y el progreso,* Steven Pinker aborda de frente esas suposiciones. Del temor a que el mundo esté volviéndose menos seguro, predecible y hospitalario, afirma:

> Contrariamente a la impresión que podamos llevarnos de los periódicos (que vivimos en una época de epidemias, guerras y crímenes), las curvas demuestran que la humanidad ha mejorado, que vivimos más tiempo, que libramos menos guerras y que menos gente perece en ellas. Nuestra tasa de homicidios ha bajado. La violencia contra las mujeres también. Hay más niños que van a la escuela, niñas incluidas. Más población mundial está alfabetizada. Gozamos de más tiempo libre que nuestros antepasados. Las enfermedades están

viéndose diezmadas. Las hambrunas son cada vez más infrecuentes, así que prácticamente cualquier cosa que podamos calcular en materia de bienestar humano ha mejorado en los últimos dos siglos, pero también en las dos últimas décadas.[4]

Nuestras instituciones también lo reflejan. Los datos del FBI y la Oficina de Estadísticas Judiciales demuestran que los crímenes violentos y los delitos contra la propiedad han descendido desde 1990, aunque la mayoría de los estadounidenses (seis de cada diez) piensan que los índices delictivos aumentan cada año. La Oficina de Justicia y Prevención de la Delincuencia Juvenil asegura que, entre 1999 y 2013, tanto la tasa de niños desaparecidos como la de desapariciones de niños denunciadas a la policía se han visto reducidas. Los informes sobre personas desaparecidas y no identificadas del Centro Nacional de Información sobre Delitos demuestran que el número de desaparecidos menores de dieciocho años pasó de 33.706 en 2016 a 32.121 en 2017. Asimismo, el Centro Nacional para los Niños Desaparecidos y Explotados confirma que los secuestros familiares y los casos de huidas son mucho más habituales que los secuestros cometidos por desconocidos, la tipología más temida.

Lo que argumenta Steven Pinker a lo largo de centenares de páginas y lo que demuestran todos los datos es que, con el paso del tiempo, se aprecia una clara tendencia bajista de la violencia. Sí, sé que estamos saturados de tiroteos en las escuelas, juicios a pederastas en serie y montones de noticias que pueden aterrarnos como padres. En el negocio de los medios de comunicación, las malas noticias venden más que las buenas, y cada tiroteo puede convertirse en una historia enorme en la caja de resonancia de las redes sociales. Puede ser muy difícil aceptar que el mundo es más seguro que nunca cuando oímos una sucesión de anécdotas escalofriantes, pero es la verdad. Todos debemos respirar hondo al unísono. Estas son unas afirmaciones sencillas que deberías leer y repetirte a ti mismo:

La mayoría de la gente es digna de confianza.

Lo último que debes enseñar a tu hijo es que, en general, no se puede confiar en la gente, ni debes sobreprotegerlo hasta tal punto que carezca de la independencia necesaria para progresar por sí mismo. ¿Y acaso no queremos que nuestros hijos muestren una mentalidad abierta hacia el mundo y que no se cierren a las posibilidades de la vida?

Tenemos que empezar por algún sitio. Tenemos que combatir todo ese miedo y recuperar la confianza en nosotros y en el mundo que nos rodea. La solución empieza en casa, es decir, empieza en ti.

CONFÍA EN TI MISMO

Una cultura de confianza en tu familia allana el terreno para todos los valores que vamos a explorar. Como he dicho, puede que no todos podamos confiar en nuestros condicionantes parentales, es decir, puede que no queramos repetir todos los aspectos de nuestra crianza. Pero si tú y tu pareja hacéis el ejercicio de revisar vuestro pasado y seguís los valores humanos fundamentales representados por TRICK, podréis confiar en vuestros instintos en lo relativo a la crianza.

Y debes hacerlo. ¿Por qué? Porque tú eres el que verdaderamente sabe qué funciona para tu familia. Puede que descubras, igual que hice yo, que la filosofía de crianza de tu cultura no es adecuada. Tampoco es lo que tu pediatra diga que debes hacer ni lo que están haciendo tus vecinos. Tú eres el máximo experto en tu familia, lo cual significa que sabes más que cualquier otro experto en crianza, incluida yo. Estoy escribiendo un libro sobre crianza, pero no os conozco ni a ti ni a tus hijos. Solo tú puedes determinar cuál es la mejor manera de aplicar estos principios universales. Mi objetivo aquí es ofrecerte directrices (no consejos prescriptivos) y darte permiso para confiar en tu propia experiencia, porque, si no confías en ti mismo, no podrás infundir confianza a tus hijos.

Aun así, sé lo difícil que es todo esto. Socialmente puede ser complejo si no sigues las reglas y haces lo que hacen quienes te rodean, incluso si tus hijos no encajan en esas reglas. Incluso si hay problemas. Tenemos miedo de que nuestros hijos fracasen y sus fracasos serán culpa nuestra. Nos atenaza la ansiedad de no saber qué estamos haciendo, pero estamos seguros de que, elijamos lo que elijamos, lo estropearemos todo.

La cultura nos ha enseñado a pensar que debemos consultar a un especialista por cada problema u obstáculo que surja. En lo relativo a los niños, hay especialistas en TDAH y autismo, psicólogos, psiquiatras y varios tipos de médicos. Algunas familias tienen tutores para cada niño, curso y asignatura. Toda esta especialización y experiencia socava nuestra capacidad para pensar por nosotros mismos como padres y tomar las mejores decisiones para nuestros hijos. Por alguna razón, estamos convencidos de que toda esa gente sabe más que nosotros.

Pero eso no es cierto.

Tienes que confiar en que sabes qué es lo mejor para tu hijo y tu familia.

PREDICA CON EL EJEMPLO

Mi nieto Ethan aún no hablaba a los dos años y medio. Caminaba, dormía toda la noche y sabía cuál era su comida favorita, pero no quería hablar. Para los padres puede ser estresante que su hijo vaya rezagado en la curva de desarrollo normal, y es importante investigar y hacer preguntas. Y, sin embargo, lo cierto es que algunos niños adquieren ciertas aptitudes más tarde que otros, igual que nos sucede a los adultos. En la mayoría de los casos no guarda relación con nuestra inteligencia o nuestras habilidades; simplemente es así. Eso pensaba mi hija Janet, al menos al principio. Pero, con el paso del tiempo, dudaba de cuándo empezaría a hablar Ethan y nos preocupamos un poco, así que lo llevó al pediatra, que recomendó un especialista, aunque aseguró que no había nada de que preocuparse, que muchos niños necesitan logopedia. Y eso fue lo que hicimos. Ethan más o menos cooperó, pero seguía sin hablar después de varias sesiones.

Sus padres decidieron tomar cartas en el asunto. Le leían libros cada noche, cada fin de semana y después de cada siesta. Le compraron una grabadora, unos auriculares grandes y libros infantiles en casete (e incluso grabaron varias historias ellos mismos). A Ethan le encantaban. Se sentaba en el comedor con sus auriculares y al principio solo escuchaba. Le gustaba mucho ir en coche y salir de paseo con los auriculares puestos. Nos convencimos de que los calendarios de desarrollo solo existen en los libros de crianza, y los niños no leen esos libros.

Según descubrí, Albert Einstein no habló hasta que tenía tres años.

Ethan estaba bien acompañado.

Transcurrieron más de tres meses de terapia cuando Ethan finalmente empezó a hablar y, cuando lo hizo, en lugar de utilizar palabras sueltas formaba frases enteras. Siempre le habían obsesionado los ascensores, y una de las primeras cosas que me dijo fue: «Quiero montar en ascensor». Durante años siguió escuchando aquellos relatos y aún le encantan los audiolibros. Ahora es un lector voraz y un líder en clase y en el equipo de debate.

A veces nos cuestionamos nuestras habilidades porque nuestro hijo no está desarrollándose como nos gustaría. Una cosa que no hice cuando mis hijas eran pequeñas fue enseñarles modales en la mesa. Era una lección que posponía continuamente. ¿Cuándo era el momento adecuado? No tenía ni idea. Pero resulta que aprenden buenos modales (o malos) desde el principio. Los «modales de un bebé» o los «modales de un niño» no existen, y si les permites portarse mal al principio, creerán que es la manera de comportarse en la mesa. Corregir un mal hábito es más difícil que instaurar buenas costumbres al principio. Ojalá hubiera sabido lo importante que es enseñar modales básicos de buen comienzo; tardé mucho en subsanar ese error.

En los años setenta, nuestras cenas eran un caos absoluto y había quejas constantes, ¡tantas que me volvía loca! Los restaurantes eran lo peor, sobre todo cuando vivíamos en Suiza y Francia. Observaba las otras mesas y el comportamiento inmaculado de los niños y pensaba: «¿Qué he hecho mal?». Los suizos y los franceses no toleraban tonterías de sus hijos, que esperaban pacientemente entre plato y plato. Desde luego, no parecía que tuviesen tantas dificultades como yo. Años después, en un restaurante italiano de Mountain View, mis hijas empezaron a tirarse guisantes. Uno golpeó a Stan en la frente y yo cometí el error de reírme (porque fue muy gracioso) y no tardaron en echarnos. Hemos evitado ese restaurante durante años. Al final, mis hijas aprendieron modales y llegué a la conclusión de que su comportamiento no era motivo para no confiar en mí misma como madre. Era un signo de que todavía quedaban lecciones por aprender.

Aquí va otro obstáculo: ¿Cuántos nos criamos en un entorno lleno de confianza? No muchos. Yo, desde luego, no. Como decía anteriormente, mi padre controlaba a la familia, y mi madre y yo vivíamos con miedo a enojarlo. A muchos nos cuesta ganar confianza y podemos ser más susceptibles a la ira, la frustración y la depresión. En ocasiones parece imposible confiar en nosotros mismos, y más aún en nuestros hijos.

Si esto te suena, propongo que anotes todas las cosas negativas que decían tus padres, todos los abusos de confianza que experimentaste, todo el dolor y la ira. Luego analízalo todo. No será fácil, pero te ayudará. Pregúntate si lo que dijeron tu padre o tu madre era cierto o si era un comentario provocado por la ira que no tenía nada que ver contigo. ¿Tuviste la culpa de los errores que cometiste en la infancia o formabas parte de un sistema familiar disfuncional del cual tú no eras responsable? ¿Por qué se producían los abusos de confianza? ¿Era porque tus padres se criaron en un entorno en el que no abundaba la confianza? Como adultos, tenemos la capacidad de volver la vista atrás y ver lo imperfectas que eran algunas afirmaciones de nuestros padres y percibir cómo nos vimos atrapados en los defectos emocionales de otros. El mero hecho de desempolvar recuerdos dolorosos nos ayuda a ver el pasado con más claridad y a tener fe en nosotros mismos como padres.

También resulta útil confeccionar una lista de las cosas que hacemos bien. Parece simple, pero escribirlo puede mejorar rápidamente nuestra confianza. Todo el mundo hace algo extraordinariamente, todos y cada uno de nosotros. Yo utilizo este ejercicio con mis alumnos al principio del semestre. Se entrevistan entre ellos y deben averiguar algo especial de la otra persona, algo en lo que sobresalga. Al principio, los niños son tímidos, tanto los entrevistados como los entrevistadores. Algunos están convencidos de que no hacen nada bien, lo cual es un reflejo bastante trágico de las experiencias que han vivido en la escuela y en casa. Pero si los entrevistadores persisten, si formulan preguntas creativas, pueden descubrir toda clase de talentos especiales: hacer malabares, pasear perros, ser buena hermana o escuchar.

Esas conversaciones generan confianza en el aula y ayudan a los estudiantes a sentirse bien consigo mismos y con su capacidad para triunfar. Para los padres puede ser muy útil encontrar personas que confíen en sus habilidades igual que mis alumnos confían los unos en los otros. ¿Quién te apoya y entiende que estás haciendo lo mejor por tu familia? Rodéate de gente que mejore tu confianza incluso cuando las cosas vayan mal, cosa que inevitablemente ocurrirá.

Por más obstáculos que encontremos como padres, todos podemos ver la evidencia ante nuestros ojos. Mira a tus hijos.

Obsérvalos. Habla con ellos. ¿Son felices? ¿Están progresando? Estamos expuestos a tantas influencias (sobre todo a las opiniones ajenas) que nos olvidamos de mirar a nuestra familia y ver qué funciona y qué no. Si algo no funciona, puedes cambiarlo. Evalúa la situación con honestidad sin culparte a ti mismo o volverte inseguro. Todos los padres tienen dificultades, pero eso no significa que debamos perder la fe, sino que debemos creer aún más en nosotros mismos.

GENERA CONFIANZA EN TU HIJO

Lo único que necesitas es una persona, solo una, que confíe y crea en ti, y entonces te sentirás capaz de cualquier cosa. Lamentablemente, muchos niños no cuentan ni siquiera con una persona. Michael Wang, un exalumno mío, era uno de ellos. En 2013 era redactor jefe del *Campanile*, el periódico del instituto Palo Alto, y sus dificultades representan las de tantos otros estudiantes del centro, del país y del mundo entero. Para Michael, las presiones y expectativas empezaron pronto.

«Tenía unos padres muy estrictos», dice Michael. «Me advertían que si no iba bien en el colegio, acabaría siendo vagabundo.»

Sus profesores de primaria tampoco eran muy alentadores. Ahora, Michael sabe que daba una imagen de persona cansada y malhumorada, pero le resultaba extremadamente difícil levantarse a las siete de la mañana y siempre le parecía que su cerebro no funcionaba. Se quedaba mirando un trozo de papel sabiendo que no podía leerlo ni discernir su significado y se resignó al fracaso. La gente que malinterpretaba su comportamiento y sus motivaciones era un tema habitual en su vida.

«Me reprendían mis compañeros y los educadores me decían que, si cumplía las normas y prestaba atención, evidentemente mejoraría», asegura. «Ser una persona a la que pisoteaban casi formaba parte de mi ser. Todo lo que hacía se convertía en una especie de limitación moral.»

Cuando llegó a mi clase, Michael se describía a sí mismo como un «montón de ceniza totalmente quemada». El periódico de la escuela era lo único que significaba algo para él, y aun así le costaba sacar fuerzas para asistir. Pero lo hacía. Cuando lo conocí me di cuenta de que era un niño muy brillante pero desconectado. Cuando llegaba a clase no tenía ni idea de qué quería hacer ni escribir. Medía un metro ochenta y dos, y cuando eres así de alto destacas y tienes inseguridades.

He visto a muchos estudiantes así. Tienen miedo, pero también son rebeldes. No cooperan. Son difíciles, e incluso agresivos, y eso es porque todos y cada uno de ellos se sienten mal consigo mismos. Tienen una autoestima tan baja que oponen resistencia, pero es porque intentan demostrarse que son mejores de lo que los demás piensan.

Durante una de nuestras noches de producción para el periódico de la escuela, Michael estaba teniendo dificultades con sus deberes de teoría musical. «Me sentía agotado intentando averiguar cómo hacerlo», dice, «y le puse pocas ganas. Algunos compañeros santurrones decidieron compartir algunos conocimientos de los que obviamente nunca había oído hablar: "Aguántate, estudia más".»

Otros alumnos se burlaron de sus dificultades y, como ocurría a menudo, Michael pensó: «Es cierto. No puedo hacerlo».

Cuando me di cuenta de lo que estaba ocurriendo, me acerqué a esos chicos y les dije: «Tarda más porque es inteligente». Michael tenía talento como redactor; tan solo necesitaba más tiempo para concentrarse en su trabajo. Y en el fondo yo sabía que quería hacerlo bien y sin prisas.

Aquella fue la primera vez que un adulto le decía que sus aptitudes e inteligencia eran vistas y respetadas. «Oír una confirmación externa de que alguien creía en mí», dice Michael, «incluso en presencia de otros estudiantes que no lo hacían fue increíble. Me ayudó a no derrumbarme.»

Aquel día fue un punto de inflexión para Michael. En realidad era inteligente, pero tenía un problema de actitud. Por primera vez empezó a confiar en sí mismo y, como estudiante universitario, echaba mano de esa confianza recién descubierta cada vez que tropezaba con obstáculos o alguien le decía que no lo conseguiría nunca. Finalmente obtuvo una licenciatura en Neurociencia por la Universidad Johns Hopkins, donde en la actualidad es investigador neuropsiquiátrico. Por casualidad, encontró a una persona que creía en él y eso lo cambió todo.

Padres y profesores deben saber que una palabra, frase o expresión puede reforzar a un niño, salvarle la vida o destruir su confianza. Olvidamos lo importantes que somos en la vida de nuestros hijos y el control que ejercemos a la hora de modelar su confianza e imagen de sí mismos. Y todo empieza por la confianza, por creer que tu hijo es capaz pese a los reveses, sorpresas y complicaciones que entraña el hecho de madurar.

Confiar es empoderar en el aula y en el mundo en general, y ese proceso empieza antes de lo que crees. Los niños con un apego seguro a sus padres (es decir, los que sienten que pueden confiar en sus padres y contar con ellos) evitan muchos de los problemas conductuales, sociales y psicológicos que se manifiestan más tarde. La sensación fundamental de seguridad que muestre tu hijo en el mundo dependerá de si eres un cuidador que confía.

Por eso los niños están tan en armonía con su entorno. Están programados para averiguar en quién pueden confiar y para identificar a la persona que les responderá, a ellos y a sus necesidades. Los estudios demuestran que los niños de cuatro años pueden identificar certeramente a los adultos dignos de confianza y buscarlos más tarde. Lo veo continuamente en Ava, mi nieta de cuatro años. Cuando entro por la puerta me sonríe, pero a veces se esconde. Me conoce, pero siempre me pone a prueba para ver si puede confiar en mí.

Recuerda: la confianza es mutua. El grado en que tus hijos pueden confiar en ti se verá reflejado en su capacidad para confiar en otros. Cuando los niños no muestran confianza y seguridad en el mundo experimentan toda clase de dificultades. Los estudios demuestran que los niños considerados menos fiables por parte de sus profesores muestran unos niveles más altos de agresividad y una menor «conducta prosocial», por ejemplo, colaborar y compartir. En los niños, la desconfianza también se ha asociado al retraimiento social y a la soledad.

Si de niños no sentimos que confían en nosotros o no hay nadie cerca en quien podamos confiar, no lo superamos. Crecemos pensando que no somos dignos de confianza y lo aceptamos como un rasgo de personalidad. Nuestras relaciones quedan patas arriba. Nos convertimos en lo que creemos ser y sufrimos por ello.

Así pues, ¿cómo podemos generar confianza en nuestros hijos? Interpretamos la confianza como dejarle a nuestro adolescente las llaves del coche o permitir a nuestro hijo de doce años quedarse solo en casa por primera vez. Pero subestimamos el poder de los niños, sobre todo el de los bebés. La confianza debe comenzar cuando nacen. No solemos pensar en generar confianza en los bebés, pero deberíamos. Son más inteligentes y mucho más perceptivos de lo que creemos. Tu hijo te observa desde el primer día.

Créeme, tu bebé vigila cada uno de tus movimientos. Está aprendiendo a conseguir lo que necesita de ti. Sabe exactamente lo que hace. Cada vez que tienes problemas con un pañal, lo ve. Sabe cómo hacerte sonreír. Sabe cómo hacerte llorar. Puede que dependa de nosotros para todo, pero es mucho más inteligente de lo que pensamos. Tienes que responder a sus necesidades, sobre todo al principio, para que note que tú y su entorno sois de fiar, pero también es una época fantástica para empezar a enseñarle algunas de las lecciones más importantes de la vida.

Hablemos del sueño, pues.

Y de la confianza.

Y de cómo, en calidad de padres, podéis utilizar la confianza para resolver esos problemas omnipresentes de sueño.

Dormir era muy importante para mis niñas cuando eran bebés y también para mi marido y para mí. Sabíamos que no sobreviviríamos sin dormir varios años. ¡No somos vampiros! Es importante para todos los padres y se ha convertido en un problema internacional. Hay libros enteros dedicados al tema de acostar a tu hijo. Yo veía la hora del sueño fundamentalmente como una cuestión de confianza y la consideraba una aptitud educable. Desde el primer día, los bebés aprenden cosas sobre el mundo, sus ritmos circadianos se adaptan y, si bien mis hijas parecían llevar el reloj sincronizado con el continente erróneo, debían aprender su aptitud más importante: cómo irse a dormir. Nunca se me pasó por la cabeza que tendrían problemas pasadas las seis primeras semanas. ¿Por qué no iban a poder dormir? Es una de las tres cosas que eran capaces de hacer desde que nacieron: comer, hacer caca y dormir. Los bebés crecen cuando duermen; su cerebro se desarrolla cuando duermen. El sueño es el estado natural de los bebés y los niños pequeños. Confiaba en que sabrían hacerlo por instinto y, si necesitaban consuelo, yo estaba allí para ayudar.

Cuando las niñas eran pequeñas no teníamos mucho dinero. Susan tenía una cuna y una cama pequeña que le hice con una cesta de mimbre y un bonito colchón (hoy en día sigue utilizando esa misma cesta de la colada, pero no para dormir). La idea era que estuvieran seguras y cerca. Desde el principio dormían en la cuna en su habitación (excepto cuando vivíamos en nuestro pequeño apartamento de Ginebra, donde no había habitaciones suficientes; Anne dormía cerca de nosotros en una pequeña caja con mantas). Tuvimos la suerte de no tener que tratar cólicos ni enfermedades. Esos padres deben responder más de lo habitual para que su hijo esté bien. Aun así, creo que lo que hice funcionará en la mayoría de los casos. Simplemente las ponía boca abajo, les daba unas palmadas en la espalda, me quedaba allí unos minutos y dejaba que se quedaran dormidas ellas solas. Si estaban inquietas y empezaban a gimotear o a llorar, me cercioraba de que no tuvieran hambre ni necesitaran un cambio de pañales y luego las tranquilizaba con una palmada suave en la espalda, y se volvían a dormir. Por supuesto, ahora sabemos que la postura más segura para los bebés es boca arriba, en cuyo caso los padres pueden darles palmaditas en la barriga. Los bebés tienen unos ciclos de sueño cortos y tienden a despertarse y llorar o gimotear, pero a menudo pueden volver a dormirse. Yo siempre estaba allí para calmar a mis hijas, pero no siempre era necesario cogerlas. Confiaba en que pudieran conciliar el sueño ellas solas, y lo hacían. Cuando tenían tres meses dormían casi toda la noche. Y de niñas dormían doce horas, de siete de la tarde a siete de la mañana. Sus hábitos de sueño fueron un regalo para Stan y para mí. Todos los padres necesitan tiempo para estar juntos.

Intuitivamente sabía que podía confiar en mis hijas, pero sé que para los padres puede ser difícil proyectar una sensación de confianza que luego empodere a sus pequeños. Lo que proyectan a menudo es miedo. Creen que su niño tendrá miedo de dormir solo, que necesita a sus padres y no puede hacerlo solo. ¿Cómo crees que aprende un niño a tener miedo de dormir? Justamente con esta clase de pensamientos por parte de los padres.

No pretendo culpar a nadie, tan solo quiero explicar cómo afectan nuestras ideas a nuestros hijos. Muchos padres actúan conforme a sus inseguridades y dudas: ¿Su hijo no los necesita? Y, de ser así, ¿qué clase de padres son? A lo largo de este libro oirás este mensaje alto y claro: tu hijo debe querer estar contigo, no necesitar estar contigo. Cuando primero aflora esta tensión es a la hora de acostarse. Tus hijos pueden dormir solos si crees que son capaces y les enseñas a hacerlo. Su cama puede ser un santuario en lugar de un sitio aterrador. Los niños aprenden a calmarse solos (cuando se les da la oportunidad) chupándose el dedo o utilizando el chupete o juguetes. Mis hijas siempre tenían animales de peluche en la cama. A veces me despertaba y encontraba a Susan hablando con su osito. Janet cantaba en la cama. Todas se sentían cómodas. Habíamos construido una relación de confianza y aprendieron que podían entretenerse y satisfacer ellas mismas muchas de sus necesidades, ¡lo cual significaba que Stan y yo podíamos dormir! Todos salíamos ganando.

A medida que los niños se hacen mayores podemos darles cada vez más oportunidades para que sean más dignos de confianza. Recuerda: las decisiones que tomes con tu hijo dictarán la cultura de tu familia. Siempre debes preguntarte si estás generando confianza activamente o desactivando a tu hijo. En el caso de los niños pequeños, cada logro mejora la confianza en sí mismos. ¡Se atan ellos solos los zapatos y funciona! ¡Van solos al colegio y también funciona! Pueden ver los resultados tangibles de sus esfuerzos. No puedes confiar en que un niño pequeño tome decisiones inteligentes, pero puedes orientarlo para que se plantee las opciones y elija la mejor. Si le diera a mi nieto de nueve años una piruleta y le dijera que no se la comiera, sé que lo haría de todos modos. Pero si le explicara por qué no debe comérsela, que el azúcar no es saludable, que incluso puede provocarle caries y que comer antes de cenar le quitará el apetito, aprendería a tomar decisiones más adecuadas. De acuerdo, puede que aun así se coma la piruleta, pero si trabajamos este tipo de decisiones, con el tiempo desarrollará las aptitudes necesarias para llevar una vida saludable. Y luego podré confiar en que cuide de sí mismo.

Cada edad entraña sus ejemplos de confianza. La alimentación es otra oportunidad. En cuanto estuvieron preparadas para ingerir alimentos sólidos, a mis hijas les daba tanta comida para comer con los dedos como podía. Eso les permitió aprender a alimentarse solas. Todavía recuerdo cómo «limpiaban» cuando habían acabado, lo cual significaba tirar al suelo la comida que no querían. El suelo quedaba hecho un desastre, pero mis hijas también eran capaces de alimentarse solas y detectar cuándo estaban saciadas. Más adelante, cuando tenían unos cinco años, podía preguntarles si tenían hambre y me creía su respuesta. Siempre llevaba encima aperitivos de toda clase por si habían juzgado mal. Era famosa por llevar conmigo pequeños yogures siempre que salíamos de casa. Cuando las niñas tenían hambre, agradecían incluso los yogures calientes. Y si hacíamos un viaje largo en coche y no querían comer, les explicaba que no pararíamos en ningún restaurante hasta dentro de unas horas y las dejaba decidir. Confiaba en sus decisiones alimentarias.

En el caso de los adolescentes, los padres pueden generar confianza con una serie de pasos. Por ejemplo, así fue cómo les di confianza al ir de compras, una de mis actividades educativas favoritas: 1) el progenitor lo hace todo (elegir y comprar lo necesario); 2) confiar en que tu hijo vaya a la tienda y tome la mayoría de las decisiones (dar a los niños un presupuesto concreto es una forma maravillosa de enseñarles responsabilidad económica); 3) ahora tu hijo es capaz de elegir los artículos por sí mismo y podéis reuniros más tarde en la caja (con puntualidad) y hacer las últimas compras juntos; 4) una vez que has erigido unos cimientos de confianza y has enseñado a tu hijo a ser responsable con el dinero, déjale tu tarjeta de crédito para que compre solo (muchas de las principales tarjetas de crédito te permiten añadir a un menor como titular autorizado). Por supuesto, comprueba los gastos y enséñale a verificar el extracto de la tarjeta a final de mes.

También puedes evaluar hasta qué punto es digno de confianza tu adolescente comprobando si cumple su palabra. Ha dicho que estaría en casa a las ocho de la tarde. ¿Lo ha hecho? Si ha llegado tarde, ¿ha llamado? Si demuestra ser de confianza, amplía sus libertades y responsabilidades. Si todavía deben aprender a llegar a casa puntualmente, hablad sobre lo que ha ido mal e identificad el problema para la próxima vez. A algunos niños les cuesta llegar a tiempo. No tires la toalla. Dales más oportunidades para aprender. La gestión del tiempo es una aptitud de la que carecen muchos adultos. Por eso tenemos tantos libros de autoayuda dedicados a ese tema. Es una de las habilidades más importantes para triunfar en la vida.

Si no dotamos a nuestros hijos de confianza, si no se consideran dignos de ella, les costará mucho ser independientes. El principal problema es que no aprenden a confiar y a respetarse a sí mismos. Cuando tenemos miedo y estamos siempre encima de nuestros hijos, ellos también tienen miedo. Pero los niños deben correr riesgos. Ellos copian el ejemplo que damos. A mí me asustan las alturas, pero no quería que les ocurriera a mis hijas, así que procuraba no demostrarles mi temor. Las dejaba trepar a toda clase de columpios, pero yo no subía. Mis hijas, en cambio, eran absolutamente intrépidas.

Este es otro mantra sencillo para ti: los niños deben correr riesgos. Puede que tengas que repetírtelo varias veces. Por instinto, muchos padres se resisten a la idea.

CONFIANZA EN ACCIÓN

Te sorprenderás de lo que es posible. Durante dieciséis años llevé a grupos de cincuenta y dos estudiantes a Nueva York. El propósito era visitar a directores de importantes publicaciones nacionales y conocer más el periodismo en el mundo real. Nos reunimos con personal de *The New York Times*, *The Wall Street Journal*, *Vanity Fair* y *Sports Illustrated*, además de con David Remnick, director de *The New Yorker*, y otros periodistas de renombre como Anderson Cooper. Cada año era distinto, y cada año era increíble. A los alumnos les encantaba. A mí también, y se convirtió en algo legendario en Palo Alto. Todo el mundo quería hacer el viaje a Nueva York. Una de mis motivaciones era dar a los estudiantes cierta libertad, permitirles descubrir la ciudad, una de las más asombrosas de nuestro país, y convencerlos de que eran capaces de más de lo que creían. Esa era la lección más valiosa que podía enseñarles antes de que acabaran el instituto y fueran a la universidad: creer en sí mismos para recorrer una gran ciudad. También quería que disfrutaran y creo que en aquellos viajes nadie se quejó nunca de no habérselo pasado suficientemente bien.

Por la mañana visitábamos las publicaciones y hablábamos con los directores, y los niños iban en metro conmigo, siempre que no me perdiera. La mitad del tiempo no sabía dónde estaba y para los niños guiarme era una muestra de empoderamiento. Se les daba mucho mejor interpretar mapas (en los años noventa) y utilizar el teléfono (a partir de 2000) que a mí. También me veían perderme y encontrar el camino. Desorientarse no es problema siempre y cuando no te estreses. Yo nunca lo hacía. Un día me monté en el tren con la mitad de los alumnos y vi pasar a la otra mitad en la dirección opuesta. Hubo unos minutos de frustración, pero utilizaron el teléfono móvil y llegaron a nuestro destino pese al desvío involuntario. En todos esos años jamás perdí a un niño. Sí extravié a una acompañante adulta que estuvo a punto de perder el vuelo de regreso a San Francisco, pero ni a un solo niño.

Por la tarde podían explorar la ciudad en grupos de cuatro. Se me ocurrió que, si les enseñaba a orientarse, todo iría bien. Tenía razón. También otorgaba a mis alumnos cierto control en la planificación de las excursiones. Podían decidir qué hacíamos por la noche. Desgraciadamente, la mayoría de los institutos de hoy en día prohíben los viajes en los que haya la mínima excursión no supervisada. Puede que los niños tengan que aprender a orientarse en una gran ciudad, pero no lo harán en la escuela.

PÉRDIDA DE CONFIANZA

Hagas lo que hagas, tu hijo acabará traicionando tu confianza en algún momento. Forma parte de la vida y del proceso de aprendizaje. Un estudiante me dijo que estaba ayudando a un amigo que «había tenido un mal día». Al principio me pareció muy bonito por su parte. Luego descubrí que estaba en el centro comercial situado enfrente del instituto y que no había pasado la tarde ayudando a un amigo ni participando en mi clase, sino comiendo galletas.

Bien, tenía que llamarle la atención. Cuando volvió al día siguiente le dije que sabía que había estado en el centro comercial. ¡También le dije que lo primero que tendría que haber hecho era comprarme una galleta! Utilizo el humor para muchas situaciones como esa siempre que la infracción no sea grave. Sin embargo, era importante reprenderlo y encargarle una tarea por liviana que fuese. Los niños deben tomar medidas activas para recuperar la confianza que han traicionado. Los ayuda a entender las consecuencias de sus actos, pero no soy mezquina. Tener sentido del humor me impide estropear una relación. Sí, me enfado y hay un castigo (confiar no significa no responsabilizar a los niños), pero ese castigo no es retirarles la confianza, sino fomentarla aún más.

Yo siempre digo que la falta de confianza y respeto es la causante del problema, y esos valores también son la solución. Utiliza la confianza para recibir confianza. En lugar de enfadarte y cortar una relación cuando se traiciona la confianza, restablécela. Mira los matrimonios que podrían salvarse si la gente hablara. Los alumnos quieren mi confianza aunque hayan metido la pata. Mis acciones le indicaron a aquel estudiante que era importante para mí, aunque estuviera decepcionada con su comportamiento reciente. Le di la oportunidad de rectificar para poder seguir creyendo en él, y ocurrió algo increíble: no volvió a fallarme nunca más.

Esto también vale para infracciones más graves. En una ocasión descubrí que varios alumnos estaban guardando cervezas en el cuarto oscuro y bebiéndoselas en el recinto de la escuela. Se pasaban horas allí y yo pensaba que estaban revelando fotos. Pero un día oí una conversación y me percaté de lo que estaba sucediendo. Después de observar la situación unos días, los convoqué a todos en mi despacho. Fue una conversación bastante tensa y noté que estaban asustados.

No les grité, pero les dije sin ambages lo decepcionada que estaba de ellos, que habían traicionado mi confianza y que habían puesto en peligro al periódico entero. Lamentablemente, si se produce una infracción grave como son el consumo de alcohol o drogas en el campus, abusos o cualquier tipo de acoso sexual, queda fuera de mis competencias y debo dar parte a la dirección. Ocurre lo mismo en la mayoría de las escuelas del país. Así pues, lo denuncié y los alumnos fueron expulsados una semana (la expulsión también quedó reflejada en su expediente académico). No publiqué ninguno de sus artículos en la edición semanal del periódico.

Por suerte, ninguno volvió a repetirlo. Estaban arrepentidos y tristes por lo que habían hecho. Además, entendieron por qué había tenido que denunciarlo, ya que habíamos hablado de ello y les había explicado la situación desde mi punto de vista. Como tantas otras cosas relacionadas con los adolescentes, fue una mala decisión por su parte. Yo los perdoné, ellos aprendieron la lección y todos pudimos recuperar la confianza que es tan importante en mi aula.

Otra verdad ineludible de la crianza es que, en algún momento, pese a todos tus esfuerzos, tus hijos podrían perder la confianza en ti. Esto me ocurrió (por poco tiempo) y se ha convertido en una de nuestras historias familiares más famosas. El problema era que teníamos tres hijas adolescentes que querían empezar a conducir al mismo tiempo, lo cual no era fácil para una familia con pocos recursos. Susan heredó nuestro Volvo de 1963 (¡tenía la palanca de cambio en el suelo!), que habíamos comprado cuando vivíamos en Europa y enviado a California. Los Volvo me parecían los coches más seguros y eran perfectos para las conductoras noveles de la familia. Quien sufriera un accidente contra un Volvo saldría perdiendo. Son tanques, todo acero, nada de plástico. Cuando se lo regalamos a Susan tenía más de 480.000 kilómetros, pero funcionaba a la perfección. ¡En el examen práctico, el empleado del Departamento de Vehículos Motorizados parecía aterrado! Aprobó sin problemas, probablemente porque el examinador quería salir de aquel viejo Volvo.

El problema con Susan estaba resuelto, pero aún tenía que averiguar qué hacía con Janet y Anne. No podíamos permitirnos dos coches más. Pero entonces encontré una ganga: otro Volvo fiable, esta vez de cuatro puertas y en un tono marrón apagado típico de los años setenta. Me encantan las gangas y me encantan los Volvo, así que lo compré y encontré una solución creativa de la que aún me río hoy. Primero le regalé el coche a Janet, que estudiaba primer curso en Stanford. Quería llevárselo con ella a la escuela, pero muy inteligentemente le dije que en el campus había problemas de aparcamiento y era caro, así que debía dejarlo en casa y aceptó. Pero como el coche solía estar allí parado, decidí «regalárselo» también a Anne, que aún iba al instituto. Ambas creían que el coche era suyo. Una mentira piadosa.

Sé que parece una locura, pero funcionó durante más de un año, hasta que descubrieron que les habían «regalado» el coche a ambas. Como cabría esperar, no estaban contentas conmigo. De hecho, es un eufemismo. Se pusieron furiosas. Me disculpé profusamente e intenté explicárselo. Al final me escucharon. Les dije que entendía que se sintieran traiciona-das y que mi motivación era hacerles a ambas el regalo que querían. Acabaron perdonándome, en parte porque acepté comprarles otro coche viejo, pero también porque las escu-ché. Escuchar supone una gran diferencia. Además, pudimos reírnos todas. Al final. Aún hoy cuentan esta historia. Ahora al menos reconocen mi creatividad. ¡Siempre que le hago un regalo a Anne me pregunta si verdaderamente era para ella o también se lo he hecho a Janet!

Cuando nuestros hijos salgan al mundo laboral, su capa-cidad para confiar en sí mismos, en sus ideas y en sus compa-ñeros será un activo enorme. Los niños intrépidos tienen más posibilidades de triunfar, sobre todo si son innovadores. Re-cuerdo los primeros días de Google, cuando Larry Page y Sergey Brin, los cofundadores de la empresa, acordaron al-quilar la planta baja y el garaje de la casa de Susan como su primera oficina. Eran dos jóvenes informáticos con una idea magnífica y necesitaban un lugar donde trabajar. Susan nece-sitaba ayuda para pagar la hipoteca. Parecía la solución per-fecta, y Larry y Sergey obviamente se traían algo muy intere-sante entre manos, pero Susan no tenía ni idea de que estarían allí todo el tiempo, rodeados de docenas de ordenadores en el garaje. Había cables por el pasillo y me tropezaba cada vez que les hacía una visita. ¡Incluso había un ordenador encima del lavamanos del cuarto de baño!

Tenerlos en casa era apasionante, pero también suponía algunos inconvenientes. Uno de ellos era que por la noche tenían mucha hambre (lo cual no es de extrañar, ya que nunca paraban de trabajar) y la comida más cercana se encontraba en la nevera de Susan, cosa que no formaba parte de su alquiler. Cuando te mueres de hambre a las dos de la madrugada, «tomas prestada» la comida con la idea de reponerla al día siguiente. Pero cuando Susan bajaba a desayunar, la comida había desaparecido. Al final se compró una nevera nueva y les regaló la suya. Eso resolvería el problema, siempre y cuando se acordaran de llenarla. Actualmente, los empleados de Google tienen comida a su disposición veinticuatro horas al día los siete días de la semana, y puede que la inspiración fueran todas aquellas vigilias en casa de Susan.

Larry y Sergey eran lo bastante inteligentes para entender que debían concentrarse en su producto (Google) y que era algo más que un trabajo a tiempo completo. Cuando empezaron a contratar gente eran increíblemente selectivos, y además estaban dispuestos a delegar y a dar a sus empleados una enorme responsabilidad. Así funcionan las empresas emergentes: los empleados desempeñan varias funciones porque no hay gente suficiente para todas. Es estimulante, pero también agotador. Su modelo de negocio consistía en contratar a los mejores y más inteligentes y confiar en que hicieran su trabajo. Por supuesto, ese proceso a menudo era caótico, plagado de errores y tropiezos, y exigía que tuvieran fe en su equipo. Estaban creando algo nuevo; era un terreno inexplorado. Rechazaban de plano la idea de que el éxito fuera una cuestión de perfección, pulcritud y certidumbre, y esa mentalidad lo cambió todo.

Cuando Larry y Sergey se instalaron, Susan trabajaba en Intel. Aprovechó la oportunidad para unirse a Google como su decimosexta empleada y le dieron grandes responsabilidades de inmediato, entre ellas promocionar la empresa y crear varios productos de consumo cruciales como Google Images y Google Books. Larry y Sergey se dedicaban al motor de búsqueda y a lograr que la información mundial fuese accesible y útil para todos nosotros. Su objetivo no era ganar dinero, sino crear el mejor motor de búsqueda, lo cual no era una tarea nimia. Susan estaba acostumbrada a tener fe en sí misma y, pese al caos, le encantaba el ambiente de libertad y confianza. Ese espíritu de empresa dio lugar a algunas de las políticas más reconocidas de Google como, por ejemplo, la del 20 % del tiempo, que se basaba en la confianza y el respeto por los intereses del trabajador. Los empleados podían trabajar un 20 % de su tiempo en proyectos individuales que estuvieran relacionados de algún modo con los objetivos de Google. Podían elegir cualquier cosa por la que sintieran pasión. Gmail, por ejemplo, surgió de un proyecto del 20 %, al igual que muchos otros programas y conceptos innovadores. Era un ejemplo perfecto del papel que desempeñaba la confianza en el mundo de la innovación. Google es votado sistemáticamente como el mejor lugar donde trabajar, y la empresa sigue demostrando que pueden reinar la confianza y el respeto mutuos.

¿No queremos hacer extensiva esa misma confianza a nuestros hijos? Por supuesto, queremos formarlos para que trabajen en un entorno en el que les dispensen confianza y respeto y no los controlen constantemente. Si lo hacemos, si nuestros hijos cuentan con la confianza y la seguridad necesarias para progresar en la vanguardia, serán los elegidos por empresas como Google y los que protagonicen el siguiente gran avance.

En 1998 recorrí medio mundo hasta Johannesburgo, Sudáfrica, para visitar a mi hija Janet. En aquel momento, debido a su alta tasa delictiva, la ciudad era considerada una de las más peligrosas del mundo no ubicadas en una zona de guerra activa. Janet había viajado allí un año antes y estaba enseñando Antropología Social en la Universidad de Witwatersrand. A ella no parecía preocuparle esa estadística, pero a mí sí. Típico comportamiento maternal. ¿Qué clase de padre o madre querría que su hija viviera por propia voluntad en un entorno sumamente peligroso? Yo no, desde luego. Estaba aterrada, lo reconozco. Antes de que Janet abandonara California intenté ser lógica. «¿Por qué Johannesburgo? ¿Por qué ahora? ¿No puedes irte a un sitio un poco más seguro?» Pero sabía que no podría frenarla. Y, si trataba de cuestionar su decisión, estaba segura de que perdería.

El segundo día me preguntó si quería quedarme en casa o ir a trabajar con ella. Como nunca renuncio a una aventura, acepté acompañarla a la clínica de Soweto, o South Western Township (Asentamientos Sudoccidentales), que forma parte de Johannesburgo (1,8 millones de habitantes) y fue creada durante los años del *apartheid* para separar y albergar a la población africana. Fiel a su costumbre, Janet no me contó gran cosa acerca de Soweto, una zona que en su día fue el hogar de Nelson Mandela y Desmond Tutu.

Recorrimos las calles de Johannesburgo en el Volkswagen rojo de Janet, nos incorporamos a la autopista y llegamos a Soweto, un área heterogénea formada por barrios de clase media con casas grandes y asentamientos informales con viviendas de hierro corrugado que no disponen de agua corriente ni electricidad. Janet me explicó que la población a la que servía eran trabajadoras sexuales y mujeres infectadas con el VIH. La pobreza era omnipresente en algunas zonas de Soweto y, debido a la falta de oportunidades laborales, algunas mujeres se veían obligadas a cambiar sexo por dinero, lo cual había contribuido a la epidemia continuada de VIH. Janet había sido contratada para que estudiara la epidemia e hiciera algo al respecto. A mí me parecía noble, por supuesto, pero también peligroso, y no dejaba de pensar: «¿Dónde se ha metido?».

Janet siempre había sido una apasionada de la cultura africana. En Stanford, participó durante un semestre en un programa en Kenia y obtuvo un máster en Estudios Africanos en UCLA. Después fue a Johannesburgo a impartir clases en la Universidad de Witwatersrand. Había encontrado su vocación, una manera de aplicar sus singulares talentos y pasiones y, pese a lo mucho que temía por su seguridad, no quería interponerme en su camino.

Aparcamos delante de la clínica y por un momento dudé. Pero Janet me hizo un gesto y eché a andar hacia la puerta. Parecía muy segura, muy capaz, en aquel lugar tan distinto del de su infancia. Estaba en su salsa. Yo seguía sin entenderlo, pero quería apoyarla, y quería saber más.

Dentro de la clínica había una gran sala de espera llena de mujeres, algunas con atuendo tradicional africano (faldas y chales con vistosos motivos), sentadas en sillas y en el suelo. Había también docenas de niños. En el centro tenían una mesa grande hecha con una puerta apoyada sobre unos bloques de hormigón. Janet saludó a las mujeres en inglés y zulú y presentó a la nueva invitada como su madre. Las mujeres se pusieron de pie, empezaron a hablar agitadamente y muchas me abrazaron. Eran muy amables y entusiastas. Luego supimos que llevar a tu madre a conocer a tus amigos es el mayor honor en su cultura y que merecía una celebración. Muchas fueron corriendo a su casa y prepararon platos con la poca comida que tenían. Pronto, la mesa improvisada de la clínica estaba llena de comida sudafricana tradicional: estofados de verdura, calabacín asado, judías y arroz amarillo. Estaba deliciosa y me sentí abrumada por lo mucho que aquellas mujeres nos habían honrado a mi hija y a mí. La experiencia fue más poderosa que cualquier Día de la Madre que hubiera celebrado. Y mientras disfrutábamos de la comida dentro de la clínica, los hombres estaban fuera lavando el coche de Janet. ¡De nuevo para honrarme a mí, su madre!

Salí de allí sintiendo un aprecio tremendo por la gente de Soweto y también un gran respeto y orgullo hacia mi hija. Le había enseñado a ser intrépida y a tener un propósito en la vida y allí estaba, aportando algo al mundo, mejorándolo cada día.

Con todo, no digo que el trabajo de Janet no me pusiera nerviosa. Sigue ocurriendo, pero ¿quién soy yo para decirle lo que debe hacer? La ansiedad que siento es fruto de mi miedo, no del suyo. Y con los años he aprendido que no puedo ni debo proyectar mis temores sobre mis hijas, aunque siempre parezcan poner a prueba mi determinación. Cuando Susan vivió en India después de la universidad, se puso extremadamente enferma y tuvo la suerte de haber llevado consigo Septra, un potente antibiótico. Afortunadamente, funcionó. No me lo contó hasta que volvió a casa, pero solo de oírlo tenía pesadillas. La gente puede morir por la infección gastrointestinal que había padecido. Luego, a Janet la mordió en el trasero un perro rabioso en Kenia (¡en su primer viaje a África!). Una vez más, no me lo contó. No podía. Se hallaba en una región apartada y no había teléfonos móviles. Más tarde descubrí que había seguido el protocolo de la rabia ella sola y me impresionó que supiera cómo cuidar de sí misma. Por su parte, mi hija Anne me dijo en una ocasión que iba a hacer un viaje desde Estambul hasta Rusia en el Transiberiano. Más adelante averigüé que viajaba completamente sola. Hubo un momento en que no había recibido noticias suyas durante meses y me desesperé. Sabía que iba a visitar Krasnoiarsk, la ciudad natal de mi madre, en Siberia, así que decidí localizarla. Hacía años que no hablaba ruso, pero te sorprenderías de lo que eres capaz cuando crees que un hijo puede estar en peligro. Llamé a todos los hoteles de Krasnoiarsk y di con ella.

Cuando cogió el teléfono mostró sorpresa y dijo:

—¡Mamá! ¿Cómo me has encontrado?

—No ha sido fácil, pero persistí —repuse.

No se alegró mucho de que contactara con ella y, por supuesto, se encontraba bien. Los viajes de mis hijas eran una auténtica prueba para mi confianza en que fueran independientes y persiguieran sus sueños, y había funcionado, aunque para mí fuera difícil. Cuando su vida era diferente de la que yo había imaginado para ellas, no podía frenarlas. Dejé de intentar controlarlas; no estábamos unidas por una cuerda mágica. Solo podía apoyarlas en lo que quisieran hacer. Lógicamente, muchas veces me ponía nerviosa, pero creía en ellas y todas lo superamos.

Como padres debemos contenernos y confiar en que enseñamos a nuestros hijos a tomar buenas decisiones. Debemos confiar en la amabilidad esencial de la gente y en la amabilidad esencial del mundo. Y, a veces, nuestros hijos pueden ser nuestros mejores maestros.

RESPETO

3

Tu hijo no es un clon tuyo

Déjalos liderar

Mi primer nieto, Jacob, no quería caminar. Cuando tenía dieciocho meses toda la familia lo observaba con expectación mientras se arrastraba con el trasero por el comedor, esperando ansiosos a que se pusiera en pie y diera ese primer paso. Era gracioso, pero nos inquietaba. Susan, su madre, estaba muy preocupada, y yo también. Pero el médico nos aseguró que Jacob no tenía ningún problema en las piernas. Era un niño sano y normal, excepto por lo de caminar. Parecía satisfecho arrastrándose por la alfombra para coger su camión de juguete o un Lego extraviado. Era como si hubiera decidido no caminar en absoluto y no entendía a qué venía tanto alboroto.

En aquel momento, su máxima pasión era el baloncesto. Yo lo visitaba varias veces por semana y siempre quería que lo levantara para poder lanzar una pelota en la canasta del parque cercano o en cualquier aro que viera en alguna casa desde el cochecito. Ayudé a Jacob a encestar durante horas. Sus padres también. Chillaba de contento cuando la pelota giraba alrededor del aro y caía dentro. Para él era lo más fantástico del mundo, así que un día lo llevé a Gymboree, un gimnasio para niños, para que pudiera gatear, jugar y disfrutar con un montón de pelotas de baloncesto.

En cuanto entramos por la puerta, Jacob vio a un grupo de niños jugando a baloncesto. Sonreía observando cada movimiento cuando driblaban e iban con el balón de un lado para otro. Un chico encestó un triple. Después de una breve celebración, el partido terminó. La pelota se encontraba en el círculo central. Juro que Jacob se levantó y fue corriendo hacia ella. No fue caminando. ¡Fue corriendo! Lo vi agacharse y llevarse el balón al pecho con aire triunfal. Había sabido caminar y sostenerse en pie en todo momento. Simplemente no había encontrado una buena razón para hacerlo.

Cuando volví a casa de Susan, le dije:

—Adivina. Jacob sabe caminar.

—¿Qué? —respondió, y luego cerró el grifo y me miró como si estuviera loca.

—Sabe caminar y correr —le dije.

Bueno, no fue exactamente una transformación mágica. Nada más entrar en casa volvió a arrastrarse con el trasero. Tardó unos días en darse cuenta de que caminar era la manera más rápida de llegar hasta una canasta de baloncesto. También significaba que podía sostener la pelota al mismo tiempo, una habilidad muy importante. Pero cuando comprendió la clara ventaja que suponía caminar, se enganchó totalmente y el resto nos relajamos.

Diré esto más de una vez: los padres deben tranquilizarse. Vuestros hijos caminarán. Hablarán. Aprenderán a utilizar el lavabo. Lo harán a su ritmo. Nadie te pregunta qué edad tenías cuando aprendiste a ir solo al baño o cuando dejaste el chupete. No son temas de conversación en las fiestas. Mi nieto estaba siguiendo un calendario propio y ha resultado ser increíblemente inteligente.

El respeto es un tema complicado. En primer lugar está el respeto por tu hijo como persona autónoma. Respetar la cronología del desarrollo de un niño no solo guarda relación con caminar y hablar. Se necesita paciencia, a veces mucha. El desarrollo también consiste en convertirnos en la persona que llegaremos a ser, y ese proceso requiere un respeto más profundo: aceptar a un niño por quien es y dejar que su vida progrese en consecuencia. Hay que permitir a los niños que tomen la delantera. Eso significa que somos nosotros quienes les seguimos. Los niños saben quienes son. Tu trabajo es respetarlo.

Empezar pronto tiene su recompensa. Permitir que los niños lideren cuando son pequeños es una formación importante para los padres. Nos aporta las aptitudes necesarias para enfrentarnos a tareas más avanzadas, por así decirlo, cuando sean mayores. Descubrir quién eres puede ser un proceso caótico e ineficaz. Cuando los niños llevan las riendas toman toda clase de desvíos. Pocos descubren su pasión de forma inmediata. Sinceramente, la mayoría de ellos pasan por una época en la que no saben qué demonios están haciendo, pero te prometo que al final lo averiguarán.

Anne fue la hija que me enseñó el valor de la paciencia para la crianza. Obtuvo su licenciatura en Biología en Yale, volvió a Palo Alto y decidió ser niñera profesional. Sí, eso es: niñera. «¿En serio?», dije. «¿Después de haberte esforzado tanto en la universidad? ¿Qué pasa con la biología?» Cuando quise darme cuenta, había publicado un anuncio manuscrito en nuestro club de natación y tenis, y poco después estaba trabajando para dos familias a las que adoraba. Pasó un mes, luego dos. Estaba intentando darle tiempo para descubrir qué quería en realidad. La gente que acaba de licenciarse necesita descomprimirse y orientarse. Yo no era uno de esos padres que obligan a sus hijos a presentarse a entrevistas de trabajo durante su último curso. Su educación universitaria era una experiencia suya. Aun así, me di cuenta de que tal vez le irían bien algunos consejos.

Una mañana le dije: «Anne, hay una feria de empleo en Santa Clara. ¿No crees que deberías ir?». Imaginé que así vería lo que había ahí fuera. Y fue, pero solo por tenerme contenta. A su regreso me dijo que había sido un aburrimiento.

«¿No has conocido a nadie interesante?», le pregunté. Resultó que sí había conocido a una persona interesante, un inversor que quería llevarla a Nueva York para una entrevista. Sin embargo, lo que la entusiasmaba no era tanto la idea de su primer trabajo importante al terminar la universidad, como el viaje gratis a Nueva York. Por supuesto, yo quería que fuera. La empresa la alojó en el hotel Helmsley de la calle Cuarenta y dos, y la primera noche me llamó en mitad de lo que parecía una tormenta terrible. «¡Hay teléfono en la ducha!», dijo, y luego pasó a describirme los servicios del hotel.

La entrevista le fue bien y al cabo de una semana la empresa le ofreció un puesto en su fondo de inversión en biotecnología. Stan y yo estábamos encantados. Era una fantástica oportunidad para Anne y parecía el inicio perfecto para una carrera fascinante. Por un momento pensé que mi trabajo había concluido.

«No sé», insistió Anne. «Me gustan las familias para las

que trabajo de niñera.» En aquel momento creía que iba a darme un infarto. «Esta chica tan brillante no será niñera los próximos treinta años», pensé, pero me obligué a no decir nada. Sabía que debía ser paciente y respetar sus decisiones aunque discrepara.

Anne meditó su decisión un par de días y acabó rechazando la oferta.

De acuerdo, en ese momento yo quería una explicación. No dejaba de decir que le encantaban los niños a los que cuidaba, pero recalqué que le habían ofrecido un trabajo de ensueño. Ojalá hubiera podido aceptarlo yo. Pero no era lo que Anne quería, así que tenía que calmarme. Y lo hice. Le compré una camiseta que decía LA MEJOR NIÑERA, lo cual era cierto. Al menos estaba haciendo algo productivo.

Semanas después, y probablemente influida por algunas ideas de sus amigos y de Stan y mías, Anne empezó a dudar de si había tomado la decisión correcta. «A lo mejor sería divertido vivir en Nueva York», le dije. «Parece un buen trabajo.»

Al cabo de dos semanas los llamó de nuevo.

«Estábamos esperándote», le dijeron, pero tenía que superar una entrevista final, esta vez en Palo Alto. Como buena californiana, Anne llevaba pantalones cortos y chanclas. ¡Imagínate presentarte a una entrevista con esa indumentaria sin saber siquiera quién la llevará a cabo! Por aquel entonces no existía Google y no había investigado nada. Pero teníamos que permitirle tomar sus propias decisiones (y cometer errores). ¿Cómo iba a aprender, si no?

La persona que se reunió con ella era nada más y nada menos que Marcus Wallenberg, el importante inversor sueco. La entrevista salió fantásticamente pese a la vestimenta de Anne y así fue como empezó a trabajar en el fondo de biotecnología Investor AB de la familia Wallenberg, una experiencia que le encantó y le permitió desarrollar su carrera en Wall Street.

En el caso de Anne todo fue bien, pero algunos niños necesitan un poco más de orientación. En la actualidad, muchos licenciados no tienen ni idea de lo que quieren hacer, así que vuelven a casa. No es un buen plan. ¿Cómo saber cuándo hay que dejarlos encontrar su camino y cuándo hay que intervenir? Esta es mi política: tienen que hacer algo. El problema es no hacer nada. Y «algo» no significa jugar a videojuegos, a menos que tu hijo se tome en serio la posibilidad de ser programador. Lo que queremos es que nuestros hijos realicen alguna aportación a la sociedad. Deben ganar un salario o trabajar de becarios. Y debe haber un límite para el alquiler gratuito. Hay que darles tiempo para caer de pie, pero transcurridos unos seis meses deberían pagar por vivir en tu casa, aunque sea a precio de amigo. Esto también es una cuestión de respeto; tus hijos deben cumplir unos requisitos. Una crianza respetuosa es a la vez alentadora y exigente.

Como alumna de Berkeley tenía un trabajo poco glamuroso limpiando casas. Estaba bien pagado y ofrecía un buen servicio a mis clientes. También tenía un trabajo, este más glamuroso, como modelo de pasarela para Roos Atkins, unos grandes almacenes de lujo de San Francisco, y como modelo de catálogo. El salario era muy bueno. Además, era supervisora de patio en las escuelas públicas de Berkeley. De algún modo, cada uno de esos empleos contribuyó al mundo en que vivimos. No estaba de brazos cruzados esperando una limosna. Era un miembro responsable de la sociedad y estaba aprendiendo a ser adulta.

En verano, Susan consiguió un trabajo temporal archivando y atendiendo el teléfono en Palo Alto Sanitation, donde mantenía contacto directo con todos los camiones de recogida de basuras de la ciudad. Era responsabilidad suya el cerciorarse de que seguían la ruta y pasaban por el lavado cuando terminaban su turno cada mañana. No era un trabajo de prestigio, pero sí muy útil e importante, y tenía sus ventajas. Recuerdo un día que me llamó entusiasmada para contarme que los trabajadores habían recogido un sofá rojo muy bonito y me preguntó si lo quería para la escuela. Por supuesto que sí. Nos lo entregaron rápidamente y se convirtió en la sala de descanso más popular de la mediateca. Aquel sofá rojo ayudó a muchos estudiantes a escribir un gran número de artículos.

Al margen de los trabajos temporales, ver mundo es la mejor educación que pueden recibir los niños y les aporta ideas excelentes. Pueden viajar con amigos, trabajar de voluntarios en un país extranjero, pasar unos meses aprendiendo otro idioma o colaborar con una fundación en la que crean. Yo ejerzo de asesora para Roadtrip Nation, donde los niños pueden viajar por Estados Unidos y conocer a gente de todos los ámbitos de la vida. También formo parte del gabinete de asesores de Global Citizen Year, un programa para que los jóvenes conecten con su pasión durante su año sabático. Yo siempre les digo a mis alumnos: «¡Elige, pero haz algo!». Y tengo el mismo consejo para los padres: sed abiertos de mente y dejad que vuestros hijos lleven las riendas.

VERNOS REFLEJADOS EN NUESTROS HIJOS

Greg, de dieciséis años, era un genio del diseño gráfico. Vi por primera vez sus dibujos en los años noventa, cuando era estudiante de mi programa de Periodismo, y sabía que era especial. Dibujaba unos paisajes preciosos y complejos diseños arquitectónicos, y le encantaba maquetar el periódico de la escuela. En aquel momento, el diseño gráfico todavía se realizaba en papel, pero tenía la corazonada de que su versión informática sería importante en el futuro, así que propuse a Greg que utilizara un ordenador para dibujar. ¿Por qué no incorporar la tecnología a su arte? Le encantó la idea y se puso manos a la obra.

El problema era que su padre era doctor y su madre investigadora médica. Lo último que querían era que su hijo se convirtiera en una persona creativa, y menos aún en diseñador gráfico. Se suponía que debía ser médico, abogado o a ser posible científico. Sus padres le exigían que se matriculara en una interminable sucesión de cursos universitarios avanzados, así que pasaba gran parte del tiempo estudiando y sacando un poco de tiempo para practicar el arte que tanto amaba. A Greg le iba bien académicamente porque era muy inteligente, pero estaba triste. Todo el mundo se percataba de ello. Cuando llegó al último curso estaba muy deprimido.

Hacia la mitad del primer semestre, la madre de Greg me llamó para comentar sus notas y decidí invitarlos a hablar después de clase. Estaba preocupada por Greg y quería ayudar. Los padres me dijeron que la ciencia era muy importante para ellos y yo respetaba sus logros. Entendí por qué querían que su hijo siguiera sus pasos. Lo cierto es que la visión que tienen los padres de la vida de sus hijos es importante. Sacrifican mucho por ellos. Durante una década, yo renuncié a mi carrera para criar a mis hijas y Stan trabajaba día y noche para mantenernos (y porque le apasionaba la física). Nuestras opiniones e ideas son relevantes, pero a veces un niño tiene un sueño diferente, un nuevo camino que seguir.

Los padres de Greg y yo planteamos diferentes estrategias para utilizar el periodismo como inspiración en todo lo relacionado con la ciencia. «¿Y si le pide que escriba artículos sobre investigación en Stanford?», propuso su madre. Estaban empecinados en que se interesara por la ciencia. «Veré qué puedo hacer», les dije, pero al mismo tiempo sabía que Greg tenía otros intereses, unos intereses que sus padres se negaban a reconocer.

Le pedí a Greg que escribiera varios artículos sobre temas científicos, cosa que hizo sin demasiado entusiasmo, pero seguía dibujando... continuamente. Tenía montones de cuadernos llenos. Dibujar era algo innato, parte de su ADN. Me recordaba a mi padre y sus grandes dotes como artista, pero también lo pobres que éramos. Era lógico que a los padres de Greg les preocupara la vida de su hijo si elegía un camino creativo, pero él no quería ser científico.

He visto esta situación muy a menudo en mis treinta y seis años en la docencia. Los padres tienden a definir los objetivos de sus hijos basándose únicamente en sus intereses y experiencia, y lo hacen porque están desesperados por que sus hijos triunfen. Lo entiendo. Lo hacen con buena intención. Los padres también suelen proyectar sus miedos y ansiedades en sus hijos, sobre todo cuando se plantean opciones profesionales y vitales menos conocidas. Según ellos, es mejor hacer algo seguro que labrarse un nuevo camino. Veo a padres de niños de primaria que los apuntan a las actividades extraescolares que quieren ellos y no sus hijos. Lo que quiere el niño es ir a casa, pasar el rato con sus amigos y jugar en la calle. Dicho de otro modo: quiere ser un niño. Más adelante, los padres de los niños de secundaria se preocupan porque sus hijos están «distantes». Lo están porque no quieren que les digan continuamente lo que deben hacer. Quieren satisfacer sus pasiones y vivir su vida, pero, en cambio, se sienten ofendidos e incomprendidos.

Nada de esto me llevó a ningún sitio con los padres de Greg. La madre empezó a llamarme cada semana para «ver cómo estaban las cosas» y decía: «Vea qué puede hacer para que cambie de opinión». Luego, sus padres llegaron a la conclusión de que necesitaba terapia. Greg asistió a las sesiones, pero no cambió nada. Seguía rebelándose educadamente. Hacía los deberes para las clases de ciencia, pero los compaginaba con el diseño gráfico. Se negaba a discutir con sus padres, pero también a hacer lo que le dijeran. Consagró su existencia a no ser físico.

Mi política siempre ha sido apoyar a los estudiantes, pero también satisfacer las necesidades de los padres. Es difícil. Le dije a Greg: «Sé que tenemos que negociar con tus padres. No te preocupes, te ayudaré». Y lo hice. Le dije que de lo único que tenía que preocuparse en mi clase era de convertirse en quien quería ser. En todos mis años como profesora he aprendido que normalmente son los padres y no los hijos quienes tienen un berrinche cuando no consiguen lo que quieren.

Mi clase se convirtió en la pasión de Greg, en el antídoto a la monotonía de sus clases avanzadas de ciencia. Se pasaba horas ideando diseños gráficos para el periódico, creó una imagen excepcional para el dorso de nuestras camisetas y ayudó a maquetar las páginas para que parecieran profesionales. Siempre estaba buscando ideas en las revistas. Yo estoy suscrita a unas veinte y, cuando las he leído, todas acaban en mi clase, incluso hoy en día.

Unas dos décadas después, Greg es un conocido artista gráfico y diseñador de webs que dirige una próspera empresa en Los Ángeles. Asistió a unas cuantas clases de Física en la universidad para contentar a sus padres, pero al final persiguió su sueño.

Otra alumna, Lisa, no tuvo tanta suerte. Era una chica hermosa, extrovertida y sociable, presidenta del cuerpo estudiantil y líder nata en mi programa de Periodismo. Su sueño era ser profesora, pero sus padres querían algo más prestigioso para ella: la medicina. Y, como era buena hija y quería complacerlos, hizo lo que le pidieron. Finalizó el curso introductorio a la Medicina en una universidad de la Ivy League y entró en una prestigiosa escuela médica. Le fue bien, se licenció y se casó, en ese orden. Todo el mundo esperaba que se dedicara a la pediatría porque le encantaban los niños, pero decidió «posponer» el ejercicio de su profesión. Esa pausa ha durado veinte años. Nunca ejerció la medicina. Llegó a la conclusión de que no quería ser doctora pasara lo que pasara y lo dejó.

Ahora, Lisa tiene más de cincuenta años. Ocupó una plaza valiosa en la escuela médica, se pasó años estudiando algo que no quería y lo hizo todo para complacer a sus padres. Lo que quería finalmente era ser madre a tiempo completo y eso es lo que es hoy. Es feliz. Por fin.

La lección de todo esto es que los niños nos escuchan (desean nuestra aprobación y amor), pero, si quieren ser felices, tendrán que escucharse a sí mismos.

Otra de mis alumnas libraba una guerra continua con su padre por tener que llevar velo en el colegio. La familia había dejado El Cairo y se había trasladado a Palo Alto, y aunque buscaban una vida nueva, el padre estaba convencido de que su hija debía cumplir sus normas religiosas. La mayoría de los padres inmigrantes quieren que sus hijos conserven la cultura del país de origen por motivos comprensibles. La tradición es importante. Es lo que nos sostiene y define. Pero, al mismo tiempo, esos padres quieren que sus hijos «sean estadounidenses». Para un niño es bastante confuso.

Los padres también están confusos. Hacen grandes sacrificios para dar a su hijo una vida mejor, pero también puede resultarles difícil respetar la cultura del nuevo mundo. Recuerdo que a mis abuelos no les gustaba que me criaran como una estadounidense. Vivían en la casa contigua en Sunland-Tujunga y esperaban que fuese como las judías religiosas de Chernivtsi, Ucrania. Siempre había tensión por lo que hacía y decía cuando era adolescente. Desde luego, no actuaba como si me hubiera criado en Ucrania. Había dos cosas que los sorprendían. Una era mi altura. Yo mido un metro setenta y ocho y vengo de una familia en la que las mujeres medían alrededor de un metro sesenta, y los hombres un metro setenta. Los domingos, durante las conversaciones familiares, alguien preguntaba siempre «¿Esther ha vuelto a crecer esta semana?», lo cual me horrorizaba, ya que era una adolescente cohibida. Siempre me preocupaba que hubieran cogido al bebé equivocado en el hospital hasta que mi hermano Lee llegó al metro ochenta y ocho. El hecho de que quisiera ser periodista los sorprendió por igual. Las chicas nunca eran periodistas. «Esa carrera está reservada para hombres inteligentes», me decían y, en aquel momento, el mundo periodístico habría coincidido con su apreciación. En muchas culturas se da por hecho que los niños son una especie de espejo del padre o el abuelo que refleja los mismos valores y elecciones, e incluso las mismas características físicas, y cuando eso no ocurre, las relaciones se desmoronan.

La alumna de El Cairo no acudió a mí de inmediato, pero cuando la encontré llorando en la sala de ordenadores, le aconsejé que hablara honestamente con su padre sobre sus dificultades. Lo intentó. Durante unas semanas funcionó, pero luego le dijo que debía llevar el velo. Siguieron discutiendo. Su padre le advirtió que, si no obedecía, la echaría de casa.

Estaba tan desesperada que fue a ver refugios para indigentes y preguntó a algunas amigas si podía vivir con ellas. ¿Te imaginas a una chica de dieciséis años mudándose sola a un refugio para indigentes? Sin embargo, acabó instalándose con una amiga. Y mientras estuvo fuera de casa, las cosas mejoraron un poco. Qué suerte que tuviera una amiga que la acogió. Pero el problema era que añoraba a su familia y ellos a ella. Era adolescente. Los necesitaba. Al cabo de unos meses, su padre le dijo que podía volver a casa, pero solo si llevaba el velo, así que aceptó. Qué calvario para todos. La alumna se vio en la tesitura de tener que decidir si hacía lo que consideraba correcto o si formaba parte de su familia. Y su padre, que quería lo mejor para ella, no se daba cuenta de que, a veces, irse a otro país significa adaptarse a una cultura diferente. Esta es la lección más difícil para los padres: así no se puede ganar una batalla. Podemos decir: «¡Hasta que tengas dieciocho años harás lo que yo ordene!». Pero tu hija sabe que algún día cumplirá dieciocho años y tiene todo el derecho a expresar sus opiniones. No ganes una batalla a la vez que pierdes una guerra.

Tendemos a ver a nuestro hijo como una extensión de nosotros mismos. Este es uno de los principales motivos por los que tenemos descendencia: para vivir para siempre nuestros objetivos y sueños, para crear réplicas de nosotros mismos y que no se pierda toda la sabiduría que hemos cosechado. ¿Acaso una de las primeras cosas que oímos sobre un bebé no es que el pequeño Johnny es igualito a su padre? Los padres siempre buscan similitudes físicas y personales, ya sea con ellos o con otro miembro de la familia. Desde luego, no ayuda que un niño sea calcado a su padre o se comporte de la misma forma. Puede resultar muy confuso. Algunos incluso piensan que un pariente fallecido se ha reencarnado en el cuerpo del pequeño. A veces parece que nuestro destino esté marcado desde que nacemos. Recientemente conocí a un hombre que me contó que había diez generaciones de médicos en su familia, que se remontaba a hacía varios siglos. Como es normal, estaba orgulloso de su linaje, pero pensé en los niños que no querían seguir ese camino.

Los psicólogos tal vez lo calificarían como el «ego» de la crianza. «Yo soy la madre. Esta es mi hija.» Poner a los niños el nombre de los padres o los abuelos es un síntoma habitual de ego parental: vemos a ese niño como un reemplazo. A veces intentamos estimar nuestra valía en función de lo que consigan nuestros hijos, el tipo de coche que tienen o cuánto dinero ganan. Yo a esto lo llamo «el concurso de mascotas»: pasear a un niño para alimentar nuestro ego. «Mira qué sabe hacer mi hijo. ¡Y solo tiene dos años!» He visto vídeos de niños que pueden traducir hasta cinco idiomas a los cinco años, y otros que han memorizado las tablas de multiplicar a los seis. ¿Quién se alegra de eso? Sin duda, el padre superorgulloso. Del niño ya no estoy tan segura. ¿Y alguna vez te has preguntado por qué algunos padres tienen problemas para educar a sus hijos? Porque se ven a sí mismos (y todas sus inseguridades e imperfecciones) reflejados en ellos. Cuando el niño no entiende algo al momento o, Dios no lo quiera, cuando fracasa, el padre se enfada y se siente frustrado inmediatamente, lo cual es la antítesis misma de ser buen profesor.

Si lo piensas, esa suposición de que los hijos seguirán nuestros pasos es bastante problemática en el siglo XXI. Ahora es mucho más difícil prepararse para una carrera profesional, ya que no sabemos cómo serán los trabajos. ¿Quién habría imaginado hace diez años que existirían la biología sintética y la impresión en 3D? Incluso las profesiones aparentemente estables como la medicina están cambiando. En la actualidad, los médicos utilizan informes electrónicos, recurren a la robótica para la cirugía y toman notas con Google Glass durante las consultas. En un futuro cercano, es posible que los robots interpreten nuestras radiografías con más precisión. Por tanto, quizá no sea inteligente animar a tu hijo a ser contable, aunque haya sido una espléndida profesión para ti. A lo mejor la contabilidad es un campo moribundo. Como dice Thomas Friedman, este es el siglo del autoaprendizaje y la pasión. Creo que ha llegado el momento de que definamos «éxito» como «pasión». Y todos sabemos que los niños no desarrollan una pasión por medio de la fuerza.

Intentar clonar a los hijos a nuestra imagen y semejanza, no verlos y respetarlos por quienes son, puede desencadenar un problema grave. Como profesora, veo que los niños están más deprimidos y desesperados cada año que pasa. Según el Departamento de Sanidad y Servicios Humanos, unos tres millones de adolescentes de entre doce y diecisiete años padecieron al menos un episodio de depresión severa en 2016. Hay muchos motivos para esto, desde la inseguridad que provocan las redes sociales hasta la inmanejable cantidad de clases de secundaria o la presión de entrar en la escuela de sus sueños. ¿O es la escuela de los sueños de sus padres?

Cuando el estrés los supera, los niños incluso pueden verse empujados al suicidio. Los Centros para el Control y la Prevención de Enfermedades descubrieron que, en 2016, el suicidio era la segunda causa de mortalidad en niños de diez a catorce años y en jóvenes de quince a veinticuatro. La tendencia general es inquietante: entre 1999 y 2016, el total de suicidios aumentó un 28 %. En Palo Alto hemos tenido una serie de suicidios adolescentes que han sacudido los cimientos de nuestra comunidad. Los dos institutos, Gunn y Palo Alto, han tomado medidas serias para reducir la presión sobre los estudiantes. Kim Diorio, exdirector del instituto Palo Alto, puso en marcha un exitoso programa con la ayuda de Denise Pope, una profesora de Educación en Stanford. El objetivo es restar presión parental y social a los niños para que puedan ser ellos mismos, centrarse en lo que es importante para ellos y darse cuenta de que sacar un notable no es el fin del mundo. Pero ¿cuántos colegios de Estados Unidos y del resto del mundo han adoptado programas similares? ¿Cuántos niños están estresados y deprimidos? ¿Cuántos se sienten agobiados e incomprendidos? La respuesta es: muchos.

La depresión y el suicidio son temas complicados, lo sé. Existen toda clase de factores de riesgo. Pero, en el fondo, ¿no se trata de que los niños se sienten atrapados y obligados a vivir una vida que no es la suya y en algunos casos no encuentran una salida? Cuando una investigadora de Yale entrevistó a adolescentes de comunidades acomodadas como Palo Alto para intentar discernir qué presiones podían llevarlos al suicidio en casos extremos, descubrió dos causas principales de angustia. La primera era «la presión de triunfar en múltiples actividades académicas y extraescolares». Eso lo sabemos. Pero la segunda causa era el aislamiento de los padres. Eso es lo que sucede cuando los hijos no son respetados por sus ideas, pasiones o preferencias. Aprenden a temer o a guardar rencor a sus progenitores, lo cual interrumpe cualquier comunicación. Los apartan cuando más apoyo necesitan.

Ser respetados por quienes somos es tan fundamental que si alguien (cualquiera) muestra escaso respeto por los niños, estos pueden ser rescatados, aunque parezca que todo está perdido. Cuando pienso en lo importante que es descubrir y apoyar la pasión de un niño, entenderlo de verdad, me viene a la mente Caleb, un estudiante afroamericano alto y atractivo perteneciente al primer curso de mi clase de inglés. Sonreía mucho, pero sus ojos irradiaban tristeza. En aquella clase había quince chicos y tres chicas, los alumnos de inglés con peores resultados de la escuela (dos o más puntos por debajo de la media en lectura). Yo me había ofrecido voluntaria para impartir la clase. No había muchos profesores ansiosos por aceptar aquel desafío, pero quería ayudar. También quería saber si mis métodos funcionarían con niños que no rendían. Esos estudiantes tenían toda clase de problemas personales y el sistema educativo prácticamente no había hecho nada por empoderarlos o animarlos.

Como profesora doy por hecho que tendré unos cuantos alumnos difíciles cada semestre, y Caleb era uno de ellos. Se negaba a trabajar. Notaba que estaba deprimido, aunque no mostraba los signos habituales de la enfermedad. Se había pasado los primeros ocho años de escolarización metiéndose en líos, e imaginaba que ese año no sería diferente. No tenía objetivos. Bueno, sí que tenía uno: interrumpir la clase. Era su manera de llamar la atención. Unas semanas después del inicio del curso quedó claro que estaba perdido y desmotivado.

Un día lo abordé después de clase.

—Caleb, parece que preferirías estar en cualquier sitio menos en la escuela —le dije—. ¿Es así?

—Sí —respondió—. Odio la escuela.

—¿De verdad la odias?

—Sí, la odio de verdad.

Seguimos hablando y me contó que vivía en un pequeño apartamento de dos habitaciones al este de Palo Alto. Su madre y su hermana ocupaban el comedor y él el dormitorio. Para él era difícil ir al colegio con niños cuyos padres tenían mucho dinero. Su madre limpiaba casas y la familia tenía dificultades para pagar las facturas. «No es divertido oír lo que hacen todos durante el fin de semana, todo el dinero que tienen», me dijo bastante alicaído. Podemos saber cuándo un niño está deprimido. Solo hace falta mirarlo a los ojos. Hay opacidad, falta de luz. Caleb creía que sus posibilidades de vivir más allá de los veinticinco años eran nulas.

—Los chicos negros mueren jóvenes —me dijo.

—No todos los chicos negros mueren jóvenes —repuse—, y tu estarás entre los que sobrevivan.

Decidí averiguar qué le interesaba; a todo el mundo le interesa algo. Resulta que le gustaban los zapatos, quién lo iba a decir. ¿Por qué? El calzado tenía cierto estatus en su comunidad y era algo que podía permitirse. La gente que llevaba determinados tipos de zapatos era considerada «guay».

El siguiente paso fue animarlo a convertirse en un experto en zapatos y en cómo comprarlos. Le pedí que buscara el tipo que quería y que comparara precios. ¿Cuáles eran los mejores y por qué? ¿Qué comercio ofrecía el mejor precio? Le hice compartir esa información con sus amigos. Eso también le gustó. Siempre que los chicos pueden ser expertos en algo, se sienten bien consigo mismos. Pueden ser expertos en Minecraft, en insectos o en lo que quieran. No importa. Solo necesitan ser expertos.

Suena muy simple y no parece que vaya a cambiarles la vida, pero habían ocurrido dos cosas: ahora tenía un tema que dominaba y una profesora que creía en él. Caleb empezó a llegar puntualmente por iniciativa propia. Le cambió la cara. Sonreía y quería hablar conmigo a todas horas. Y hacía los deberes.

Caleb y yo seguimos en contacto y a veces lo llevo a comer. Actualmente es estudiante de segundo año en un centro formativo superior cercano y planea ser electricista y tener una empresa propia. Lo que ocurrió con Caleb puede ocurrir con todos los niños: podemos rescatarlos a través de la amabilidad y la empatía, averiguando cuáles son sus pasiones y demostrándoles confianza y respeto. Todos los estudiantes tienen potencial. Todos los estudiantes merecen ser rescatados.

CUANDO EL RESPETO ES UN DESAFÍO

La crianza plantea numerosos obstáculos al sencillo mandato de respetar a tus hijos. Pongamos por caso el orden de nacimiento. Criar a un hijo es difícil, pero a dos lo es aún más. Y tres o más significa gestionar un circo diario. Solo tienes dos manos y, si hay tres niños, ¿a qué se agarra el tercero? Cada niño es especial y quiere algo distinto. Cada niño quiere diferenciarse de sus hermanos y necesita desafiar a sus padres, sobre todo cuando se hace mayor.

El orden de nacimiento desempeña un papel importante en el desarrollo de los niños y en cómo deciden retarte. Con mis hijas tenía delante a tres individuas en sendas fases de desarrollo y querían cosas distintas. El primogénito tiene la distinción de ser el primero y el más pequeño es el bebé. Pero ¿y el mediano? Si son de diferente sexo, él o ella tiene esa distinción, pero, si no, no es tan fácil, aunque es posible.

Mis hijas querían que las cogiera en brazos, que les dedicara atención y, sobre todo, ser mis «preferidas». Recuerdo una de sus preguntas favoritas, formulada siempre a horas intempestivas, por ejemplo, a las seis y media de la mañana: «Mamá, ¿soy tu preferida?». A las seis y media de la mañana no te apetece oír eso. Mi respuesta era siempre la misma; medio dormida, levantaba la mano y les decía: «De acuerdo, ¿qué dedo es mi preferido? Si tengo que cortarme uno, ¿cuál debería elegir hoy?». Con eso bastaba. Dejaban de preguntar. Hasta la semana siguiente.

Esa explicación no impedía a Janet, la mediana, querer ser la número uno en todo momento. Los hermanos pequeños tienen dos opciones para llamar la atención: competir con sus hermanos o rebelarse y ser lo más distintos posible. Janet eligió lo primero. Siempre quería ganar a Susan, la primogénita, y casi siempre lo conseguía. Quería nadar más rápido, correr más rápido, leer más rápido, hablar más rápido y recibir más abrazos y mimos. Aprendió matemáticas prematuramente y empezó preescolar a los cuatro años. Era increíble. Siempre intentaba ser más alta que Susan, aunque, para desesperación suya, no funcionaba. Cuando llegó Anne, Janet no solo quería ser tan buena como ella o mejor, sino que también quería ser tan mona como el bebé. Se le daba bastante bien, pero era difícil competir con Anne, que se distinguía por ser encantadora. Lo veías incluso cuando tenía solo un año. Era una niña inteligente. Ser mona era la manera de conseguir lo que quería.

Las fiestas de cumpleaños eran complicadas. Resolvía el problema haciendo regalos a Janet el día del cumpleaños de Susan y haciendo lo mismo por Susan el día del cumpleaños de Janet. Ambas coincidían en que era una idea fantástica. Cuando Anne llegó a la familia, todos recibíamos regalos. Fue una gran bendición para todos.

Miles de estudios han analizado los efectos del orden de nacimiento y la mayoría confirma lo que ya sabemos instintivamente. Dicen que los primogénitos son más proclives a obedecer, en parte porque se ven superados numéricamente por dos progenitores. Pero también se debe a que juegan con ventaja sobre sus hermanos más pequeños, así que pueden ganarse fácilmente la atención de sus padres: limítate a hacer lo que quieren mamá y papá. Según el doctor Kevin Leman, psicólogo y autor de *The Birth Order Book* (El libro del orden de nacimiento) y *The Firstborn Advantage* (La ventaja del primogénito), a los primogénitos también se les exige más. Como puedes ver, en mi familia no era así. Janet se exigía al máximo y triunfó. Leman dice que el hijo mediano tiende a ser el «pacificador de la familia» y normalmente es más afable y leal. Puede que sea así en algunas familias, pero yo no calificaría a Janet de pacificadora. Siempre se traía entre manos algo emocionante y divertido. Si acaso era la que planteaba desafíos, la inspiradora, la chispa creativa. Y, en general, los hermanos pequeños suelen ser «rebeldes de nacimiento», como dice el título de un libro de Frank Sulloway sobre el tema.

Lo que queda enterrado en los estudios pero raras veces trasciende de manera explícita son las expectativas que tenemos para nuestros hijos. Si los primogénitos suelen ser los primeros en todo, probablemente obedezca a que los padres esperan que lo sean. En nuestra familia, yo esperaba que Susan y Janet fueran buenas en lo que quisieran hacer, y si no lo eran, que lo intentaran otra vez. No había ningún problema en cometer errores y empezar de nuevo. De hecho, las animaba a hacerlo. Al fin y al cabo, así es como aprenden los niños. Y los niños están a la altura de tus expectativas. Yo esperaba mucho de Susan, pero no excluía a Janet. Quería que ambas cumplieran mis expectativas, y cuando nació Anne ocurrió lo mismo con ella.

Merece la pena repetirlo: el respeto conlleva poner el listón alto. No respetamos las habilidades de nuestros hijos si los consentimos. Pero tampoco los respetamos si los obligamos a destacar en actividades que no significan nada para ellos. Imponer una alta exigencia solo funciona cuando los niños pueden poner pasión en lo que hacen. Queremos que triunfen en lo que ellos elijan, no en lo que elijamos nosotros. Ese es uno de los principales problemas: los padres eligen. Por supuesto, puedes orientar a tus hijos, pero no deberías obligarlos nunca. De lo contrario, es muy posible que acaben deprimidos y resentidos. Yo veo a Susan guiar a sus cinco hijos. No es fácil, porque tienen intereses muy diferentes, pero lo respeta y alienta la excelencia en lo que elijan. A Jacob le encanta la música, así que Susan respaldó su pasión por el piano; Amelia tiene un don para el deporte, de modo que Susan la apoyó cuando quiso ingresar en el equipo de fútbol. Cada niño tiene capacidad para decidir, pero se espera que todos rindan al mayor nivel posible.

A veces, tu hijo puede perderte el respeto, pero es subsanable. Cuando son mayores cuesta más, pero aun así es posible. Una de las cosas más difíciles como padre es respetar la privacidad de tu hijo. Y todos los niños la necesitan, incluso los bebés. Cuando mi hija Janet tenía trece años, le pedí en numerosas ocasiones que limpiara su habitación. No hacía caso, así que un día me harté y decidí hacerlo yo misma. Adivina qué encontré debajo de la cama. Su diario. Lamento confesar que cedí a la tentación de leerlo. Era fascinante saber qué hacía y pensaba, pero supe de inmediato que había vulnerado su privacidad. Me sentía muy mal.

Algunos padres probablemente habrían dejado el diario tal como lo encontraron y habrían mantenido en secreto el incidente, pero a mí no me parecía bien. Lo único que podía hacer era confesar. Cuando Janet llegó a casa del colegio al día siguiente, se lo conté y le devolví el diario abochornada. Se puso a gritar. Luego dio un portazo y no me permitió acercarme a su habitación, pero seguí disculpándome. Le dije que había perdido la paciencia y había hecho algo que sabía que estaba mal. Le dije que me sentía avergonzada. A veces tienes que ayudar a tu hijo a entender las dos caras de la historia y las emociones que estás sintiendo. Le prometí a Janet que nunca más vulneraría su privacidad y tuvo a bien perdonarme. Tus hijos entenderán que te equivoques. Aprenderán más de cómo respondes a tus errores que del error en sí.

Recuerdo otra ocasión en que mis hijas no querían que asistiera a una fiesta en la que habría otros padres. «Mamá, hablarás mucho y monopolizarás la conversación», dijeron. Hirieron mis sentimientos, por supuesto, pero pensé: «Si no me quieren allí, no invadiré su espacio». Y probablemente tenían razón: dominaría la conversación, así que no fui y no les guardé rencor. No pasaba nada. Las respetaba y parecía que habíamos llegado a un punto de inflexión. A la siguiente fiesta me invitaron. Procuré no hablar demasiado (lo cual es un poco difícil para mí). Creo que necesitaban sentir que tenían el control, y al aceptar no ir, aunque fuera solo una vez, les confirmé que llevaban las riendas de su vida social. Decirlo no es suficiente. Los hechos dicen más que las palabras. Aquella fiesta permitió que me incluyeran la siguiente vez y me gusta pensar que aprendí algo que estaban intentando enseñarme.

Confieso que con mis nietos necesité aprendizaje. Yo imaginaba que los abuelos eran iguales que los padres (un error que comete mucha gente) y que podría tener tanto control como tenía con mis hijas. Me equivocaba. Era lo peor cuando se trataba de comprar juguetes, ropa y dulces. Mis nietos recibían un caudal interminable de regalos porque los quería, pero esos regalos no siempre eran bienvenidos. Susan me mira con desconfianza cuando entro con una bolsa o una caja llena de regalos para los niños.

—No necesitan más cosas, mamá —me dice.

—De acuerdo—respondo—, ¿y si les dejamos jugar con los juguetes una hora?

E intento contenerme, de verdad, pero me cuesta.

Tenía la costumbre de comprarle a mi nieta Sophie unas galletas de azúcar especiales que no venían en una caja normal, sino dentro de un osito de plástico. Accionando una palanca salía la galleta. Eran sencillas, pero el envoltorio las hacía irresistibles. ¿Qué podía hacer yo? No paraba de comprarlas. Pero, una mañana, Anne se quejó de que Sophie había llorado toda la noche. «Te quería a ti», me dijo. Lloraba por mí, pero no porque me quisiera a mí. Quería las galletas. Lección aprendida. Era una abuela demasiado entusiasta a la que había que moderar. ¡Mis hijas se encargaron de ello! Tengo que respetar sus ideas y deseos. Ahora tienen su propia familia.

ENSEÑAR RESPETO SIGNIFICA VIVIRLO

Debes respetar a tu hijo, desde luego, y sería espléndido que ese hijo también te respetase a ti. Pero ¿has pensado alguna vez en tu manera de vivir en el mundo, en cómo demuestras respeto a la gente que te rodea y en qué ejemplo estás dando a tus hijos? Todo (repito, todo) es una oportunidad de aprendizaje. A los niños no se les escapa nada. Ven (y sienten) el respeto que muestras a tu cónyuge, a otros familiares, a los vecinos y a los amigos. Oyen cómo hablas de tu jefe y tus compañeros de trabajo. Ven cómo te respetas a ti mismo. Y modelan su conducta y sus valores a partir de todas esas cosas.

Enseñar respeto significa vivirlo. A diario. Significa respetar a toda la gente que forma parte de tu vida. Si das ejemplo, tus hijos te seguirán la mayoría del tiempo. Es posible que necesiten un poco de orientación. Siempre que mis hijas se portaban mal, les pedía que se disculparan por escrito y reflexionaran sobre cómo podían mejorar (supongo que estoy bien acompañada, porque al parecer Ruth Bader Ginsburg encargaba una redacción a sus hijos cuando se portaban mal). Yo las hacía disculparse por algún acto problemático que hubieran cometido. Podía ser una pelea con su hermana, llegar tarde a algún sitio o no realizar una tarea en casa. Escribir es pensar, y pensar propicia cambios.

Me he pasado los últimos treinta y seis años dirigiendo mi clase como si fuera la plantilla de un periódico profesional. Así funciona mi programa. No encargo a mis alumnos unos ejercicios que simulen un periódico, sino que les impongo todas las responsabilidades del mundo real y experimentan sus consecuencias. Las publicaciones estudiantiles son económicamente independientes. Eso significa que los estudiantes salen a vender publicidad para sufragar los costes. Al principio del semestre, toda la clase va al centro de Palo Alto con un contrato en la mano y un ejemplar del periódico para conseguir publicidad para todo el año. Son los alumnos quienes plantean ideas para los artículos, no yo. Algunas de esas ideas son cuando menos cuestionables. Pero, durante la sesión de puesta en común, que dirigen los propios niños, las ideas terribles desaparecen solas. Los alumnos siempre lo averiguan por sí mismos. Ocurre de manera natural en el proceso de reflexión y escuchando las opiniones de otros.

A continuación, los directores toman decisiones cruciales sobre qué alumnos escriben un artículo determinado, y algunos de esos artículos tratan temas muy controvertidos. En el pasado hemos escrito sobre el mal rendimiento del profesorado, sobre la depresión estudiantil, sobre las actitudes de los alumnos hacia el sexo y sobre irregularidades en el comité escolar, por nombrar solo unos pocos. Los temas más recientes han sido el control armamentístico y el tiroteo de Parkland, Florida, así como la dimisión del director de nuestro colegio.

Lo que he descubierto en estos años es que para cumplir plazos y trabajar bajo presión debe reinar un ambiente de respeto. El periodismo requiere muchas críticas y revisiones, y yo presiono bastante a los estudiantes. Y no solo eso: se presionan a sí mismos y entre ellos. Saben que cuentan con mi apoyo, así que no me muerdo la lengua. Cuando se trata de un editorial o un reportaje, simplemente digo: «Hay que trabajar más el final. ¿Queréis que os ayude o preferís pensarlo vosotros solos?». Después comentamos cómo mejorarlo. Hay que ser sensible con la gente que ha trabajado duro. Hay que respetarlos a ellos y sus esfuerzos. Pero no creo que todo el mundo deba ocupar el primer puesto, y mis alumnos lo saben. Enumero qué noticias creo que son las mejores para cada número y explico por qué. Ellos hacen lo mismo y, en realidad, su opinión es más importante. El periódico o revista es suyo, no mío. Yo solo soy la asesora. Todos mis alumnos entienden que únicamente intento que sean más eficaces. Estoy preparándolos para el mundo laboral, donde recibirán críticas les guste o no. Cuando tengan trabajo y alguien critique su labor, podrán decir: «Sí, esto ya lo he vivido. Sé que debo mejorar y que puedo hacerlo».

También pueden ser los alumnos quienes hagan las críticas. Los directores son responsables de liderar el debate sobre el trabajo de sus compañeros. Tienen que gestionar una clase de sesenta niños, los cuales leen y critican los artículos de los demás. Imagina las increíbles lecciones que aprenden, la más importante de las cuales es cómo tratar a los demás con respeto. Mi consejo al principio del año académico es: «Sed respetuosos si queréis que la clase os respete. Nunca digáis nada perverso ni avergoncéis a nadie delante de todos». Les recuerdo que, si pierden el respeto de la clase, recuperarlo será casi imposible. No permito que los directores griten a los demás o los hagan callar. Es contraproducente. Demuestra irrespetuosidad y genera un ambiente de trabajo negativo. Los niños lo captan al instante. No hace falta que insista. Todos trabajan por un objetivo común: un periódico extraordinario. ¿Alguna vez has visto a un grupo de adolescentes suplicar que los dejen quedarse en el colegio hasta altas horas de la noche? Eso es lo que sucede cuando son dueños del producto y están obsesionados con la perfección. Se dan cuenta del poder que tiene la pasión en el trabajo.

En 2016 celebramos unas importantes elecciones para el nuevo comité escolar. El *Campanile*, el periódico del instituto Palo Alto, siempre recomienda a qué candidatos votar, y la comunidad local se toma en serio esas recomendaciones. Al hablar con mis alumnos me di cuenta de que discrepábamos totalmente en nuestro apoyo a los distintos candidatos. Todos expusimos nuestros argumentos y delineamos la experiencia que podían aportar esas personas al comité. Yo respetaba su opinión y ellos la mía, pero el periódico es suyo. Al final ganaron ellos. El periódico publicó las recomendaciones de los estudiantes y el artículo influyó en las elecciones.

Los profesores me enseñaron otra lección sobre el respeto. Durante décadas fui mentora de profesores que estudiaban en Stanford y en el College of Notre Dame. Normalmente detectaba en las primeras dos semanas si tendrían problemas para aprender a ser maestros eficaces. En lo que más me fijaba era en su capacidad para conectar con los niños y respetarlos, para que les gustaran los alumnos y para reírse de sí mismos. Si aspiraban a la perfección por medio de notas y medidas punitivas, sería duro. Los profesores estrictos consumían mucha energía enfadándose con los niños por no cumplir las instrucciones y seguían al pie de la letra su manual para tener a la clase controlada. Un exsargento de los Marines con escasas habilidades comunicativas lo pasó mal. Aunque tenía mucho que ofrecer y era un profesor inteligente, los niños detestaban sus clases y siempre pedían el traslado. En cambio, a los profesores con un alto nivel de exigencia que pudiera alcanzarse por medio de la revisión y la maestría les fue muy bien.

Lo que intento hacer con todos (estudiantes, profesores, mis hijas y nietos) es respetarlos para que puedan respetarse a sí mismos. Ocurren cosas increíbles cuando sientes respeto por ti mismo. Ese respeto te infunde confianza para correr riesgos y ser independiente. Sin respeto por ti mismo tienes miedo. Estás obsesionado con lo que piensan los demás en lugar de seguir tu brújula moral y tus pasiones. El principal remordimiento que expresa la gente en su lecho de muerte es no haber perseguido sus sueños y haber vivido la vida que otros esperaban de ellos. Nadie quiere eso para su hijo.

Recuerdo ver a Anne patinando sobre hielo cuando tenía solo tres años. Stan y yo seríamos incapaces de patinar, aunque nos fuera la vida en ello. Stan ni siquiera puede caminar por el hielo sin caerse. Pero allí estaba Anne, haciendo piruetas y giros en la pista, una niña menuda que acabaría formando parte de un equipo de patinaje sincronizado, que jugaría a hockey en la universidad y que se enfrentaría a todos los desafíos con la misma valentía que mostraba sobre el hielo, haciendo algo que amaba y convirtiéndose en quien debía ser. Lo mismo ocurre con los estudiantes. Sammy, un hijo de inmigrantes mexicanos y alumno querido por todo el programa de Periodismo por su excepcional grafismo, se transformó ante mis ojos. Utilizó el respeto y la confianza hacia sí mismo que desarrolló en mi programa y en un curso avanzado de investigación académica en el que los alumnos eligen una temática, que luego estudian durante un año con el apoyo de un mentor de la comunidad, para convertirse en un experto en diseño gráfico, y acabó accediendo a la Universidad Estatal de San Francisco. Era la primera persona de su familia que iba a la universidad.

Como escribió el poeta Kahlil Gibran: «Tus hijos no son tus hijos. / Son los hijos e hijas del anhelo que siente la Vida por sí misma. / Nacen a través de ti, pero no de ti. / Y aunque están contigo, no te pertenecen». Respeto es lo que queremos mostrar a nuestros hijos, pero a veces nos coartan nuestras inseguridades. Como padres, ese es uno de los obstáculos más difíciles de superar, pero todos somos capaces de tratar a nuestros hijos con respeto si tenemos en cuenta esos aspectos básicos. Respeta sus deseos e intereses, que pueden ser distintos de los tuyos. Rétalos a ser los mejores en las actividades que elijan. Y, sobre todo, dales amor y apoyo para que ganen la confianza necesaria para seguir su camino.

INDEPENDENCIA

4

No hagas nada por tus hijos que puedan hacer ellos mismos

En otoño de 2014 me encontraba en un luminoso escenario de Puebla, México. A mi lado estaba Amy Chua, autora de *Madre tigre, hijos leones* y defensora acérrima de la crianza tigre, una forma estricta de educación habitual en China y otros países asiáticos. Nos habían invitado a debatir en el Festival Ciudad de las Ideas, una reunión anual de algunas de las mentes más brillantes del mundo en materia de educación, políticas ciudadanas y tecnología. En el auditorio había más de siete mil personas ansiosas por escuchar cómo habíamos criado a nuestras hijas.

Se hacía un poco raro estar en el escenario de un recinto tan grande, pero mi innovadora filosofía de enseñanza y el éxito de mis hijas en Silicon Valley me habían valido cierto reconocimiento. En 2002 fui elegida Profesora del Año en California y ayudé a crear GoogleEdu, una plataforma de recursos para profesores y estudiantes. Durante años fui asesora del Departamento de Educación de Estados Unidos, la Fundación Hewlett y la sección de educación de la revista *Time*. También me interesaba mucho empoderar a los niños y hablaba cada vez más sobre los cambios que había que aplicar en el aula y en casa.

Después de leer el libro de Amy Chua, que fue un best seller, estaba preocupada. Las historias que contaba sobre sus hijas me inquietaban. Representaba una tendencia de crianza en alza que, a mi juicio, era sumamente errónea. Estoy segura de que algunos padres leyeron el libro y discrepaban de su contenido, pero sospechaba que muchos creían que debían ser tigres. Chua es muy conocida por su estilo controlador, jerárquico y exigente. Básicamente, su filosofía afirma que el progenitor es el que más sabe y su responsabilidad no es solo orientar a sus hijos, sino imponer el comportamiento que conduzca al éxito. Algunos ejemplos: prohibía que sus hijas quedaran para jugar porque se distraían y no servía para nada. Ella decidía qué actividades llevarían a cabo sin tener en cuenta sus preferencias o intereses. No era suficiente que sus hijas sacaran un sobresaliente bajo o fueran la número dos de la clase. Tenían que sacar sobresalientes y ser las número uno («En todas las asignaturas excepto gimnasia y teatro»). No suena muy divertido, ¿verdad?

Una vez, mientras Chua intentaba enseñar a Lulu, su hija de tres años, a tocar el piano, la niña solo quería aporrear las teclas, como es normal. ¡Tenía tres años! Chua se frustró y abrió la puerta trasera. Era un día frío de invierno y dio a su hija la posibilidad de obedecer o salir. La niña de tres años barajó sus opciones y concluyó que estar fuera era menos desagradable.

Debo decir que admiro el espíritu de la niña. También admiro la seria devoción de Chua por sus hijas. Obviamente, no llegaría a esos extremos si no se preocupara mucho por ellas, igual que yo me preocupaba por las mías. Sin embargo, la cuestión era cuánta capacidad de decisión tenían sus hijas en su propia vida, es decir, cuánta independencia. Es cierto que cosecharon un éxito tremendo a muy temprana edad. Una de ellas incluso actuó como solista en el Carnegie Hall, lo cual es todo un honor, pero ¿hasta qué punto hizo feliz a la niña? ¿O se trataba más bien de la felicidad de Chua? El hecho de que Lulu, durante una cena en Rusia, se rebelara y llegara a enfadarse hasta el extremo de decir que odiaba su vida y estrellar un vaso contra el suelo demuestra que se sentía atrapada en una existencia que no era suya.

La visión de Chua no es única, sino que la comparten muchos otros padres. Cada diciembre recibo tarjetas regalo, detalles caros de Bloomingdale's y Neiman Marcus y deliciosos platos caseros de los padres de mis alumnos. Me siento agradecida por esos regalos y lo que representan: un gran reconocimiento a los profesores. No obstante, el problema es que diferimos en las ideas sobre lo que supuestamente deben hacer los docentes. Esos padres están acostumbrados a un entorno educativo controlador y yo abogo por la independencia.

En la cobertura que hicieron los medios de nuestro debate me calificaron de «madre panda». Por supuesto, la prensa necesitaba un paralelismo para «madre tigre», pero, en mi opinión, esa metáfora no funciona. Los pandas son famosos por dormir, comer y poco más. Los describen como «vagos», lo cual es absurdo, por supuesto, pero esa es la imagen popular. Mi crianza no es vaga, no me desentiendo, pero creo firmemente en la independencia. Los padres deberían animar a sus hijos a ser independientes y emprendedores. Otras variaciones del estilo de Chua incluyen la «crianza quitanieves», el término más evocativo en mi opinión, ya que significa despejar todos los obstáculos, todos los desafíos que pueda encontrar el niño. La mayoría de nosotros hemos oído hablar de la crianza helicóptero, a veces conocida como crianza sobreprotectora, que la escritora Julie Lythcott-Haims explora en profundidad en su best seller *How to Raise an Adult* (Cómo criar a un adulto). En el libro cita sus años de experiencia como directora de admisiones en Stanford, donde cada vez trabajaba con más estudiantes universitarios que «no estaban del todo formados como humanos. Parecían buscar de reojo a mamá y a papá. Estaban inacabados. Eran existencialmente impotentes».

¿Cuál fue su diagnóstico? Aquellos padres intervenían tanto en la vida de sus hijos que estos no eran capaces de funcionar por sí solos. Esto obedecía a varias razones, entre ellas una creciente cultura del miedo, las tergiversaciones de los medios de comunicación sobre las amenazas para los niños, unas familias cada vez menos numerosas y el denominado movimiento de la autoestima. Puede llegar bastante lejos. Algunos padres han alquilado un piso en la ciudad de la universidad en la que sus hijos se han matriculado, o incluso los han acompañado a entrevistas de trabajo. Ojalá estuviera bromeando.

Cuando hablé con Lythcott-Haims sobre esta desafortunada tendencia de crianza, subrayó, y coincido con ella, que involucrarse demasiado en la vida de un hijo suele hacerse con buena intención. Los padres quieren que sus hijos triunfen, así que les resulta muy doloroso verlos fracasar. «¿Qué hay de malo en intervenir para que mi hijo no tenga problemas?», piensan. Pues tiene mucho de malo. Tal como me dijo Lythcott-Haims, «vuelve a los niños inútiles. Parecen terneros. Preparados y con una imagen encantadora, pero no saben reflexionar como adultos». En su libro argumenta convincentemente que la crianza sobreprotectora provoca ansiedad, depresión y una alarmante incapacidad para gestionar la vida adulta.

Como profesora, con el paso de los años he visto a niños cada vez menos empoderados e independientes y más temerosos. Les da miedo adoptar una postura, les da miedo equivocarse, les da miedo investigar noticias controvertidas y, sobre todo, les da miedo fracasar. La principal fuente de motivación parece ser el miedo a decepcionar a sus padres (normalmente sobreprotectores). Les han enseñado que unas notas perfectas y la universidad perfecta son lo único que importa. A algunos niños de Iniciación al Periodismo les horroriza que aparezca su nombre en un artículo. ¿Por qué? Les preocupa lo que puedan pensar los demás. No están empoderados y no poseen las habilidades necesarias para progresar en el siglo XXI. Enfrentarme a esa crisis de crianza fue una de las máximas motivaciones para escribir este libro.

Pero volvamos al «debate», que finalmente no fue tal cosa. Chua habló durante los primeros quince minutos de los treinta de los que disponíamos. Reflexionó sobre su infancia, rememorando cuando en casa le pegaban en la mano con unos palillos chinos si pronunciaba una sola palabra en inglés y cuando, si sacaba un noventa y nueve sobre cien, su madre se centraba en el punto que faltaba para cerciorarse de que la siguiente nota fuera perfecta. Este es un pequeño ejemplo aparecido en el libro de cómo era el padre de Chua: «En octavo curso acabé en segundo puesto en un concurso de historia y llevé a mi familia a la ceremonia de entrega de premios. Alguien había obtenido el galardón Kiwanis al mejor estudiante general. Después, mi padre me dijo: "Nunca, nunca vuelvas a avergonzarme de esa manera"». Chua afirmaba en el libro, y lo reiteró sobre el escenario, que el método de sus padres funcionó y que mantiene una relación maravillosa con ellos. No me cabe duda de que aprendió mucho criándose en un entorno tan implacable. Mi pregunta es si merecía la pena repetirlo.

También invirtió bastante tiempo en defender que había aplicado esas mismas técnicas con sus hijas. En un momento dado, Chua reconoció que la crianza era lo más difícil que había hecho nunca. Para ella, la experiencia fue una lucha extraordinaria. Estaba dividida entre dos culturas y parecía convencida de que tenía que controlar a sus hijas o arriesgarse a perderlas a manos de la mediocridad que conllevaban los privilegios estadounidenses. «Si no eres un policía en tu propia casa», le dije, «la crianza acaba no siendo tan complicada.» Mi experiencia fue la opuesta. Expliqué al público que la crianza me había resultado divertida, que no tiene por qué ser una batalla tan extenuante. Por supuesto, eso no significa que no plantee sus desafíos, pero disfruté haciéndolo.

Mi principal problema con el método de Chua era que no infundía a sus hijas independencia ni pasión. No sabían cuáles eran sus pasiones porque estaban demasiado ocupadas siguiendo indicaciones. Todas las instrucciones las dictaba Chua, lo cual significaba que a sus hijas no se les exigía que pensaran de manera independiente. Pero en mi familia apreciábamos el pensamiento autónomo por encima de todo lo demás. Lo último que quería eran unas niñas que no pudieran funcionar sin tomar todas las decisiones. Nuestros objetivos no tenían nada que ver con que nuestras hijas fueran las número uno en clase, lo cual significaría que habían obedecido todas las reglas. Quería que encontraran la felicidad haciendo las cosas que les interesaban. Quería que se enfrentaran a los problemas de la sociedad y encontraran soluciones innovadoras. Quería que mantuvieran relaciones de afecto y cariño con la gente que formaba parte de su vida, incluidos sus padres.

Nadie es feliz viviendo una vida dictada por otra persona. Si algo he aprendido como madre y profesora es que los niños de cualquier edad necesitan su independencia.

Entonces la pregunta es: ¿cómo?

Aspectos básicos para generar independencia

«Mi madre estaba decidida a que fuéramos independientes», escribía Richard Branson en sus memorias, *Perdiendo la virginidad*. «Cuando tenía cuatro años, paró el coche a varios kilómetros de casa y me hizo encontrar el camino campo a través.» ¿Cuatro? Bueno, quizá no sea la manera más apropiada de enseñar una lección, pero Branson tenía razón en cuanto a la importancia de la independencia.

Yo pensaba igual cuando era una madre joven. Quizá era el resultado de haberme criado en la década de 1950, cuando las mujeres no tenían derechos; literalmente ninguno. Mi madre no tenía dinero ni poder. Siempre hacía lo que quería mi padre. Esa es una de las razones por las que no cuestionó el consejo del médico que se negó a dar tratamiento a mi hermano David. Nunca se atrevía a cuestionar a nadie que ejerciera poder sobre ella y se suponía que yo viviría de la misma manera.

Pero me rebelé. Aprendí a coser mis prendas en lugar de esperar ropa usada. De adolescente escribía artículos a tres centavos por palabra y soñaba con ser periodista algún día, cosa que, según me decían, era una profesión de hombres. Me hice modelo para costearme la universidad (al final, aquellas piernas largas y delgadas me fueron útiles). Pero en un aspecto sí que me amoldé a la visión de mis padres: me casé joven.

La noche antes de la boda, mi suegra me enseñó a satisfacer las necesidades de mi futuro marido. «Así debes hacerle la cama», me dijo, y dobló la sábana superior con una precisión que no había visto nunca y estaba bastante convencida de que no sería capaz de reproducir. Luego fuimos a la cómoda, donde me enseñó a organizarle la ropa. ¿Y qué quería para desayunar? Eso también me lo explicó: huevos revueltos, bollos dulces de semilla de amapola y café fuerte. No me lo estoy inventando. Allí estaba yo, a punto de casarme y heredar el papel de cuidadora de una mujer muy culta con un doctorado, una pionera por derecho propio.

Yo quería otra vida para mis hijas. Eso no significaba que no fueran a ser esposas y madres, tan solo que no se reprimirían porque las hubieran enseñado a ser serviles. Sus opciones no se verían limitadas porque dependieran de nadie, sobre todo de sus padres. Llegué a la conclusión de que la independencia empezaría el primer día. Y cuando digo el primer día, es literal, desde el principio, cuando son bebés y crees que más necesitan tus atenciones. Ahí es donde empieza la independencia.

Retomemos el tema del sueño, el principal motivo de confusión para los padres de niños pequeños. En el capítulo 2 te decía que el sueño era la primera lección en lo tocante a la confianza. También es la primera lección sobre independencia. El sueño es la primera oportunidad que tiene tu hijo para calmarse él solo, para satisfacer sus necesidades por sí mismo. Esto último es crucial.

En *Cómo ser una mamá cruasán. Una nueva forma de educar con sentido común*, el best seller internacional de Pamela Druckerman, la autora habla de la «pausa» francesa, la tradición de crianza que consiste en esperar un segundo antes de tranquilizar a un bebé que se despierta de noche. En lugar de ir corriendo inmediatamente, se pide a los padres franceses que hagan una pausa para dar la oportunidad de que los niños aprendan a dormir solos. Se considera que incluso los recién nacidos tienen responsabilidades en la familia y deben aprender a dormir para que los padres también puedan hacerlo.

Yo no sabía nada acerca de la «pausa», pero es extremadamente similar a lo que hice con mis hijas. Pasaron parte de sus primeros años en Francia y Suiza, así que tal vez me vi influida inconscientemente por esas culturas.

Un nuevo ensayo respalda lo que los franceses parecen comprender por intuición: un estudio publicado en 2017 por la revista *Pediatrics* descubrió que, a los cuatro y nueve meses de edad, los bebés que dormían de manera independiente (en su habitación) lo hacían durante más tiempo y experimentaban una mayor «consolidación del sueño» (períodos más largos).[5] Por desgracia, muchos de nosotros nunca recibimos esta información.

La doctora Janesta Noland, una conocida pediatra residente en Menlo Park, California, dice que suele ver niños de ocho, nueve y diez meses que se despiertan constantemente. Existen incluso niños de uno, dos y tres años que no duermen toda la noche. ¿Por qué? Porque no les han enseñado. «A veces, como padres nos da miedo dar a nuestros hijos la oportunidad de aprender», dice. «Tenemos la sensación de que estamos haciéndoles daño y de que no estamos apoyándolos como ellos necesitan.» La doctora Noland me dijo que hacia los tres o cuatro meses de edad los bebés desarrollan una cognición que les indica que son un individuo. «De repente, entienden que van por libre», dice, «y debes sacar al bebé de tu cama y, con suerte, de tu habitación antes de que lo aprenda.» Según Druckerman, los franceses tienen una teoría similar sobre los bebés de cuatro meses: si no han aprendido a dormir solos en ese momento, será muy difícil enseñarles. Han aprendido que armar escándalo significa que irás corriendo. Algunos bebés (sobre todo los que padecen cólicos) pueden ser más difíciles. La mayoría de los niños se benefician inmensamente si aprenden pronto a dormir toda la noche. Y lo que es más importante, los situará en la senda de la independencia.

Si tienes un hijo algo mayor que no duerme toda la noche, lo primero que recomiendo es que hables con él. Explícale que durmiendo es como crecen los niños. Puede que no lo entienda del todo, pero la comunicación es un primer paso importante. También ayuda a establecer una rutina adecuada para su edad y a seguirla. Leer libros (especialmente sobre el sueño) y cantar canciones son rituales excelentes antes de acostarse; es divertido y relaja a los niños. Por último, y esto es lo más importante, no vayas corriendo si se despiertan en plena noche. Practica la «pausa».

Si con el sueño hay que dar un paso atrás, con las pataletas hay que imponer la ley. ¿Sabes qué motiva las pataletas? El control. Eso es, un niño que quiere control sobre sí mismo y su entorno, lo cual es un paso necesario hacia la independencia. Lo que no puede controlar el bebé son sus emociones. Ahí es donde empiezan los gritos y las pataletas. Pero, con tiempo y un poco de paciencia, puede aprender a pedir algo sin perder los estribos.

De acuerdo, hay ocasiones en que probablemente deberías dar a tus hijos lo que quieren sin mucha discusión, siempre y cuando lo que quieran posea algún valor. Si un niño llorara porque quiere ir a la biblioteca, lo toleraría porque quiero fomentar el amor por la lectura (aunque trabajaríamos la parte de los gritos). Una vez estábamos en Disneyland y mis hijas decidieron montarse en la atracción acuática «It's a Small World». Toda la tarde. ¿Sabías que esa atracción solo dura quince minutos? Debimos de subir una docena de veces. Tardé varios días en quitarme la canción de la cabeza, pero a mis niñas les encantaba y me pareció que tenía un mensaje potente: el mundo es pequeño y todos nos parecemos. Para mí, estaban aprendiendo una lección importante. Aun así, tenía una norma no negociable pese al enojo que pudiera causar: no estaban permitidas las pataletas en público, sobre todo si querían algo que yo no consideraba importante. Un día, en Macy's, Janet vio un juguete y tenía que ser suyo sí o sí. Era yo contra ella, y tuvo la pataleta más salvaje que hayas visto nunca. Gritaba como si le hubiera clavado una aguja y tuve que alejarla de la tienda hasta que tiró la toalla. Yo no digo que los padres puedan evitarlo, pero si impones una regla firme, al final hasta el niño más tozudo aprenderá.

Las rabietas suelen aparecer hacia los dos años, cuando

los niños empiezan a hacer cosas solos. Puede ser ponerse los zapatos, peinarse o vestirse. Si te atreves a ayudarlos, ¡cuidado! Puede que cojan un berrinche e insistan en empezar de nuevo y hacerlo solos. ¿Mi consejo? Dales una oportunidad. Lleva más tiempo, puede ser sumamente frustrante y tal vez acaben con la camisa al revés y los zapatos en el pie equivocado. No sé cuántas veces dejé salir a mis hijas de casa hechas un desastre, pero quería que sintieran que habían realizado una tarea ellas solas. Esto es muy importante para infundir independencia. Puede que no tengas tiempo de hacerlo cada día, pero traza un plan para darles de vez en cuando el tiempo que necesitan. Yo sugiero que dejes a tu hijo vestirse solo o encargarse de alguna otra tarea sencilla al menos el 20 % del tiempo. Recuerda: que quiera ser independiente es buena señal.

Para las pataletas especialmente difíciles, en las que has de arrastrar a un niño histérico por Macy's, debes razonar con él. Los niños pueden ser irracionales. Muy irracionales. A veces, la lógica no funciona, sobre todo con niños muy pequeños. Pero deben aprender a controlarse para adquirir independencia. Yo animaba a mis hijas a «utilizar sus palabras». Les decía: «Sé que estás triste y quieres una cosa, pero mientras sigas con el berrinche no podré ayudarte». Los niños pequeños son seres humanos (con un cerebro en fase de desarrollo). «Cuéntale a mamá qué quieres», les decía más de una vez. Con el tiempo aprenden a hablar de sus emociones. Lo que sabía con total seguridad era que no podía ceder. De lo contrario, aprenderían que portarse mal suscitaba una respuesta en mí y entonces sí que tendría un problema. Padres, atentos a esto: trazad unos límites claros. ¡Esa monada de niño que va en cochecito sabe perfectamente lo que hace! Así es como llegan a controlarnos, pero solo si les dejamos.

En una nota más positiva, piensa que tu hijo se siente lo suficientemente seguro a tu lado para tener una pataleta. Piénsalo bien. Nunca lo harían con alguien que no conocen o con quien no se sienten cómodos. Esperan a que llegues a casa para hacerlo porque confían en ti. Ese es el camino hacia la independencia, aunque puede ser ruidoso y desagradable. No te lo tomes como algo personal.

Y a veces hay sabiduría en la resistencia de un niño. Nosotros vivimos en Suiza entre 1973 y 1974, y Janet y Susan asistían a la Escuela de Naciones Unidas de Ginebra (Susan tenía cinco años y Janet tres). Ambas eran muy independientes e inteligentes, pero Janet se empeñaba en hacer todo lo que hiciera Susan. Incluso empezó a hablar al mismo tiempo que ella. ¡Así de testaruda era!

Cuando entró en el colegio no le gustó que la incluyeran en un grupo más joven. La escuela de la ONU discrepaba. Si tenías tres años, ibas a la clase de los niños de tres años, pero eso no disuadió a Janet.

Sin permiso, se pasó a la clase de los niños de cinco. Todavía no tengo ni idea de cómo lo consiguió. Janet estuvo seis semanas en ese curso hasta que los profesores se dieron cuenta, y solo porque alguien la oyó decir que tenía tres años.

Después la trasladaron con los niños de tres años. Janet no se puso contenta. No era una persona que se rindiera sin presentar batalla, así que decidió dejar la escuela en lugar de permitir que la humillaran con aquellos estudiantes más pequeños. Y lo hizo. Dijéramos lo que dijéramos o hiciéramos lo que hiciéramos, se negaba a volver. Al final la matriculamos en un colegio francés. La incluyeron en el grupo que le correspondía y no le gustó, pero al menos las clases eran en francés, lo cual le planteaba un desafío.

Cuando regresamos a California al año siguiente, concluyó que era lo bastante mayor para ir al colegio. Pero la escuela pública no aceptaba a niños de cuatro años, así que la matriculamos en la Ford Country Day School (un centro privado). Tenía razón y destacaba. Le encantaba leer y al final del primer curso casi había completado el programa de matemáticas hasta quinto.

Janet me demostró que, con frecuencia, los niños saben qué es lo mejor para ellos. Nuestra labor como padres es escuchar dentro de lo razonable. Sí, debes intervenir cuando quieran algo peligroso o irracional, cuando un niño quiera saltar a una piscina sin saber nadar o cuando tu hija se ponga a llorar porque su helado está demasiado frío. Pero si lo que quieren es racional pero incómodo, plantéate hacer un trato: «Me encantaría dejar que te tires otra vez por el tobogán, pero prometimos comer con la abuela y no podemos llegar tarde. Podemos volver al parque mañana». Y, si realmente quieren aceptar un desafío o seguir una pasión que los entusiasma, yo diría que les des una oportunidad.

Cuando los niños superan los dos años, los padres deben negociar cómo les otorgan control y cuándo imponen la ley para desarrollar nuevos intereses. Para mí, la libertad se cimentaba en la seguridad. Esa era mi máxima preocupación como madre. En un lateral de la casa tenemos piscina (por suerte vivimos en California), y cuando eran pequeñas me preocupaba, aunque tenía valla, así que decidí que aprendieran a nadar lo antes posible, y digo nadar, no chapotear. Que-

ría que pudieran saltar en una punta de la piscina, llegar hasta
la otra y salir sin ayuda. No pensaba que necesitáramos contratar un profesor o llevarlas a clases de natación y compré un
libro titulado *Enseñar a nadar a niños pequeños*. Las fotografías en blanco y negro hacían que pareciera bastante fácil. Me
di cuenta de que los niños aguantan la respiración de forma
natural y de que su actitud hacia la natación, como tantas
otras cosas, se ve condicionada por sus padres. Empezamos
metiéndoles la cabeza debajo del agua, luego a nadar a lo perrito y luego el estilo crol. No lo hacían perfecto, por supuesto, pero demostraban fortaleza en el agua. Mis tres hijas
aprendieron a nadar cuando tenían dos años. Janet podía
hacerlo a los trece meses (los niños aprenden a distintas edades y velocidades, y los padres deberían tenerlo siempre en
cuenta y convertir la seguridad en su máxima prioridad).

A veces las llevaba con sus amigos a la Stanford Campus
Recreation Association (SCRA), un club de natación y tenis
para el profesorado. Una tarde de abril, cuando Janet tenía
unos quince meses, estábamos aprovechando uno de los primeros días calurosos de primavera e iba corriendo alrededor
de la piscina con Susan, que tenía tres años. Cuando quise
darme cuenta, Janet saltó al agua. No me preocupé, porque
sabía nadar (la enseñé yo), pero un caballero mayor que yo se
levantó como impulsado por un resorte y se zambulló para
«salvarla». Deberías haber visto la cara de Janet. Estaba en
estado de *shock*. Fue fantástico que el hombre se comportara
tan proactivamente, pero Janet quería nadar sola, así que le
pidió disculpas (¡a una niña de quince meses!) y se fue. Después de aquello, yo informaba a quienes estuvieran mirando
de que Janet sabía nadar.

La seguridad en el agua era innegociable, pero en otras actividades solía darles el control a las niñas. Ahí es donde verdaderamente difiero de los padres tigre y helicóptero. Lo último que quiero es obligar a un niño a hacer algo que detesta durante horas. Aunque queramos animarlos a probar cosas nuevas y a no rendirse cuando una actividad les resulta difícil, debemos respetar sus sentimientos. Tenemos que recordar por qué hacen actividades: para fomentar sus intereses y su participación en la vida y desarrollar su carácter. Cuando se trataba de mis hijas, cualquier actividad estaba bien siempre y cuando estuvieran haciendo algo.

Aunque la música era importante para mi marido y para mí, nunca funcionó con las niñas. Fueron a clases de piano y violín una temporada, pero no disfrutaban. Les dije que los violines eran fáciles de transportar, pero no sirvió de nada, como tampoco lo hizo reducir las clases de dos a una por semana. Anne quería patinar sobre hielo. A Janet le gustaba nadar y a Susan el tenis, así que les dejé elegir sus actividades. Para mí, lo más importante era que se dedicaran a algo que les gustaba.

Entender las diferencias es esencial. Mi nieto Jacob es un músico y compositor con talento. En su último año de secundaria presentó en la escuela Menlo un musical increíble titulado *Ones and Zeros*. Él se encargó de la música y del guion, y ejerció de director y actor. Pero eso no significa que sus hermanos sean iguales. Su hermana Amelia no toca ningún instrumento, pero practicó danza durante años. Su hermano Leon es magnífico en ajedrez, y un as del Lego y juega a golf. A las dos pequeñas, Emma y Ava, les encanta el ballet. Hay muchas cosas que hacer en este mundo.

Otro aspecto que destacar: ceñirse a algo es importante, pero los padres deben permitir que los intereses evolucionen. Si la actividad empieza a parecer una tarea rutinaria, tómate un descanso y reevalúalo. Si aun así quieren abandonar, yo les dejaría que buscaran otra cosa. Amelia es una bailarina increíble que durante años ganó concursos internacionales. Ensayaba durante horas por la noche y viajaba por todo el país con su equipo, pero el año pasado decidió centrarse en el fútbol. Sus padres la animaron a terminar el año; era importante que no lo dejara a media temporada (ese es uno de los muchos aspectos en que las actividades forjan carácter). Pero también le preguntaron qué prefería. Cuando terminó la temporada de baile, lo dejó. Un padre más controlador tal vez la habría obligado a continuar, argumentando que había invertido mucho tiempo y energía (y mucho dinero de los padres). A lo mejor acabaría siendo bailarina profesional. Pero, si eso ocurriera, ¿qué vida estaría viviendo? ¿Hasta qué punto sería independiente? ¿Y sería feliz?

No intervengas (si hay la mínima posibilidad)

En California, los alumnos de cuarto curso han participado durante décadas en el California Mission Project, que forma parte de una unidad de estudios sociales que enseña a los niños la historia de su estado. El encargo es sencillo: construir una iglesia con terrones de azúcar. Parece un proyecto divertido que puede ayudar a que la historia cobre vida, ¿verdad?

Error.

Deberías ver algunas de esas iglesias. Son auténticas obras

de ingeniería: corrredores abovedados, campanarios y tejados de tejas inclinados. Pero adivina quién las hace. Los estudiantes no; normalmente se ocupan los padres. En la actualidad, los padres son sumamente competitivos y controladores. Cuesta creer lo mucho que necesitan interferir. Algunos profesores han cancelado el proyecto porque saben que los autores de las iglesias no son los niños, y ¿de qué sirve un proyecto para los padres? Otros advierten a los padres que son los niños quienes deben realizar la tarea. Parece un sistema eficaz, pero hasta cierto punto. Muchos padres cooperan, pero aún aparece alguna iglesia que podría estar expuesta en un museo. Todos sabemos quién es su autor. Cuando mis hijas estaban en cuarto, hacían las iglesias ellas mismas. Nunca se me pasó por la cabeza ayudarlas hasta que fui a clase y vi el concurso. La de Anne parecía que hubiera sufrido un terremoto. Para mí ganó puntos por realismo histórico.

Siempre pensé que sus deberes eran justamente eso: sus deberes. Las tres tenían un escritorio grande en la habitación y sabía que por la tarde estaban allí haciendo sus tareas. No hacía falta recordárselo; formaba parte de la rutina. Por supuesto, no había distracciones como los teléfonos y las *tablets*. Pero les gustaba hacer los deberes y seguir el ritmo de la clase. Si no lo hacían, era su problema. Aunque las ayudaba si me lo pedían, normalmente era porque nos divertía. Cuando se trataba de proyectos, no me importaba que los otros padres intervinieran más que yo y les decía: «Creo en ti. Puedes hacer bien este proyecto y me gustará quede como quede». Si querían mi ayuda, accedía, pero solo si ellas me daban directrices. Me negaba a hacerlo por ellas.

Hablando con mi amiga Maye Musk, nutricionista, mo-

delo de éxito y madre de Elon Musk, me enteré de que se-
guíamos los mismos criterios. Nunca revisaba los deberes
de sus hijos. No podía. Tenía cinco trabajos para llegar a fin de
mes. Cuando los deberes requerían la aprobación de los padres, les hizo practicar su firma para que pudieran hacerlo
por ella. «No tenía tiempo», me dijo, «y era su trabajo.»

Eso es lo que necesitan los niños: que no los controlen y
sobreprotejan constantemente, sino que les permitan respon-
sabilizarse de su propia vida.

Para los padres, eso significa darles responsabilidad,
pronto y con frecuencia. Dicho de otro modo, significa no
intervenir. Debes ofrecer orientación e instrucciones, pero
pueden hacer mucho más (y a una edad mucho más temprana) de lo que crees. Cuando Susan tenía dieciocho meses era
mi ayudante oficial. En aquella época no había monitores
para bebés y vivíamos en una casa grande. Su responsabilidad
era ser el monitor de bebé. Cuando Janet lloraba, Susan gritaba: «¡Mamá, Janet está llorando!». Susan aún no hablaba
con claridad, pero no importaba. Estaba al mando y se sentía
muy orgullosa de sí misma y un miembro importante de la
familia. También ayudaba a doblar pañales. Creía que era un
juego. Bueno, yo lo convertí en un juego. Aunque no se le
daba estupendamente, para mí bastaba. Yo solo quería que
estuviera orgullosa del trabajo realizado. Al fin y al cabo, eran
unos simples pañales. Propongo que todos los niños tengan
un trabajo que sea suyo y solo suyo. Adquirirán aptitudes
encaminadas a la independencia y además aprenderán a ayudar en casa, una lección fundamental tanto para niñas como
para niños.

Más tarde, Susan adoptó el papel de «profesora de Janet». Le daba juguetes, le enseñaba cómo funcionaban los sonajeros y se cercioraba de que siempre tuviera algo que hacer. Años más tarde, en Ginebra, era muy divertido ver a Susan intentando dar a Anne puré de plátano. La mayoría de la comida acababa en la cara de Anne, pero a Susan le gustaba colaborar con la familia, aunque fuera poca cosa.

Fregar platos era otra tarea importante en casa. Mis hijas se subían a un pequeño taburete delante del fregadero y lavaban los platos después de cenar. No lo hacían a la perfección, pero les enseñaba responsabilidad para con la familia. Mis nietos han seguido con la tradición. Ava, que tiene solo cuatro años, coge un taburete y ayuda a su hermano Leon con los platos. Mis hijas también debían hacerse la cama cada mañana. ¡Ja! Cuando un niño hace la cama puede parecer que siga durmiendo dentro, pero no las corregía. Mientras lo hicieran, me parecía bien.

Cuando salíamos a comprar comida, les pedía a las niñas que cogieran un kilo de manzanas y lo dejaran en el carro. Hoy existen unos carros de la compra para niños, pero en aquella época no, ¡así que mis hijas tenían que arreglárselas con los grandes! Primero debían calcular un kilo y luego elegir las manzanas buenas, cosa que les había enseñado. También conocían el presupuesto y, cuando lo revisábamos, me ayudaban a decidir qué artículos devolvíamos.

Siempre procuraba darles ciertas libertades, incluso de pequeñas. Una cosa que les dejaba controlar era la decoración de su dormitorio (al menos hasta cierto punto). Podían decidir cuál sería el aspecto de la habitación y luego tenían que vivir con él. En aquellos tiempos se llevaba la moqueta en las paredes, así que fuimos a la tienda de alfombras y las dejamos elegir. A los seis años, Susan quería decorar su habitación con moqueta gruesa de color rosa chillón, y tuvo que vivir con ella (a Susan siempre le encantó; era yo quien no apreciaba su belleza). Años después, cuando se compró su casa, tenía cierta experiencia como diseñadora de interiores (y me alegro de que optara por unos tonos neutros más versátiles). Janet, que no podía dejar escapar aquella oportunidad de decoración, eligió el azul Klein para su moqueta. A mí me gustaba más, pero la habitación era suya, así que eso era lo único que importaba. Cuando Anne cumplió seis años, ella también pudo elegir moqueta, de un verde lima.

Para que quede claro, no hablo de dar a los niños responsabilidades que no entienden o para las cuales no están capacitados, ni tampoco de dejarlos jugar en la calle si no es seguro o ir a la tienda en un barrio peligroso. Tampoco dejaría a solas a un niño pequeño con otro mayor a menos que ese otro niño fuese adolescente. Esa clase de independencia prematura puede ser contraproducente, cuando no traumática. Pero a veces podemos llevar las cosas demasiado lejos. En Maryland, unos hermanos de diez y seis años fueron puestos bajo custodia cuando paseaban sin supervisión a unas manzanas de su casa. Una madre de Chicago afirma que se sintió avergonzada cuando un vecino llamó a la policía porque su hija de ocho años estaba paseando el perro sola. Un artículo de opinión publicado recientemente en *The New York Times* cuenta la historia de una madre que fue detenida por dejar a su hijo de cuatro años solo en el coche cinco minutos (hacía frío, las ventanas estaban cerradas, las puertas con el seguro para niños puesto y la alarma encendida). Entró en una tienda a hacer una compra rápida y un transeúnte llamó a la policía.

Afortunadamente, ha habido cierta resistencia. En mayo de 2018, Utah aprobó un proyecto de ley que permite a los niños disfrutar de actividades que antes eran ilegales, como ir caminando al colegio o jugar solos en la calle. El estado decidió redefinir el concepto de «negligencia» para que excluyera lo que mucha gente considera libertades básicas de los niños.

Para mí, la independencia tiene andamiaje y apoyo. Las tareas y las responsabilidades requieren enseñanza y prevén resultados imperfectos. La libertad para deambular por el barrio (si es seguro) conlleva la obligación de llamar para dar señales de vida. Mis hijas me llamaban desde la cabina de la piscina local y tenían que ponerse de puntillas para hacerlo. Ahora es mucho más fácil con los teléfonos móviles. Los niños siempre deberían tener acceso a los números de emergencia. Puedes colgarlos en la pared, pero es mejor que memoricen los números importantes y tu dirección. Deberían conocer los procedimientos de emergencia en general, no solo para cuando estén solos, sino para cuando estén con sus padres (¿y si te ocurre algo a ti?). No te olvides de los vecinos, que pueden ser un apoyo maravilloso cuando tu hijo esté desarrollando su independencia. Si vas a dejar solo a tu hijo por primera vez, asegúrate de que tiene tu número de móvil. Dale indicaciones sobre qué debe hacer y dile cuándo volverás. Estructúralo. Con el tiempo, aprenderá a cuidar de sí mismo, pero al principio necesita cierta orientación. Recuerda: los niños son adultos en fase de formación.

Hay otra cosa que debes entender: cuando los niños empiezan a tomar el control sobreviene cierto caos. Lo recuerdo cada vez que entro en el Media Arts Center durante la semana de producción para el periódico de la escuela. El edificio parece más propio de un campus universitario, pero aquí está, en un instituto público de Palo Alto. Se inauguró en 2015. Todos los profesores de Periodismo del programa están eternamente agradecidos al consejo escolar y los ciudadanos de Palo Alto por respaldar su construcción. Antes de que existiera el Media Arts Center, pasé treinta años en un aula portátil con un aire acondicionado que funcionaba erráticamente y suelos de linóleo rasguñados. Para quienes no lo sepan, un aula portátil es como una caravana. Bueno, no es como una caravana; es una caravana. El colegio las lleva al campus, las conecta a la electricidad y las llama aulas.

En un día de producción típico, la locura se desata hacia las 15.30. Es el momento en que empiezan a llegar los niños, si es que no llevan todo el día allí o están desde la noche anterior. Se apoltronan en pufs con los portátiles o se apiñan alrededor de un ordenador y detectan errores que supuestamente deberían haber sido corregidos, se quejan del aspecto del color en la página de SpotLight o se preocupan por el anuncio que no ha llegado a tiempo. Suenan muchos tipos de música, pero esos adolescentes se concentran de una manera que puede resultar imposible de entender para un adulto. También hay comida, mucha comida. Procuro que tengan aperitivos toda la tarde (¡me encanta Costco!) y varios equipos de padres nos proporcionan la cena. A veces comemos hamburguesas de In-N-Out. Otras noches puede ser comida india o egipcia o espaguetis y lasaña caseros. A lo largo de estos años hemos celebrado comidas legendarias, incluyendo cenas orgánicas que nos han servido Steve Jobs y Laurene Powell Jobs, cuya hija Lisa participó en el programa a mediados de los años noventa.

Parece (y suena) caótico, pero es productivo. Me enorgullece afirmar que, en treinta y seis años, nunca hemos dejado de publicar un periódico, ni uno solo. De acuerdo, hubo veces en que salió un día tarde porque los alumnos no llegaron al plazo de entrega, en cuyo caso debían recaudar más fondos para abonar los 500 dólares que cobraba la imprenta por la demora, pero siempre sale y siempre está bien. O casi siempre. Una noche, hace más de veinticinco años, un estudiante creyó que sería divertido dibujar cuernos y bigote a un miembro del consejo escolar que aparecía en la edición de aquella semana. Era una broma y pensaba quitarlo antes de que se publicara el periódico, pero se olvidó. Recuerdo que al ver los ejemplares pensé: «¡Dios mío! ¿Qué vamos a hacer?». Fui a una tienda y compré cien rotuladores permanentes. Los niños se pasaron toda la tarde y la noche borrando cada uno de los cuernos y bigotes de los 2.500 ejemplares. En aquel momento no me pareció divertido, pero ahora sí.

El incidente de los cuernos me lleva a uno de los aspectos más importantes de mi filosofía para padres y profesores: el sistema de maestría. El sistema de maestría se basa en el funcionamiento real del aprendizaje, algo que un sorprendente número de padres y profesores no entiende. Funciona así: el fracaso forma parte del aprendizaje. Si haces algo a la perfección la primera vez, no hay aprendizaje. Hay que fomentar los errores. ¿Recuerdas el lema de Silicon Valley? Equivócate rápido, equivócate a menudo y sigue adelante. Se supone que los niños deben pifiarla cuando son niños para que la pifien menos de adultos. El hogar y la escuela son entornos que deben promover el aprendizaje, lo cual significa permitir errores. Pero demasiados niños tienen miedo de no entrar nunca en la universidad si obtienen un mal resultado en una prueba de matemáticas. Si no salen elegidos delegados de la clase, sus padres se sentirán decepcionados. Muchos niños sufren el conflicto de querer hacer algo por sí mismos y querer hacerlo bien. ¿Cuándo termina? ¿Cuánta perfección necesitamos? ¿Cuánto queremos demorar el proceso de aprendizaje? ¿Cómo van a funcionar nuestros hijos, por no hablar de ser independientes, si tienen pánico al fracaso?

La maestría significa hacer algo tantas veces como sea necesario para que salga bien, y no sucede automáticamente. Es un proceso. Lo aprendí siendo profesora de escritura. En los años ochenta y noventa, cuando estaba desarrollando mis métodos, una de las supuestas características de un buen profesor (además de ejercer un control total sobre la clase) era que tu asignatura fuera tan difícil que muchos alumnos suspendieran. Tu rendimiento se basaba en el número de estudiantes que suspendían cada semestre. Hoy parece increíble, pero era cierto.

Yo no podía aceptarlo. Iba en contra de mi instinto y de mi sentido de la decencia. A los niños que obtenían un muy deficiente en el primer trabajo de curso les resultaba imposible recuperarse y no tenían motivación para mejorar, ya que empezaban muy rezagados. Yo daba a mis alumnos la oportunidad de revisar su trabajo tantas veces como quisieran. ¡Imagínate! Su nota global se basaba en el producto final. Lo que yo quería recompensar era el aprendizaje y el esfuerzo, no el hecho de hacerlo bien la primera vez. El «bloqueo del escritor» desapareció por completo. Los estudiantes no tenían miedo de cometer errores, así que podían escribir sin tantas dificultades. El departamento de Inglés me acusó de ser demasiado fácil y aducía que mis alumnos no aprendían lo suficiente. Pero cuando llegó el momento de los exámenes, mis estudiantes acabaron en el percentil nonagésimo de los exámenes estatales.

En ese proceso me di cuenta de que era importante que los niños supieran que yo también cometía errores. Al fin y al cabo, nunca dejamos de aprender. Si soy confusa cuando enseño algo, me disculpo, digo que he metido la pata y vuelvo a empezar. A veces, mis alumnos cuestionan mis revisiones o mis ideas sobre qué artículos debemos incluir en el periódico y reconozco que me he equivocado. A lo largo de los años he hecho que los niños prueben programas informáticos nuevos que no funcionaban. ¿Y qué? Ni te imaginas lo útil que es demostrar que no tienes todas las respuestas. Los niños suelen situar a los profesores y a los padres en un pedestal porque dan por sentado que somos perfectos, que nunca cometemos errores. Les va mucho mejor cuando conocen la verdad: nadie es perfecto y todo el mundo puede aprender.

Sí, todos nos equivocamos, sobre todo los niños, pero ¿sabes qué? Con frecuencia, a ellos se les ocurren las mejores soluciones, incluso mejores que las tuyas. Hace unos años, mi familia, incluidos los diez nietos, fue de vacaciones a un precioso complejo del valle de Napa llamado Carneros, donde había toda clase de actividades para los niños. El único problema era que se pasaban el día con el teléfono. Cualquier padre sabe lo que se siente cuando les enseñas a tus hijos algo especial, pero ellos están pegados al dispositivo. Puedes volverte loco.

Algunos miembros de mi familia creyeron que la mejor opción era confiscarles los teléfonos. Eso es lo que decidieron hacer Rio de Janeiro y toda Francia en sus escuelas. En 2017, el gobierno francés anunció que los teléfonos estarían prohibidos en todas las aulas de primaria y secundaria. Aunque coincido con los estudios que demuestran que los teléfonos deberían estar prohibidos en las escuelas primarias, no creo en la confiscación para niños mayores, ya que la tecnología es un vehículo perfecto para enseñarles autocontrol. Si intentamos prohibir algo, solo hará que la gente lo desee más. ¿Recuerdas la Prohibición, la Ley Seca?

Decidí hablar con mis nietos. «¿Por qué no ideáis un plan para regular esos teléfonos?», les dije. Deberías haber visto cómo se les iluminó el rostro cuando les propuse que tomaran ellos la decisión. Hicieron un corrillo, hablaron del tema, discutieron y finalmente trazaron un plan. ¿Quieres saber qué decidieron? ¡Prohibir los teléfonos todo el día, de nueve de la mañana a nueve de la noche! ¿Te lo puedes creer? Era mucho más restrictivo de lo que yo habría propuesto, y todos respetamos la decisión que habían tomado ellos mismos.

La tecnología es una de las cosas por las que más me preguntan los padres. Es normal que estén preocupados. En 2017, un estudio descubrió que los síntomas depresivos y la tasa de suicidios aumentaban en paralelo al tiempo que pasaban los adolescentes delante de una pantalla.[6] Es una crisis, y algo que todos debemos aprender a controlar. Con ese fin, espero que mis diez mandamientos para la tecnología resulten de utilidad:

1. Traza un plan con tus hijos, no para tus hijos.
2. Nada de teléfonos durante las comidas, ya sea en tu casa o en la de otro. Un estudio de 2018 observó que

las personas que utilizaban sus teléfonos durante la cena estaban más distraídas y disfrutaban menos.[7]

3. Nada de teléfonos después de acostarse. Los niños necesitan dormir y los teléfonos son una distracción. Explícales la importancia crucial del sueño para su desarrollo cerebral y recuérdales que crecen mientras duermen.

4. Sé prudente con los niños pequeños. A partir de los cuatro años, deberíamos enseñarles a utilizar el móvil en caso de emergencia. Enséñales a llamar para pedir ayuda. Son inteligentes y pueden aprender. Cuando estén en tercer curso, se les puede enseñar un uso apropiado del teléfono móvil para hacer los deberes y utilizarlo en casa.

5. Los niños deberían idear sus políticas para el uso del móvil durante las vacaciones familiares, los acontecimientos de fin de semana o cualquier actividad social en la que deban estar presentes. Elige también un castigo por desobedecer su propia política (reducir el tiempo para disfrutar de un dispositivo es una buena manera de enseñarles a cumplir las normas).

6. Los controles parentales pueden ser importantes para los niños pequeños, pero a partir de los ocho años pueden aprender autocontrol. Si traicionan tu confianza o incumplen el pacto, el control parental vuelve a activarse.

7. Los padres deberían ser un modelo de conducta para sus hijos en materia tecnológica. He visto a padres que no se despegan del teléfono móvil y lo llaman «tiempo en familia». No lo es.

8. Comenta con tus hijos qué fotos y audios son adecuados. A veces, los niños no tienen sentido común. Explícales que todo lo que hagas en internet (ya sea por escrito o en cualquier otro medio) deja una huella digital que deberías estar orgulloso de compartir con el mundo.

9. Explícales qué es el ciberacoso y ayúdalos a entender su efecto negativo no solo para los demás, sino también para ellos mismos. Nunca se sabe qué piensan los niños o qué consideran divertido. Enseñarles qué define el humor es difícil, pero también importante. Mi norma: ríete con tus amigos, no de ellos.

10. Enséñales a tus hijos a no facilitar datos de identificación personal.

LOS FRUTOS DE LA INDEPENDENCIA

En los años ochenta, mis hijas eran conocidas en nuestro barrio, Tolman Drive, como «las limoneras». Un día se fijaron en el limonero de nuestra vecina, que muy amablemente aceptó su plan para emprender un negocio. Acordaron un precio (cincuenta centavos por limón) y los ofrecían puerta por puerta. Le vendían limones incluso a la propietaria del árbol. Cuando llenaban su hucha cerdito, se gastaban las ganancias en Paterson's, su bazar favorito, situado en California Avenue.

Supongo que ser emprendedor viene de familia, porque mi nieta Mia tiene un próspero negocio haciendo y vendiendo cieno. Sí, cieno. Es justamente lo que estás pensando.

Viscoso, fibroso, un desastre absoluto. Pero a los niños les encanta, sobre todo cuando tiene reflejos y los colores del arcoíris. Mia tenía talento para diseñar nuevos tipos de cieno, y a los nueve años se le ocurrió la brillante idea de comercializarlo. A los trece, mi nieto Leon empezó a trabajar en un salón recreativo de Los Altos llamado Area 151. Fue idea suya trabajar allí, no de sus padres. Leon vende fichas a los clientes, les enseña a jugar e incluso reinicia y repara algunas máquinas. Su última obsesión son los bitcoines. Créeme, es un experto autodidacta en criptomonedas.

Todos esos proyectos surgieron de una chispa de curiosidad, que a su vez nace del pensamiento independiente. ¿Quieres saber cuál es la tarea más difícil para mis alumnos? Plantear ellos mismos los temas. La escritura libre básica les resulta casi imposible. Se quejan de que no saben qué es interesante. Lo que quieren saber por encima de todo es si su «idea interesante» les supondrá un sobresaliente. Yo les digo que cualquier idea es de sobresaliente siempre y cuando estén interesados en ella, porque, si no lo están, ¿por qué va a querer leerla alguien?

La falta de curiosidad y la incapacidad para escribir sobre un tema libre eran problemas tan extendidos en los años noventa, cuando era supervisora de enseñanza para la asignatura de Inglés, que instituí en el departamento una política de escritura libre para todos los alumnos del instituto Palo Alto. Esperé las ofertas de la vuelta al colegio y compré dos mil cuadernos. Creo que no se esperaban un cliente como yo. En aquel momento no tenían límite (¡ahora sí!), pero les sorprendió que quisiera comprar tantos y me preguntaron si tenía intención de revenderlos. «No», respondí. «Soy profesora y son para los niños del instituto.» Cuando oyeron eso no pudieron ser más serviciales.

Las primeras semanas parecía que les hubiera pedido que resolvieran un problema matemático complejo. Lo único que quería era que escribieran sobre cualquier tema los diez primeros minutos de clase. ¿Tan difícil era? Por lo visto sí. A veces elegía temas del periódico. «Mirad qué ocurrió ayer», les decía. «¿Qué opináis de este suceso?» Ni siquiera les sonaban aquellas noticias, pero de repente prestaban atención, se interesaban por el mundo que los rodeaba y se formaban sus opiniones. Aprendieron a amar aquellos cuadernos, y escribir a diario se convirtió en un agradable ritual que mejoró la confianza y la desenvoltura. Ese ejercicio fue el comienzo de su pensamiento independiente.

Con frecuencia, los alumnos no saben por qué están aprendiendo algo. Preguntar por qué es muy importante para los niños, y merecen una respuesta mejor que: «Porque saldrá en el examen». Cuando los niños empiezan secundaria, dejan de preguntar y se centran en obtener una buena nota. Para incentivar la curiosidad, es importante plantear interrogantes. ¿Por qué estamos leyendo *Hamlet*? ¿Por qué estamos resolviendo ecuaciones de segundo grado? Cuando los profesores responden esas preguntas, animan a los niños a pensar más profundamente en las repercusiones de lo que están aprendiendo.

Los padres pueden despertar la curiosidad de sus hijos con métodos similares. No hace falta que tengamos siempre la respuesta adecuada, pero debemos alentar a los niños a formular las preguntas correctas. Si no conocemos la respuesta, podemos decir: «Averigüémoslo. Investiga un poco en Google y partiremos de ahí». Mi nieto Noah siempre está preguntando por las estrellas, los planetas y el mundo que lo rodea, y hace preguntas difíciles como «¿qué son los agujeros negros?» y «¿qué significa tener una barrera del sonido?». Esas son preguntas para mi marido, el físico. Noah también hace preguntas sobre matemáticas, unas preguntas complejas y filosóficas. De nuevo, son para mi marido o, mejor aún, para su padre, Sergey.

Cuando fomentamos la curiosidad, en realidad estamos desarrollando la imaginación del niño, lo cual me lleva a la creatividad, un maravilloso subproducto de la independencia y la curiosidad. Lamentablemente, nuestros hijos sufren con la creatividad y la innovación. En un estudio para calcular la creatividad y el pensamiento innovador en niños pequeños se utilizó una prueba basada en el proceso de reclutamiento de la NASA para ingenieros y científicos espaciales. A los cinco años, el 98 % de los niños tenían unas capacidades imaginativas al nivel de un genio. Pero a los diez solo un 30 % entraba en esa categoría. ¿Quieres saber cuántos adultos conservan esas aptitudes creativas tras pasar por nuestro sistema educativo? Solo un 2 %. No es de extrañar que Elon Musk diga: «De pequeño odiaba ir al colegio. Era una tortura». De hecho, lo odiaba tanto que, cuando llegó el momento de educar a sus hijos, decidió fundar una escuela propia. Se llama Ad Astra y, en efecto, pone el acento en el aprendizaje motivado por el propio alumno, la resolución de problemas y una mentalidad emprendedora. Incluso ofrece una clase sobre la ética de la inteligencia artificial. La solución de Musk es única; otras familias buscan sus propias soluciones, entre ellas la enseñanza en casa, que ha ganado popularidad en las últimas décadas. ¿Por qué? Porque los padres tuvieron experiencias negativas en el colegio y están buscando una alternativa mejor para sus hijos.

Eddy Zhong, consejero delegado de Leangap, una incubadora única para nuevas empresas creadas por adolescentes, vendió su primera empresa tecnológica por 1,2 millones de dólares cuando tenía dieciséis años y vivió una experiencia similar como estudiante. Según Zhong, las escuelas convierten a los niños en personas menos inteligentes y creativas. Tal como asegura en su conferencia TED: «La cuestión es que ahora mismo hay demasiada gente obsesionada con decir a sus hijos que vayan a la universidad, encuentren un buen trabajo y cosechen éxitos. No hay suficiente gente diciéndoles que investiguen más posibilidades, que sean emprendedores [...] Nadie ha cambiado nunca el mundo haciendo lo que el mundo le decía que hiciera».

Esto es lo que puedes hacer como padre, aunque en la escuela no alienten la creatividad de tu hijo: encima de la mesa dejaba toda clase de material de arte. Había rotuladores, papel de colores, libros, plastilina, hilo para trenzar y otras manualidades. Cuando llegaban a casa del colegio, podían hacer lo que quisieran. Siempre buscaba juguetes que pudieran montar y diseñar ellas mismas. Ahora, la aplicación YouTube Kids ofrece tutoriales para cualquier proyecto creativo que se te ocurra. Mi nieta Emma hizo unos dibujos increíbles de animales y probablemente habría podido venderlos aun teniendo siete años. ¿Cómo aprendió a hacerlo? Siguiendo un vídeo en YouTube. Tampoco escasean los vídeos de experimentos científicos para niños, como las ilusiones ópticas que tanto le gustan a mi nieto Leon. Dan Russell, un informático encargado de la calidad de las búsquedas y la felicidad del usuario en Google, estaba molesto porque su hija pequeña pasaba demasiado tiempo en internet. ¡Hasta que se dio cuenta de que había aprendido cinco idiomas!

Proyectos como esos permiten a los niños imaginar, experimentar y, lo que es más importante, jugar. La creatividad nace de una sensación de juego, y es una de las cosas más fáciles que puedes enseñar a tu hijo. Un consejo: déjalos hacer. Crearán un mundo imaginario sin tu ayuda. Piensa en un niño en una playa y en los maravillosos juegos y aventuras que crea él solo: recoger conchas y piedras, levantar castillos de arena, hacer saltar piedras en el agua y chapotear en las olas. Eso es lo que más felices los hace (y genera las aptitudes correctas). Cumplir las normas nunca es un juego, a menos que finjas ser policía. Y no olvides jugar con ellos. Recientemente, uno de mis nietos me calificó como la «persona más loca» de la familia porque me pongo a su nivel. Me he metido debajo de la mesa con los niños, he ladrado con los perros y he mantenido una conversación sincera con los gatos. Sergey tiene ese mismo espíritu divertido y por esa razón fue elegido el segundo más loco de la familia. Steve Jobs mostraba una actitud similar hacia la vida e incluso le dijo a su hija Lisa que los colegios matan la creatividad. Lo recuerdo en nuestra aula, que estaba abarrotada, repantingado en el puf de pana beige. Hablaba con los alumnos, jugaba con los ordenadores y pasaba el rato. Nunca paraba de jugar y explorar, y todos sabemos lo que nació de su increíble imaginación.

Hazte obsoleto

Sé que a algunos les parecerá una locura, pero ese es mi objetivo último como profesora y madre: hacerme obsoleta. Exacto. Quiero que los niños sean tan independientes que ya no me necesiten. La educación tradicional convirtió al profesor en un sabio intocable. El profesor lo sabe todo y el papel del niño es escuchar. Ese no es mi objetivo ni mi estilo. Bueno, cuando mis hijas eran pequeñas, puede que yo fuera más profesora, pero, incluso entonces, mi propósito era alentarlas a que tuvieran ideas propias. Recibir instrucciones pasivamente o ver a alguien actuar son las peores maneras de aprender. Tal como afirmaba John Dewey, el famoso psicólogo educativo, a principios del siglo xx: «Aprender es hacer». Las ideas de Dewey tienen mucha lógica. Si no puedes experimentar algo, no puedes comprenderlo del todo. Y no puedes hacerlo independientemente. Por eso me convertí en «orientadora». Mi filosofía no es que me ignoren o me aprecien, sino que se sientan empoderados para hacerlo todo ellos mismos. Eso no significa que no quiera formar parte de su vida o que no me quieran ni me respeten. Significa que quiero que estén tan empoderados que se sientan cómodos actuando de manera independiente. Yo ayudo, facilito, pero no estoy al mando y no tomo las riendas.

Entonces ¿cómo se desarrolla todo? Los redactores jefes dirigen mis clases. Pasan lista, comienzan la clase, marcan la pauta y determinan la estructura de la jornada. ¿Por qué no? Hay tareas que pueden hacer sin mí y eso les otorga capacidad de decisión. Se sientan en cinco sillas al frente del aula y dirigen los debates. Ellos deciden qué artículos se incluyen,

cuáles quedan fuera y qué revisiones de último momento hay
que hacer. Los alumnos siempre se sorprenden cuando se
enteran de que organizo mis clases así.

Recuerdo a mis primeros redactores jefes. El concepto
era nuevo, tanto para mis alumnos como para mí. Uno de los
primeros artículos que escribieron en 1991 trataba del alarmante incremento de los embarazos adolescentes, un problema
que les interesaba. De hecho, uno de los artículos explicaba
por qué los estudiantes debían aprender a utilizar protección.
A todos nos pareció un poco atrevido, pero también sabíamos que era relevante.

Esto sucedió en 1988, justo después del caso *Hazelwood
contra Kuhlmeier*, en el que el dictamen del Tribunal Supremo limitó los derechos de los alumnos de Periodismo reflejados en la Primera Enmienda. En resumen, todo lo que quisieran publicar en el diario escolar podía ser censurado
legalmente por el director o el asesor del periódico. Esa clase
de censura me parecía absurda y poco estadounidense, así
que desoí la resolución, cosa que también hizo el estado de
California. Me sentí agradecida cuando el Senado estatal
aprobó una ley educativa que invalidaba la decisión (aunque
Hazelwood todavía está vigente en treinta y seis estados).
¿Por qué los estudiantes no pueden tener los mismos derechos que los demás ciudadanos? ¿Cómo van a desarrollar
una voz para aportar algo a la sociedad?

Esos artículos sobre prácticas sexuales tuvieron un gran
impacto en la política escolar. A consecuencia de esa serie, el
distrito escolar de Palo Alto decidió iniciar un nuevo curso
para todos los estudiantes denominado «Aptitudes para vivir». Dicho curso sigue siendo obligatorio unos treinta años

después. Su propósito principal es cómo protegerte de las enfermedades de transmisión sexual y los embarazos no deseados, aunque también enseña otras aptitudes importantes para la vida, como cocinar y gestionar la economía.

Y todo porque aquellos alumnos gozaron de libertad para escribir sobre algo importante.

Una vez que los estudiantes están comprometidos y empoderados, lo que pueden conseguir no tiene límite. Una de las cosas más increíbles de ver crecer a mis hijas es que se han convertido en revolucionarias apasionadas y creativas. Su objetivo es hacer del mundo un lugar mejor para todas las personas, las naciones y los grupos económicos. Susan veía YouTube como una plataforma trascendental, y por eso convenció a Google para que la comprara y se esforzó mucho en llegar a ser su consejera delegada. Su idea es democratizar el vídeo, brindar a gente de todo el mundo la posibilidad de compartir su vida y trabajo, sus opiniones, ideas, productos y servicios. La meta es dar voz a todo el mundo. YouTube cree que el planeta es un lugar mejor cuando escuchamos, compartimos y creamos comunidad a través de historias. Este mensaje es igual de importante en la educación, y he tenido el honor de colaborar con Susan para llevar YouTube a las aulas.

Por su parte, Janet se ha embarcado en la radical misión de acabar con la obesidad en niños y adultos, y su blanco principal es el sector de los refrescos. Viaja a algunas de las comunidades más marginadas y necesitadas del mundo para difundir un mensaje sobre los peligros del azúcar. Se interesa sobre todo por la salud de las embarazadas, los bebés de hasta dos años y los niños, y por el impacto negativo del azúcar en la población del futuro. Hasta la fecha ha publicado más de cien artículos de investigación sobre varios temas relacionados con la salud que van desde los efectos de la obesidad en la lactancia hasta las enfermedades crónicas en aldeas nativas de Alaska.

Y luego está Anne, que abandonó el mundo para hombres de Wall Street y se abrió camino en la medicina con 23andMe. Su objetivo es empoderar a los consumidores para que obtengan la información sanitaria que necesitan a fin de poder tomar decisiones inteligentes. Uno de sus lemas es: «A nadie le preocupa más tu cuerpo que a ti». Fue un gran esfuerzo convencer a la Asociación Estadounidense de Médicos y a la FDA de su misión, pero trabajó con ellos y les demostró el poder de dar información a cada paciente sobre su riesgo de padecer enfermedades crónicas como Parkinson, Alzheimer y cáncer de mama. Su idea es que, una vez que contamos con esa información, podemos tomar decisiones sobre nuestro estilo de vida que reduzcan drásticamente esos riesgos. 23andMe está cambiando por completo el panorama del conocimiento y empoderamiento de los pacientes. Es un concepto innovador, y no ha hecho más que empezar.

La cuestión es que, más que nunca, debemos ser pensadores y revolucionarios creativos e independientes. Nuestros hijos tropezarán con muchos obstáculos y tendrán que experimentar, correr riesgos y pensar por sí mismos para sobrevivir. Pero no podrán hacerlo si los controlamos y sobreprotegemos. Les debemos a nuestros hijos su libertad para que puedan prosperar en el siglo más impredecible al que hemos hecho frente.

5

Infunde *grit** a tu hijo

Gady Epstein no aceptaba un no por respuesta. Su hermano mayor, Amir, había estado en mi clase y Gady también quería formar parte de ella. El problema era que no podía compaginar Iniciación al Periodismo con su agenda, pero eso no le impedía querer empezar ya. Solo tenía catorce años, pero era muy inquisitivo y enérgico. Y persistente. Me cayó bien desde el primer momento.

Acordamos realizar un estudio independiente en sus ratos libres. Fue fantástico para él y divertido para mí. Me encanta trabajar con alumnos independientes porque me permite conocerlos bien a ellos y sus intereses. Gady iba a buscarme a la hora del almuerzo y me pedía mi opinión sobre un nuevo párrafo que había escrito. Corría mucho y podía verme desde la otra punta del campus. Me impresionó su dedicación.

Desde el primer día le apasionó escribir e informar. También le encantaba leer el periódico. Yo llevaba a clase periódicos locales y a veces *The New York Times*. Gady siempre acudía a nuestras reuniones con ideas para artículos, muchas

---

* En adelante utilizo el término acuñado por Angela Duckworth en *Grit: El poder de la pasión y la perseverancia. (N. del T.)*

ideas, y estaba dispuesto a hacer tantas revisiones como fuera necesario hasta que todo estuviera correcto.

Cuando estaba en decimoprimer curso, Gady entró en Periodismo Avanzado. Se le daba muy bien trabajar en equipo, y en la primavera de ese mismo año decidió presentar su candidatura a uno de los cinco puestos de redactor jefe. Parecía lógico debido a su pasión y esfuerzo. Tenía mucho talento, y supongo que di por hecho que saldría elegido. Gady también. El proceso de selección, que recae por completo en los alumnos, incluye un voto de los redactores jefes actuales, y aunque Gady obtuvo buenos resultados por sus habilidades para la escritura y el liderazgo, perdió.

Esto sucede por más talento que posea el alumno. Gady se puso muy triste, y yo también, pero debo respetar las opiniones de los estudiantes.

Durante un par de semanas estuve un poco preocupada por Gady. Estaba muy deprimido. Al fin y al cabo, quería ser periodista.

Pero un día dijo:

—Aun así, trabajaré para que el *Campanile* sea lo mejor posible.

—De acuerdo —respondí impresionada pero con cierta cautela.

Los adolescentes cambian de opinión constantemente. Pero Gady cumplió su palabra. Se puso manos a la obra con tanta determinación que se convirtió en el referente de la plantilla. Todo el mundo le consultaba. Escribía los mejores artículos y echaba una mano a quienes le pedían ayuda. Junto a su compañero Oliver Weisberg organizó una operación encubierta contra un videoclub que vendía pornografía a

menores. Gracias al artículo que escribieron, la policía practicó una redada en el establecimiento y lo cerró para siempre.

En otoño de su último curso, Gady decidió presentar una
solicitud para Harvard. No tenía un 4.0 y no, no había sido
elegido redactor jefe, pero decidió intentarlo. Para mí fue un
honor escribir su carta de recomendación, en la que conté la
historia de la elección del redactor jefe y su conducta y pasión
posteriores como trabajador de equipo. Describí lo mucho
que destacó Gady pese a aquel revés y lo buen escritor que
era. Supongo que notaron mi entusiasmo, porque Harvard
me llamó para hablar de él. Me quedé boquiabierta. Jamás me
habían llamado de la oficina de admisiones y les expliqué que
Gady rendía al máximo pese a los obstáculos.

A Harvard le gustó mucho. Gady entró sin el sofisticado
título e incluso sin la nota media de 4.0. Lo aceptaron porque
les impresionó más su carácter y determinación.

Tengo muchas historias sobre la elección de redactores
jefes, que se ha convertido en una prueba de fuego de cómo
los niños se enfrentan a la pérdida y a la adversidad. Cada año
hablo a mis alumnos de Gady Epstein. La suya es una historia
de cómo lidiar con la derrota, de cómo no dejarte vencer aunque no hayas ganado y, lo que es más importante, de cómo no
perder de vista tus objetivos ocurra lo que ocurra. Es una
lección para todos nosotros, porque vivimos decepciones
constantemente. Nuestra reacción a esas decepciones es algo
que podemos controlar. De hecho, es lo único que podemos
controlar.

Gady fue a Harvard, donde se licenció en Relaciones Internacionales y cumplió su sueño de ser periodista. Después
de pasar por varios trabajos en el sector, incluyendo *The Bal-*

timore Sun y *Forbes*, donde fue jefe de oficina en Pekín, ahora es director de medios en *The Economist*.

Gady Epstein no es un caso aislado. Siempre ha habido alumnos como él en mi clase y es lo que sigue entusiasmándome de la docencia después de todos estos años. Movido por una meta importante, Gady cultivó su devoción por el periodismo. Lo que tenía era visión y *grit*.

Grit es una palabra en boga en los campos de la crianza y la educación. Significa no renunciar a algo por difícil que sea o por muchas adversidades que debas afrontar para conseguirlo. Esa es mi definición. En su libro *Grit: El poder de la pasión y la perseverancia*, de 2014, la psicóloga e investigadora Angela Duckworth estudió a cadetes de West Point, alumnos de instituto de barrios pobres de Chicago, vendedores y participantes del Certamen Nacional de Ortografía Scripps. Al ahondar en qué permitía a gente de cualquier ámbito triunfar con el paso del tiempo, Duckworth descubrió que, «fuera cual fuera el campo, la gente de éxito demostraba una feroz determinación que se manifestaba de dos maneras. En primer lugar, esos sujetos modélicos eran inusualmente resistentes y trabajadores. En segundo lugar, sabían de una manera muy, muy profunda lo que querían. No solo tenían determinación, sino también rumbo. Era esa combinación de pasión y perseverancia la que hacía especiales a los triunfadores. En una palabra: tenían *grit*». Más recientemente, otros investigadores han argumentado que el *grit* es una combinación de meticulosidad y perseverancia, dos rasgos que la psicología de la personalidad ha estudiado a fondo. Coincido en que la meticulosidad y la perseverancia son inherentes al *grit*, pero cuando pienso en ello, también pienso en autocontrol, gratificación aplazada, paciencia y coraje, todos ellos aspectos del *grit* que exploraremos en las próximas páginas. La teoría de Duckworth refleja la mía: el *grit* más poderoso va de la mano de la pasión.

A veces, esa pasión o ese impulso son automáticos. Pensemos en los inmigrantes, como mis padres y tantos otros que, como sabemos, tienen una pasión tremenda. La idea que asoma tras el «*grit* del inmigrante» es que quienes lucharon por abandonar su país y rehacer su vida son por definición personas decididas y centradas. A Amy Chua le preocupaba que sus hijas perdieran la ventaja que ayudó a forjar su éxito. En *Madre tigre, hijos leones*, escribe acerca de los inmigrantes de tercera generación:

> Esta generación nacerá con las grandes comodidades de la clase media-alta [...] Tendrán amigos ricos que recibirán una recompensa económica por sacar notables altos. Puede que asistan a colegios privados y puede que no, pero, en cualquier caso, querrán lucir ropa de marcas caras. Por último, lo más problemático es que creerán que sus derechos individuales están garantizados por la Constitución de Estados Unidos y, por tanto, serán mucho más proclives a desobedecer a sus padres e ignorar los consejos profesionales. En resumen, todos los factores apuntan a que esta generación está abocada al declive.

De acuerdo, puede que esos niños no estén «abocados al declive», pero su vida no está automáticamente tan llena de experiencias que forjan *grit*. Es una variación del viejo dicho «de abuelos ricos, nietos pobres», en referencia a los hijos de los campesinos que fueron a la universidad y tuvieron trabajos de oficina y cuyos hijos siguieron obedientemente su ejemplo, hasta que los nietos, criados con demasiadas comodidades y faltos de motivación, volvieron al trabajo manual. Algunos indicios demuestran que los inmigrantes de tercera generación pueden ir a la zaga de generaciones anteriores e inmigrantes recientes. Un estudio llevado a cabo entre 10.795 adolescentes reveló que los niños nacidos fuera de Estados Unidos mostraban más logros académicos y un mayor compromiso en la escuela que los nacidos en Estados Unidos de padres extranjeros y nativos.[8] No es de extrañar. Existe cierta pasión por triunfar en Estados Unidos, una pasión que se disipa con el tiempo. Los cambios en el sector empresarial muestran tendencias similares. Si observamos el sector tecnológico, sabemos que, en 2016, los inmigrantes llegados a Estados Unidos fundaron o cofundaron la mitad de las nuevas empresas milmillonarias. Un estudio llevado a cabo en 2017 por el Center for American Entrepreneurship observó que de las treinta y cinco primeras empresas de la lista Fortune 500, el 57 % de ellas habían sido fundadas o cofundadas por un inmigrante o por el hijo de un inmigrante. Sergey Brin es inmigrante. Elon Musk también. Y no olvidemos a Albert Einstein. Desde luego, existen numerosas variables que tener en cuenta, pero no podemos ignorar el *grit* innato de los inmigrantes y el éxito que propicia.

La adversidad también puede generar una especie de *grit* automático. O sucumbes a las circunstancias o peleas con uñas y dientes para superarlas. En este caso, el *grit* es fundamentalmente tus ganas de sobrevivir. Los estudios sobre «crecimiento postraumático» han demostrado que los niños que padecieron enfermedades graves en sus primeros años son más positivos y resistentes al llegar a adultos. Los ejemplos que demuestran este argumento no escasean. Uno de ellos es Oprah Winfrey. De niña sobrevivió a los abusos sexuales y a la pobreza de los barrios desfavorecidos, se convirtió en una magnate multimillonaria de los medios de comunicación y es considerada una de las mujeres más poderosas del mundo. Otro es Sonia Sotomayor. Cuando tenía siete años contrajo diabetes tipo 1 y tenía que administrarse inyecciones de insulina. Su padre, un alcohólico que había dejado los estudios en el tercer curso, falleció cuando ella tenía nueve años. Su vía de escape fue la educación, igual que lo fue para mí, y en 2009 se convirtió en la primera jueza latina del Tribunal Supremo.

En verano de 2018, el mundo entero quedó consternado cuando trascendió la noticia de que un equipo de fútbol tailandés estaba atrapado en la cueva de Tham Luang debido a una riada. Uno de sus miembros, Adul Sam-on, de catorce años, un estudiante con una beca para apátridas al que sus padres habían enviado desde Myanmar con la esperanza de que encontrara una vida mejor, tuvo un papel crucial en el rescate, ya que hablaba en inglés con los submarinistas británicos. Hasta ese momento, toda su vida había sido un ejercicio de *grit*: venía de una familia pobre y analfabeta, inmigró a Tailandia, dejó a sus padres, se instaló con un pastor y su mujer para poder asistir a la escuela y, contra todo pronóstico, progresó, se convirtió en el mejor estudiante y ganó numerosos premios deportivos. ¿Existe alguna duda de que todas las adversidades que vivió lo hicieron duro, resistente e increíblemente valiente?

Me inspira toda esa gente, tal vez porque en ellos veo atisbos de mi propio viaje. Según mi hija Anne, soy una creyente. De pequeña tenía mentalidad de guerrera. Me han ocurrido muchas cosas malas en la vida, pero enseñé a mis hijas que tienes dos opciones: permitir que te controlen o hacer que el resto de tu vida sea espléndido.

No abogo por imponer traumas o sufrimientos a los niños. Obviamente, la adversidad puede tener unos efectos negativos tremendos, tanto físicos como psicológicos, que pueden prolongarse hasta bien entrada la vida adulta. Pero quiero señalar que superar las adversidades puede hacernos más fuertes, que a veces sucede automáticamente y que los niños que sufren situaciones difíciles a menudo acaban generando *grit*, resistencia, paciencia y otras aptitudes vitales.

Pero ¿y el resto? ¿Cómo desarrollan *grit* los niños que se han criado en una familia confortable? ¿Estamos alabando los esfuerzos de nuestros hijos por encima de su talento? ¿Estamos enseñándoles que los reveses son una parte necesaria del aprendizaje?

La respuesta es: probablemente no. La crianza helicóptero sobreprotectora ha provocado que los niños no sepan hacer nada por sí mismos, y menos aún superar los miedos, desafíos y fracasos. Lloran cuando no consiguen el aperitivo o el juguete que quieren. No es una tragedia, pero pueden hacerte sentir que es así. Están acostumbrados a que sus padres cedan y, en algunos casos, a que satisfagan todos sus caprichos. No se les pide que hagan nada incómodo, así que de adolescentes son mucho más conservadores y asustadizos. Correr riesgos les aterroriza.

Las escuelas tampoco ayudan cuando el sistema solo elogia el resultado final. Hoy en día, la mayoría de los profesores se dedican a las evaluaciones y los números, ya que su valoración depende de las notas de sus alumnos. Están entrenados para seguir instrucciones, para obedecer. Todo el modelo educativo se basa en no fracasar, en no correr riesgos. Si los alumnos llegan al colegio con algo de *grit* es para soportar el sistema, no el *grit* de la pasión por algo que aman. No digo que todos los estudiantes carezcan de determinación y persistencia, porque yo y todos los profesores tenemos claro que buena parte de ellos poseen un espíritu de lucha admirable que les sirve de mucho, pero cada día conozco a menos niños que afronten los obstáculos como lo hizo Gady. Si no triunfan, buscan a quien culpar. Juro que cada semestre los estudiantes entran en la clase de iniciación como si fueran corderos. Están aterrados y necesitan ayuda para encontrarse a sí mismos y sentirse empoderados. El aprendizaje llega cuando los alumnos están dispuestos a correr riesgos. En caso contrario, estamos hablando de memorizar.

No soy la única que ha notado ese cambio en el comportamiento de los alumnos. Recientemente visité a Carol Dweck en su despacho de la Universidad de Stanford. Dweck es una de las máximas expertas en cómo gestionamos los reveses. Su libro *Mindset: La actitud del éxito*, publicado por primera vez en 2006, planteaba innovadoras reflexiones sobre la psicología del éxito humano. Dweck describe dos sistemas de creencias o mentalidades: fijo y de crecimiento. La gente con una mentalidad fija cree que nuestras habilidades innatas vienen marcadas. Hay genios y, bueno, no genios, y no se puede hacer nada por cambiarlo. ¿Por qué piensan así? Porque eso es lo que les enseñaron sus padres y profesores. Tal como desveló el estudio de Dweck, esos sujetos daban por sentado que «eras inteligente o no lo eras, y el fracaso significaba que no lo eras. Así de simple».

Por otro lado, la gente con una mentalidad de crecimiento cree que el éxito se consigue por medio del esfuerzo y la tenacidad, y que el fracaso no es motivo para abandonar. La gente con esa mentalidad ha sido elogiada por su esfuerzo y dedicación, y no por su «brillantez». Los sujetos con mentalidad de crecimiento, explica Dweck, «sabían que las cualidades humanas, por ejemplo, las aptitudes intelectuales, podían cultivarse por medio del esfuerzo [...] No solo no se desanimaban por un fracaso, sino que ni siquiera pensaban que hubieran fracasado. Pensaban que estaban aprendiendo». Recuerda mucho a mi sistema de maestría: aprender conlleva fracasar y debes seguir trabajando hasta que lo consigas. El estudio de Dweck ha demostrado que enseñar a la gente a tener una mentalidad de crecimiento cambia por completo su idea sobre el significado de los obstáculos y el fracaso. La mente de crecimiento nos da *grit* y puede aprenderse.

Dweck me habló de una tendencia que ha observado en sus estudiantes. «Yo no creo que la crianza helicóptero esté volviendo tontos a los niños», me dijo, «sino ineficaces. Los han acompañado a todas partes y les han dado poca libertad. Entonces ¿cómo van a hacer algo en el mundo? Muchos no se centran en una carrera profesional. Realizan pequeños trabajos aquí y allá. Y lo entiendo, porque has vivido toda tu vida cumpliendo esas exigencias, has sentido ansiedad y lo único que quieres es dejar de estar ansioso.» ¿Evitar la ansiedad parece una buena motivación o la mentalidad adecuada para perseguir objetivos importantes? ¿Aporta *grit* a los niños?

Dweck me habló también de un seminario de escritura para alumnos de primer curso que empezó a impartir en 2005. Cada semana encarga a sus estudiantes una redacción privada (solo la lee ella), y cuando empezó había algunos que afirmaban estar nerviosos y asustados. «Pero hará unos cinco años», me dijo, «todos, chicos y chicas, decían que les aterraba cometer un error, demostrar deficiencias y que alguien las descubriera.» En mis clases ha ocurrido exactamente lo mismo. El consejo de Dweck para esos nuevos estudiantes temerosos es: «Estás aterrado porque crees que Stanford te ha aceptado porque creía que eras un genio. Falso. No eres un genio. Stanford cree que puedes aportar algo a la escuela y, más adelante, al mundo». Cuando les dice eso a sus alumnos se oye un enorme suspiro colectivo de alivio.

Los líderes empresariales me cuentan una historia similar. Stacey Bendet Eisner, una consumada diseñadora de moda y propietaria de Alice + Olivia, una tienda de ropa de lujo para mujeres, cree que es más difícil que nunca contratar al personal adecuado. «Siempre digo que quiero educar a una generación posterior que sea mejor, que sepa más que yo», afirma. «Quiero contratar mejores empleados, pero ha habido una generación de crianza que lo hace todo por sus hijos, tengan los medios económicos o no los tengan. Y luego esos niños salen al mundo y no pueden encajar las críticas, no saben hacer las cosas por sí mismos, esperan que se lo den todo hecho y en el trabajo es un desastre.»

Jamie Simon es la directora general de Camp Tawonga, un increíble campamento situado cerca del parque nacional de Yosemite. Todo él está construido a partir del *grit*: los niños son responsables de sus grupos y se les encomiendan tareas que van desde cerciorarse de que todos llevan protección solar y han tomado su medicación hasta programar las actividades del grupo e idear políticas que fomenten la diversión y la amabilidad. Incluso hay niños de siete años acampando de noche que preparan y cargan ellos mismos con el material (que incluye latas de espray antiosos) y cocinan. Ojalá todos los niños pudieran vivir una experiencia así. Curiosamente, pese a ser un campamento tan enfocado al *grit*, Simon ha detectado cambios en sus supervisores en edad universitaria. En el pasado, la psicóloga residente trabajaba exclusivamente con campistas jóvenes, pero ahora tiene que ver también a los supervisores. ¿Por qué? Porque no están empoderados, se sienten deprimidos y, en definitiva, no tienen *grit*. No es culpa suya; los han criado así.

Existe otro problema igual de preocupante, que es el reverso extremo de la carencia de *grit*. Imagina a los típicos padres tigre o helicóptero, que marcan innumerables objetivos muy ambiciosos a sus hijos. A veces funciona. Infunden una variedad de *grit* a los niños en la que se espera de ellos que sean los número uno en todas las actividades. Será el estudiante perfecto y entrará en la universidad perfecta. Será el próximo Mozart. Muchos niños están a la altura del desafío pese a las presiones. Cumplen esos objetivos descabellados e incluso los superan. Pero, para la mayoría de los niños que se hallan en esas circunstancias, el motivo de su *grit* es el miedo. El miedo al fracaso. El miedo a no ser amado por sus padres si llevan a casa un notable alto. El miedo a no ser el próximo Mozart (cosa que sucederá casi con total seguridad). El *grit* y la determinación les impiden vivir con un objetivo y ser felices. Están programados y controlados en exceso, y les han impuesto una vida en la que les plantean sus objetivos, en la que apartarse del camino de unos logros predeterminados los hace desmoronarse por completo.

Comparémoslo con el *grit* que nace de la pasión del niño. Esos niños tienen padres que los ven como un ser humano con opiniones, intereses y objetivos propios. Esos objetivos pueden discrepar de los de sus padres, pero la decisión es suya. Los animan a cultivar sus fascinaciones y a marcarse sus metas. Cuando fracasan, lo cual es inevitable, les enseñan que los errores son parte natural del aprendizaje y que deben seguir adelante. Los obstáculos no los desaniman. Desarrollan la fuerza suficiente para tolerar cualquier cosa con la que se encuentren en el camino: fracaso, aburrimiento, distracciones o intimidaciones. Siguen adelante ocurra lo que ocurra, porque los mueve la pasión y no el miedo. Su motivación proviene de unos objetivos internos, no de fuerzas externas. El tipo de *grit* resultante es lo que mueve a la mayoría de los niños extraordinarios a los que conozco hoy, como el desarrollador de *software* de El Cairo que a sus diecisiete años está creando una aplicación para ayudar a personas sordas. No es un proceso fácil, y estoy convencida de que se ha desanimado más de una vez, pero está decidido a triunfar y a ayudar a la gente con problemas de audición. En resumen, es imparable.

Eso es lo que queremos sacar en nuestros hijos: un *grit* que nazca de un impulso inquebrantable y entusiasta y los ayude a superar cualquier obstáculo. Con resistencia. Con dureza. Sin tirar nunca la toalla.

Para mí, ese es el *grit* que necesitan nuestros hijos.

EL *GRIT* ES UNA HABILIDAD QUE PUEDE ENSEÑARSE

En el lado norte del campus de Stanford está la guardería Bing, muy apreciada por sus aulas llenas de juguetes y una enorme zona de juegos exterior. En la primavera de 1972, Susan llevaba dos años como alumna en Bing cuando le propusieron participar en un experimento educativo que parecía divertido. En aquel momento tenía cuatro años.

«Hoy hemos comido malvaviscos», anunció Susan cuando nos dirigíamos al aparcamiento, «y me han dado dos.» Me contó que la habían llevado a una sala de juegos especial y le habían dado malvavisco. «Si podía esperar y no comérmelo al momento, me daban otro», dijo. Estaba muy orgullosa de que hubieran recompensado su autocontrol. No dejaba de hablar de aquel malvavisco.

Más tarde descubrí que Susan había participado en el famoso experimento del malvavisco. Si lo buscas en Google, encontrarás más de dos millones de entradas sobre el innovador estudio de Walter Mischel. En él quería poner a prueba la capacidad de los niños para postergar la gratificación y ejercer autocontrol, y averiguar cómo les afectarían esas cualidades en la vida adulta. En cierto modo, decidió torturar a los alumnos de la guardería, pero con cariño. Su equipo de investigadores llevaba a niños de entre cuatro y cinco años a una sala vacía de la escuela. Encima de la mesa había un premio (a menudo era malvavisco, pero a veces utilizaban M&M's, galletas Oreo y otros dulces). Al niño le decían que podía comérselo en aquel momento o esperar a que volviera el investigador (quince minutos después, casi una vida entera para un niño) y recibir dos malvaviscos en lugar de uno. Algunos sucumbían inmediatamente. El malvavisco era demasiado tentador. Los niños que más esperaban encontraban distracciones de todo tipo: cantar, bailar, sentarse encima de las manos o mirar a cualquier lado excepto el malvavisco. Pero lo más sorprendente fueron los estudios de seguimiento. Mischel y su equipo de investigación descubrieron a lo largo de cuatro décadas que los niños que de pequeños eran capaces de demorar la gratificación eran «adolescentes más competentes cognitiva y socialmente», presentaban un IMC (índice de masa corporal) más bajo y tenían menos problemas interpersonales al llegar a adultos.[9]

Justo cuando estaba a punto de irme, uno de los investigadores se acercó corriendo al coche y me dijo que, de todos los alumnos de Bing, Susan era la que más había esperado a comerse el malvavisco. Parecía muy orgulloso. Aunque en aquel momento no entendí el experimento, ahora tiene sentido. Susan es una de las personas más pacientes y lógicas que conozco. También es extremadamente tranquila cuando se halla bajo presión. Nada la perturba. Se rodea de trabajadores en los que confía y a los que respeta. Ya mostraba todos esos rasgos cuando era niña, y no porque hubiera nacido así, sino porque llevaba años practicando.

El *grit* está compuesto de muchas aptitudes diferentes. Yo las concibo como piezas de un puzle: todas son importantes. Una de las claves es conocerte lo suficiente para controlar tus emociones y tu conducta, y así mantener el rumbo y no desviarte. No era mi intención, pero sin darme cuenta había estado enseñando gratificación aplazada en casa mucho antes de que Susan hiciera la prueba del malvavisco. Por ejemplo, en lo relacionado con la comida, mis hijas sabían que debían seguir un orden determinado. Les daba un trozo pequeño de golosina con el primer plato, pero no podían comérselo hasta que se acabaran la cena. Sin excepciones. Otra táctica: siempre que querían algo, les proponía una manera de conseguirlo, pero normalmente llevaba tiempo. Por ejemplo, si querían ir a nadar, les decía: «¿Mejor esperamos a que haga un poco más de calor para ir a la piscina?». Otra petición habitual era: «¿Podemos salir a jugar ya?». Mi respuesta: «¿Habéis dado de comer a Truffle (la perra)?» o «¿Habéis acabado el dibujo que empezasteis ayer noche?». En realidad no sé por qué lo hacía, pero tenía el presentimiento de que debían aprender a controlarse lo antes posible, incluso cuando las tentaran con dulces u otros premios.

La paciencia es otra pieza del puzle. Eso también se lo enseñé: esperar y ahorrar formaban parte de nuestra vida. Cuando eran pequeñas no teníamos mucho dinero, así que ahorrábamos para comprar lo que queríamos. Todas tenían una hucha cerdito y la llenaban centavo a centavo. Cada domingo recortábamos cupones del periódico. Anne incluso desarrolló un sistema de organización de cupones para que nos fuera fácil encontrarlos cuando íbamos de compras.

Esto es lo contrario de enseñar paciencia: dejar que un niño se conecte a internet las veinticuatro horas del día, siete días por semana, con su dispositivo, en el coche, en restaurantes y sentado a la mesa. Si recomendara que la gente les confiscara los dispositivos en el coche y les enseñara a tener paciencia, iría en contra de lo que el 90 % de los padres hace a diario. Lo entiendo. En el mundo actual no es práctico ni realista. Pero quizá merezca la pena probar mi método de vez en cuando. Pide a tu hijo que te explique qué está haciendo con el teléfono o grabad una película sobre vuestro viaje. Probad un día de «regreso al pasado» en el que finjáis que no existen los teléfonos móviles o los iPad para ver qué se les ocurre. Podríais anunciar: «Hagamos ver que somos la abuela o el abuelo cuando eran pequeños. ¿Qué creéis que hacían en el coche?». Debes estar preparado para cantar.

Aunque persigas los objetivos que te apasionan, siempre encontrarás momentos de aburrimiento. Aprender a gestionarlo es otro paso importante para generar *grit*. En clase, sobre todo durante las conferencias (sí, doy conferencias en mi clase de Iniciación al Periodismo para enseñar aptitudes básicas), los alumnos a veces se quejaban de que no lograba mantener su interés. Mi relación con ellos es lo bastante abierta para que se sientan cómodos diciéndome: «Has hablado mucho rato. Me aburro. ¿Podemos hacer otra cosa?». De acuerdo, no es muy alentador cuando estás delante de toda la clase, pero nunca me enfado con ellos. Me lo tomo como una oportunidad de aprendizaje. Esto es lo que les digo: «Quiero que vayáis a casa y preguntéis a vuestros padres algo importante [...] Preguntadles si alguna vez se aburren en el trabajo. Si mañana me respondéis que nunca se aburren, podéis saltaros la conferencia». Normalmente, esto despierta su interés. «Aburrirse es una preparación para la vida», les explico. «Ahora mismo estáis practicando.» Todos se echan a reír, pero lo entienden. La vida, a veces o con frecuencia, es aburrida.

Pero también les digo que pueden aprovechar al máximo esos momentos. Puedes contar puntos en el techo o soñar. Puedes pensar en tus metas. ¿Cuáles son tus siguientes pasos? ¿Qué obstáculos pueden interponerse en tu camino?

¿A qué nuevas cosas puedes aspirar? ¿Dónde te sientes más entusiasmado y esperanzado? Todas estas reflexiones pueden producirse durante los momentos de aburrimiento. De hecho, el aburrimiento podría llevarte a lugares sorprendentes y a tu próxima gran pasión.

APRENDER A CONTRAATACAR

El coraje es una de las expresiones más poderosas del *grit*. Es una especie de determinación abnegada. Puede conllevar autocontrol y paciencia, y siempre requiere una marcada conciencia de uno mismo y la voluntad de defender lo que está bien.

Después del horrendo tiroteo en una escuela de Parkland, Florida, muchos estudiantes locales y de otros lugares empezaron a defender la causa de la seguridad. Hace falta coraje para protestar, para convertirse en figuras públicas y para entablar debates políticos con adultos. Ahora, niños de todas partes están viendo que es posible; ellos también pueden defender sus ideas. No tienen por qué aceptar lo que les digan los adultos. Otra lección importante para todas las escuelas es el poder del debate, el periodismo y el teatro en el programa académico. Estas materias enseñaron a los alumnos de Parkland unas habilidades que les permitieron expresar su postura y ejercer cierto control. Escribieron en blogs y páginas de internet. Hablaron en las vigilias. Se echaron a la calle a manifestarse. Un grupo de alumnos de Parkland se ha embarcado en una misión denominada March for Our Lives (Marcha por nuestras vidas), con la que recorren todo el país exigiendo una reforma de la ley armamentística e intentan unir la nación. Ahora son poderosos partícipes del proceso democrático y magníficos ejemplos para otros estudiantes.

El 29 de marzo de 2018, seis semanas después del tiroteo en Parkland, la oficina del instituto Palo Alto recibió una llamada dramática. Jenny, de la oficina principal, atendió el teléfono. Al otro lado, una voz masculina advirtió: «Alguien en el campus tiene una pistola y esta tarde va a emprenderla a tiros en el colegio».

La escuela fue clausurada. Fueron noventa minutos infernales para los estudiantes, que esperaban a ver si su aula, su colegio, sería el siguiente de una serie de tiroteos. La llamada resultó ser falsa, pero los estudiantes sufrieron durante aquella hora y media. La revista *Verde*, una de las diez publicaciones del Media Arts Center del instituto Palo Alto, incluyó en su siguiente número lo que parecía un agujero de bala que atravesaba las ochenta páginas. En todas ellas encontrabas el agujero. Así se sintieron todos: trágicamente afectados. La revista, dirigida por Julie Cornfield, Emma Cockerell, Saurin Holdheim (todas ellas de diecisiete años) y su asesor, Paul Kandell, fue distribuida en todo el país y apareció en CNN, CNBC y ABC. Ilustraba el estrés y el miedo que sentían a diario alumnos de toda la nación, y demostraba su coraje para pensar con espíritu crítico, coger el timón y ofrecer una respuesta inesperada y creativa a una violencia sin sentido.

Debemos criar a nuestros hijos para que sean valientes, para que tengan lo necesario para expresar su opinión, defender sus ideas y hacerse oír. Podemos empezar por hablarles de gente valerosa y pedirles que compartan sus historias de coraje. Lo único que hay que hacer es ver la televisión cualquier noche para encontrar ejemplos de gente que defiende sus creencias. Como padre puedes demostrar coraje manifestando tu opinión para proteger tus valores, aunque no sean populares. No es necesario ser desagradable; de hecho, el impacto es mucho mayor si eres educado pero persistente. De ese modo, tus hijos podrán ver el coraje en acción.

Anima a tus hijos a defender lo correcto desde una edad temprana. Está bien que los niños repliquen siempre y cuando sean respetuosos. Los padres que silencian a sus hijos están enseñando las aptitudes erróneas. Están enseñándoles a no defender cosas que son relevantes para ellos. El respeto es importante, pero tener voz también. Enséñale a tu hijo a ser amigo del niño del que nadie quiere ser amigo, del niño que tal vez tenga ideas diferentes a las suyas, a hablar de él. Enséñale a tu hijo a ayudar al profesor, aunque los demás no lo consideren «guay» y a compartir con otros alumnos. Cuando tu hijo sea valiente, procura reconocérselo. Si defiende al niño del que todos se burlan, está demostrando coraje y empatía.

Sin embargo, pese a nuestra tenacidad y coraje, *grit* a veces significa saber cuándo hay que apartarse. El *grit* es necesario incluso cuando ha llegado el momento de retirarse con elegancia. Es la aptitud que nos infunde la fuerza necesaria para obrar un cambio. Susan lo aprendió cuando trabajaba en Google Video, un servicio gratuito de alojamiento de vídeos lanzado el 25 de enero de 2005. En 2006 se dio cuenta de que existía un producto llamado YouTube que estaba creciendo más rápido. También era un servicio gratuito de alojamiento, pero con algunas funciones que Google Video no ofrecía. Susan tuvo que tomar una decisión muy difícil:

seguir trabajando con Google Video, en el que su empresa ya había invertido mucho tiempo y varios millones de dólares, o adquirir YouTube, el producto que estaba creciendo más rápido. Al analizar los datos, reconoció que tenía que cambiar de plan. Era responsabilidad suya convencer a la dirección de Google de que debía comprar YouTube, lo cual no era tarea fácil, ya que el precio ascendía a 1.650 millones de dólares. Fue la decisión correcta, como todos sabemos hoy en día, pero en su momento Susan necesitó mucho *grit* para renunciar a su proyecto y correr el riesgo de comprar la competencia.

Debemos dejar que nuestros hijos sepan que no pasa nada por tirar la toalla y fracasar si algo no funciona. Es de sabios aprender a fracasar rápido, detectar y reconocer de inmediato si un proyecto no va a funcionar. ¿Recuerdas mi sistema de maestría para enseñar a escribir? Doy por hecho que una redacción no será perfecta la primera vez o incluso la segunda. Lo mismo ocurre con la programación informática; al principio, casi siempre hay virus. Algunos padres han oído hablar de la importancia del fracaso y han llegado a preguntarme: «¿Cómo puedo organizar un fracaso para mi hijo?». Hablo en serio. Lo hacen con buena intención, pero el aprendizaje no funciona así. No somos nosotros quienes debemos orquestar un fracaso. Lo único que tenemos que hacer es permitir que los niños trabajen en sus proyectos y decidan cuándo deben probar otra cosa.

El fracaso es una parte necesaria del aprendizaje, y debemos aprender nosotros solos. Si fracasamos, no somos los únicos. La mayoría de la gente fracasa en algo en algún momento. Son los que se levantan y siguen adelante los que acaban triunfando.

GRIT Y ABUNDANCIA

Según el Centro Nacional de Niños en Situación de Pobreza, el 21 % de los niños estadounidenses pertenecen a familias con unos ingresos por debajo del umbral de pobreza, y el 43 % a familias con ingresos bajos que tienen dificultades para cubrir las necesidades básicas. La pobreza es devastadora, lo sé por experiencia. Pero todo tiene su lado positivo, y en la pobreza el lado positivo es el *grit*. Si tienes pocos o ningún recurso, lo que desees requerirá mucha imaginación y no tienes más alternativa que utilizar la creatividad. Cuando era adolescente quería una mesilla de noche y no teníamos dinero para comprar una, así que me llevé unas cajas de naranjas de la tienda de alimentación, las pinté de colores llamativos y me hice unas mesillas. Eran bastante bonitas. De niña solo tenía un par de zapatos porque eran caros. Mi padre siempre decía: «¿Para qué necesitas dos pares? Solo tienes un par de pies». Abrillantaba los zapatos cada noche. Seguía siendo pobre, pero mis zapatos siempre parecían nuevos. Estoy segura de que, en la actualidad, los niños pobres pueden contarte historias más interesantes sobre cómo innovan.

El *grit* que desarrollé de niña ha seguido conmigo toda mi vida. Es una manera de reflexionar sobre el mundo y cómo convertirlo en un lugar mejor. Si tu familia se encuentra en esa situación, es una lucha constante y un problema en el que todos deberíamos trabajar, pero debes saber que tus hijos están desarrollando importantes habilidades de superación y *grit* siempre que no se rindan. Esas habilidades les servirán de por vida.

Es en el otro extremo del espectro de riqueza donde encontramos un déficit de *grit*. Demasiados niños tienen demasiados juguetes: juegos electrónicos, cajas de Lego, bicicletas de alta tecnología y habitaciones tan repletas de cosas que no pueden utilizarlas todas. Incluso algunos niños con ingresos bajos poseen gran cantidad de juguetes. Todos queremos dar a nuestros hijos una vida mejor o abundante, pero un exceso de indulgencia puede arrebatarles el deseo de esforzarse por algo. Si los niños consiguen todo lo que quieren, nunca experimentan dificultades, nunca comprenden el auténtico valor de perseguir algo y no desarrollan su creatividad ni su *grit*.

Pero no tiene por qué ser así. ¡Para empezar, deja de comprarle tantos juguetes! (Una lección que tuve que volver a aprender como abuela.) Primero asegúrate de que disfrutan de los que ya tienen. ¿Desde cuándo se ha convertido el ir de compras en una de las principales actividades con niños? Llevarlos a la tienda los incita a querer más de lo que poseen. ¿Y si vais al parque o a dar un paseo? ¿Y si los dejas realizar proyectos en casa o ir con sus amigos? ¿Y si simplemente pasas tiempo con ellos jugando a juegos de mesa o cocinando?

Y, si les gusta cocinar, déjales preparar su pastel de cumpleaños. Es tentador planear una fiesta extravagante, pero, en la actualidad, algunas celebraciones de cumpleaños parecen bodas. He visto fiestas temáticas de *Frozen* que incluían a una actriz interpretando a Elsa y una elaborada fiesta-circo con ponis. De acuerdo, a los niños les encantaron, pero ¿sabes qué les habría gustado igualmente? Planificar su día, idear el concepto, ayudar con la decoración y controlarlo todo. Dales un presupuesto y déjales decidir cómo organizan el día. Déjales buscar lo que quieren en internet. Haz que comparen precios y que sean compradores inteligentes. Si quieren un espectáculo de magia, intenta contratar a un niño del barrio.

Los niños también deberían ocuparse de su educación con independencia de quien la pague. Cuando los niños llevan las riendas, se preocupan. ¿Cómo tratas un apartamento de alquiler? ¿Cómo cambia tu comportamiento si ese apartamento es de propiedad? No digo que no debas pagar la escolarización de tu hijo. Nosotros tuvimos la suerte de poder costear la universidad de nuestras hijas y creíamos en el valor de la educación. Sin embargo, les hicimos pagar la escuela de posgrado. Recuerdo que Susan se enfadó cuando le dijimos que no financiaríamos su educación postuniversitaria. Sabíamos que podía conseguir becas o un puesto de adjunta al profesor. Y si no hubiera encontrado financiación, yo le habría prestado el dinero. No se lo habría dado. Es una diferencia importante. Era nuestra primogénita, así que lo que hiciéramos por ella sería lo que haríamos por las tres. Supusimos que eran lo bastante mayores para gestionarse, y lo hicieron. Susan y Janet se costearon el doctorado o recibieron becas. Aunque para Susan fue duro, aprendió mucho más compaginando sus estudios y el trabajo que si lo hubiéramos pagado nosotros, por no hablar de que también tiene un increíble sentido de la realización y, como es comprensible, está orgullosa de sí misma. Lo consiguió.

Si te has pasado varias décadas ahorrando para pagar la universidad de tu hijo, hazlo. Pero mi consejo es que sea él quien abone la factura, aunque sea de tu cuenta. Él puede extender el cheque y tú lo firmas. El hecho de escribir esa cantidad de dinero les hace darse cuenta de lo que estás sacrificando. Verá los costes reales y eso le causará un gran impacto psicológico. Nunca lo olvidará. Ojalá se me hubiera ocurrido cuando mis hijas iban a la universidad (aunque en realidad no lo necesitaban porque se tomaban en serio su educación).

Con independencia de los ingresos familiares, mi consejo es que todos los adolescentes tengan trabajo. No hay mejor manera de aprender cómo funciona el mundo real. Mis tres hijas trabajaban cuando iban al instituto. Susan coordinaba los camiones de la basura (como ya he mencionado) y trabajó de camarera en el mercado del pescado de Palo Alto, un trabajo divertido porque todos sus amigos iban a comer allí. Janet y Anne trabajaban de canguro. Heidi Roizen, que ahora es inversionista de riesgo y emprendedora, organizaba espectáculos de títeres en fiestas de cumpleaños cuando estudiaba secundaria. Ganaba 800 dólares al mes, y tras salir de Stanford solo se embolsaba un poco más (1.000 al mes) con su primer trabajo.

Me encanta dar trabajo a adolescentes; son de los trabajadores más entusiastas, creativos y sinceros que existen. Te dicen lo que piensan. Mis alumnos diseñaron mi página web y contraté a un adolescente de la zona para que regara el jardín. Me encanta ser una plataforma de lanzamiento. Consiguen su primer trabajo conmigo y luego vuelan libres. Al principio, 23andMe, la empresa de pruebas genómicas de Anne, contrataba a mis alumnos para que organizaran conferencias. Incluso se encargaron de una competición de natación celebrada en Stanford para gente de más de cincuenta años. Estoy orgullosa de que mi nieto Jacob haya conseguido trabajo como cocinero de campamento durante diez semanas antes de ir a la universidad. Se pasa ocho horas diarias de pie y sirve a trescientos niños por sesión. Lo he visto en acción y es duro, pero su actitud es fantástica y está aprendido mucho sobre el *grit*.

También debes recordar que tú decides el ejemplo que das a tu hijo. En casa íbamos justos de dinero y muchas de las cosas que hice fueron por necesidad. Pero esas ideas funcionan con cualquier niño independientemente de sus orígenes.

El *grit* formaba parte de mi carácter. Vivir en Los Ángeles en los años cincuenta significaba que debías tener coche. Cuando cumplí dieciséis años me saqué el carnet de conducir y lo celebré como hacen todos los jóvenes de esa edad en la zona de Los Ángeles: mis padres me compraron un Studebaker de 1948 de color verde oliva (muy usado) por trescientos dólares, y mi padre, que era aficionado a la mecánica, me enseñó a hacerle el mantenimiento. Su filosofía era que debía hacerlo todo yo misma, ya que no podíamos permitirnos llevarlo a un taller. Aprendí a cambiar el aceite, los neumáticos y las bujías, y a hacerle una puesta a punto bastante decente. Años después, cuando vivíamos en el campus de Stanford, los vecinos se quedaron boquiabiertos cuando me vieron tumbada en la calle cambiando el aceite del coche. Era conocida por trepar al tejado y limpiar los canalones. Me habían criado así, y mis hijas veían a su madre como una persona que podía hacer (casi) de todo.

También me veían como una persona con mucha persistencia y autocontrol. Para comer tengo un autocontrol enorme. Supongo que aprendí a valorar la comida cuando era niña, una época en la que nunca había suficiente para toda la familia. También sé que lo que me llevo a la boca es algo que puedo controlar por cuestiones de salud. Solo yo lo controlo. Puedo estar en una cena elegante con platos increíbles y no comer. Mi lógica es que, si no tengo hambre, no como. Punto. A mis hijas les enseñé ese autocontrol. No quería que utilizaran la comida como una vía de escape emocional. En casa, la comida era nutrición y sustento.

Otra lección de *grit* para mis hijas: cuando se me ocurría algo, intentaba materializar aquella idea como fuera. Mi determinación era imparable. Cuando nos instalamos en casa, el suelo de la cocina y el salón era de linóleo. Fue culpa mía: lo elegí yo, pero no sabía cómo era un suelo de calidad. Al cabo de un par de años empezó a no gustarme. Lo odiaba profundamente. Quería arrancarlo y poner madera, pero no podíamos permitirnos un suelo caro. Apenas teníamos muebles porque habíamos agotado el presupuesto. Stan no tenía ningún problema con el linóleo, así que me costó convencerlo. Luego tomé las riendas de la situación. Durante un año aparté un poco de dinero del presupuesto para comida. Mis hijas observaron todo el proceso, mi persistencia y determinación (en secreto, por supuesto). Aquel verano, Stan se fue dos semanas a Europa y llegó el momento de ejecutar mi plan. No quería darle la posibilidad de discutir, así que lo hice todo yo. Había buscado el mejor precio, encontré una empresa espléndida y programé el inicio de las obras el día que Stan se iba. Cuando volvió, entró en la zona de la cocina y el salón y se quedó estupefacto al ver el hermoso suelo de madera. «Es genial, ¿verdad?», dije. Estaba anonadado. Al principio no se atrevía a decir que le gustaba, probablemente porque no sabía de dónde había sacado el dinero, pero reconoció que había hecho un buen trabajo y estuvo encantado cuando supo que lo había pagado yo. Cuarenta años después tenemos ese mismo suelo y sigue siendo magnífico.

También intenté enseñar a mis hijas el valor de comprar con inteligencia y a mencionar cualquier problema que vieran en la tienda. Siempre quise mejorar la experiencia por mí misma, pero también por los demás. A veces, una tienda anunciaba un producto con descuento, pero cuando llegábamos a la caja, el empleado intentaba cobrarme más. «Lo siento», decía. «El precio se ha actualizado» o «La etiqueta debe de estar mal». Conmigo nunca funcionó. Discutía, hacía llamar al encargado e insistía en el precio que marcaba el anuncio, que llevaba siempre encima. La idea era que, si nadie protestaba, la tienda seguiría haciéndoselo a todos los clientes, no solo a mí. Pensaba: «¿Por qué pueden hacer publicidad engañosa para atraer clientes?». A mis hijas les daba tanta vergüenza que se escondían. Ahora las tiendas son cuidadosas con los precios que anuncian y a menudo te ofrecen un descuento si se equivocan. ¡Creo que esas políticas existen gracias a gente como yo! Y me gusta pensar que mis hijas aprendieron a evitar que las engañaran y a defenderse a sí mismas y a los más desvalidos. También aprendieron que una empresa tiene la obligación de hacer publicidad íntegra y de tratar a los clientes de manera justa.

Quizá el aspecto más poderoso del *grit* sea que se convierte en ti. Pero, aunque es tentador verlo como una cualidad individual, es mucho más inspirador cuando nos damos cuenta de que no solo puede cambiarnos a nosotros, sino también al mundo, de maneras pequeñas y grandes. Gady lo hizo dándolo todo con sus compañeros cuando trabajaba en el periódico, y los niños de Parkland utilizando una plataforma enorme para intentar cambiar unas leyes que nos afectan a todos. El éxito no existe en situación de aislamiento. El *grit*, por tanto, es una cuestión de fluidez y de ir más allá del interés propio para insuflar fuerza al mundo en general. Cuando tenemos flexibilidad para encontrar fortaleza a raudales, todos los barcos se elevan con la marea.

COLABORACIÓN

6

No ordenes, colabora

Era mi primer año como docente y me sentía al límite. Cada día enseñaba a ciento veinticinco estudiantes en cinco clases de Inglés y Periodismo, y supuestamente debía controlarlos a todos y cada uno de ellos. Tenían que escucharme hablar de cualquier tema, desde redacción hasta gramática y ética del periodismo, y yo tenía que fingir que me interesaba lo que estaba diciendo. Me gusta la gramática tanto como a cualquier profesor de inglés, pero me veía obligada a impartir la misma materia cinco veces al día. Eso es lo que hacen los profesores de instituto: te repites en cada ciclo (si estás dando la misma asignatura). Hay gente a la que se le da muy bien. A mí no. Me aburro. Nunca me adapté a un guion que me dijera exactamente lo que debía hacer cada día. No importaba si cierta clase necesitaba un desafío mayor o más tiempo para entender un concepto nuevo. Pero aún era peor tener que presentarme como la «autoridad» un día sí y otro también. Quería trabajar con mis alumnos, no contra ellos.

Cuando no estaba dando clase, supuestamente debían trabajar de manera independiente. Todos tenían sus libros, la mayoría de ellos tomaban notas y tenían que hacer los ejercicios que aparecían al final de cada capítulo. Siempre tenía las manos manchadas de púrpura de preparar ejercicios utilizando una máquina de escribir y hacer copias con un mimeógrafo cada mañana. ¿Por qué me tomaba la molestia? Porque si los niños terminaban los ejercicios del libro, necesitaba algo con que ocuparlos. Deberías haberles visto la cara cuando por fin terminaban los ejercicios más aburridos jamás creados (a quienes escriben los libros de gramática deberían exigirles un curso de creatividad) y me veían acercarme a su mesa con más trabajo sobre el mismo tema. «Aprender» era memorizar y lo sufríamos todos juntos.

En noviembre estaba tan estresada que tuve problemas de estómago y varios resfriados. Un profesor mayor que yo me dijo: «Deberías tomarte unos días libres. Se te ve bastante enferma». Vaya si lo estaba, y mi aspecto iba a juego con mi estado. Pero sobre todo estaba confusa. Había seguido diligentemente las instrucciones de administración y lo que había aprendido en la escuela de posgrado. Tenía la misma formación que todos los profesores de la Escuela de Educación Berkeley de la Universidad de California en los años sesenta. La moraleja era que el profesor era el jefe. Asistí a numerosas clases sobre gestión del alumnado. De hecho, teníamos un libro titulado *How to Maintain Control of Your Classes* (Cómo mantener el control en tus clases). Nos puntuaban por nuestra gestión en el aula: cómo eran de educados los alumnos, hasta qué punto se concentraban en su tarea o con qué frecuencia levantaban la mano antes de hablar. La idea era que supieran sin ningún género de dudas que allí mandaba el profesor. No podían cuestionarlo nunca. Uno de los consejos más memorables de administración fue: «No sonrías hasta Navidad». No me lo invento. Pregunta a los profesores que se formaron antes de 2000 en Berkeley o en cualquier otra escuela.

Mis alumnos no solo no mostraban compromiso alguno, sino que tenían miedo. Miedo de que los castigara e incluso los suspendiera. Supuestamente yo también debía tener miedo, de que se me cayera la máscara, de mostrar la boba que llevo dentro, que se moría de ganas de gastar una broma, pero imaginé que me despedirían si lo hacía. Un día que un alumno me vio acercarme y cogió un lápiz para demostrar entusiasmo ante otro ejercicio de gramática, volví a mi mesa y respiré hondo. En aquel preciso instante llegué a la conclusión de que debía cambiar. No podía controlarlo todo y a todos y conservar la cordura. Consideré mis opciones: dejarlo para salvar mi salud, ir a terapia para salvar mi mente o hacer lo que quería y esperar a que me despidieran.

Sorprendentemente, la decisión fue bastante fácil. El primer paso fue no hablar todo el tiempo y dejar que los estudiantes trabajaran a ratos en grupos. Si tenían que aprender gramática de *Warriner's English Grammar and Composition* (Gramática y redacción inglesa de Warriner), que era tan emocionante como suena, al menos podrían hacerlo juntos. Cuidado, eso no era tradicional ni aceptable. Era un sacrilegio. Allí estaba la nueva profesora intentando romper algunas normas. No era una idea inteligente, pero no podría enseñarles nada si no hacía que el aprendizaje fuera más interesante, así que elegían compañeros y trabajaban la gramática y la ortografía en grupos.

Me sentía un poco más libre. Mi alocado sentido del humor empezó a aflorar. Me inventaba historias disparatadas más propias de una telecomedia y les hacía añadir la puntuación. También les pedía que generaran material propio. Cuando entraban en clase el lunes, les decía: «Contadme qué habéis hecho este fin de semana. Escribidlo y puntuad la redacción con vuestro compañero». Los niños tenían la posibilidad de contar la verdad o exagerar tremendamente. Ambas cosas me parecían bien. Escribieron muchas historias sobre el *beer pong* (ahora me considero una experta, pero nunca he jugado), relatos sobre hazañas peculiares (como la de un niño que se comió veinticinco chocolatinas seguidas) y, en efecto, anécdotas sexuales. Ahí es donde tracé una línea pese a sus protestas. «¡Vuestros padres creen que ni siquiera sabéis lo que es el sexo, así que no me metáis en líos!», les advertí. Había muchas risas en aquella aula, pero no me daba miedo castigarlos. Me prestaban atención porque siempre estaba haciendo cosas extravagantes y confiaban en mí.

Un día, el director entró en la clase sin previo aviso y se sentó en la última fila. Al observar, se percató de que los alumnos estaban trabajando en parejas o en grupos de tres. Me invadió el pánico. Solo podía pensar en soltarles un sermón, así que fui corriendo a la parte delantera y me puse a hablar de la belleza del punto y coma. Los niños me miraban como si estuviera loca. Vale, siempre me miraban como si estuviera loca, pero aquella vez era distinto. No tenían ni idea de qué estaba ocurriendo. Sabía que supuestamente el control era lo más importante, así que, con un elaborado estilo de la Escuela de Posgrado en Educación, dije: «Soltad los lápices y escuchadme». Algunos me escucharon, pero dos no lo hicieron, y el director lo anotó en mi «observación». «Aula fuera de control y muchos estudiantes hablan y no se dedican a sus tareas», escribió. Esto era considerado un problema grave.

El director me dio tres semanas para recuperar el control de mi clase. Eso equivalía a estudiantes callados y sentados en fila. Nadie podía hablar cuando yo hablara. Todo el mundo debía tomar notas. En todo momento. Estaba molesta y volví a plantearme dejarlo. A lo mejor no estaba hecha para ser profesora. Hoy, muchos docentes se sienten así. El sistema los presiona tanto para que mejoren las calificaciones que lo único que hacen es enseñar el mismo material una y otra vez. En la actualidad utilizan ordenadores para repetirlo, pero el método sigue siendo el mismo. Ninguna flexibilidad, poca creatividad y escasas oportunidades para que el profesor colabore con los niños.

A la rebelde que llevo dentro se le ocurrió una idea inusual. Decidí contar a mis estudiantes lo que me estaba pasando. La próxima vez que el director fuera a evaluarme, debían guardar silencio absoluto o me echarían. Se lo expliqué tal cual. Confiaba en ellos y no tenía nada que perder. «Si no queréis que cambie la clase, si todavía queréis que sea vuestra profesora, tenéis que ayudarme», dije. Convertirlos en parte del plan era una medida arriesgada, pero pensé que, si podíamos trabajar juntos, tal vez lo conseguiríamos.

El plan era enseñar a mi manera (colaborando) hasta que apareciera el director. En ese momento, todos debían guardar silencio y mirar al frente, y yo empezaría a hablar. Días después hicimos una prueba cuando vi al director en el pasillo. Fui corriendo hacia la parte delantera de la clase y los niños dejaron de hablar al instante. ¡Fue todo un éxito! Les encantaba la idea de formar parte del plan. Según Lauren Ruth, una exalumna y actualmente profesora asociada de Escultura en la Universidad Estatal de California, en Chico:

«Una de las cosas más importantes que hizo Woj fue deconstruir la jerarquía de la clase. Siempre estaba echando por tierra algún sistema. Woj era capaz de ocupar un lugar especial distinto del de un padre. Era una cómplice. Y había algo delicioso en aquella experiencia».

Tres semanas después, el director volvió a observarme y la clase guardó silencio. Silencio absoluto. Parecía un depósito de cadáveres y aprobé con nota. «Me alegra comprobar que tiene el control», dijo. Quería saber cómo había transformado a mis alumnos en unas pocas semanas y respondí que había sido fácil: «Me cercioré de que supieran que allí mandaba yo y dejé de sonreír tal como me enseñaron en la escuela de posgrado».

Después de aquello me volví bastante valiente.

En 1986 pasé por delante de una tienda del centro comercial Los Altos, donde vi un ordenador Macintosh en el escaparate. En la pantalla apareció un «hola», como si estuviera hablándome a mí. Nunca había visto nada igual, pero estaba bastante segura de que era mejor que la máquina Just-O-Writer que utilizaban mis alumnos. Tardaban horas en escribir los artículos del periódico escolar. Tenía que pagar un dólar la hora a un alumno para que mecanografiara los artículos para los que los niños no tenían tiempo. Cuando había errores, teníamos que mecanografiarlos de nuevo. Aquel Macintosh parecía un regalo del cielo.

Pero no contaba con financiación. Entonces descubrí por pura casualidad una solicitud de fondos especiales del estado de California, así que pedí siete ordenadores Macintosh. La dirección me advirtió que aquellas becas eran competitivas. No era muy alentador, pero adivina quién consiguió una en otoño de 1987. A mi clase portátil llegaron siete hermosos ordenadores. Estaba encantada, aunque ni siquiera sabía encenderlos. Pasaron varias semanas al fondo del aula hasta que anuncié a los alumnos: «¡Me alegra mucho deciros que he recibido una beca estatal y ahora tenemos siete ordenadores nuevos!». Sabían qué era un ordenador, pero nunca habían visto un Macintosh de cerca. En la escuela, nadie sabía utilizarlos. En administración me dijeron que aquellos artilugios eran «solo una moda» y que no tenían a nadie que pudiera ayudarme. Tal vez debería haber sentido desánimo, o incluso miedo. Yo había estudiado Ciencias Políticas y Filología Inglesa, no Tecnología. Imagina si era ignorante, que la primera vez que utilicé un Macintosh no entendía adónde habían ido las letras que aparecían en pantalla. Me había desplazado demasiado hacia abajo. Pero mis alumnos estaban mucho más preparados que yo y estaban encantados de ayudar.

«Ningún problema», dije a los administradores. «Los niños y yo nos las arreglaremos.»

Después de clase y los fines de semana, todos nos quedábamos a configurar los ordenadores y a aprender a utilizarlos. Recuerdo a los gemelos Gill trabajando con los otros alumnos para desentrañar la ciencia misteriosa de los Mac. Su padre trabajaba en Aldus Corporation y vino un sábado a enseñarnos a utilizar un programa llamado PageMaker. Era perfecto para el diseño del periódico. Aceptamos gustosamente aquellos discos de Aldus (¿recuerdas los *floppy disks*?) y empezamos a utilizar lo que se convertiría en una poderosa plataforma digital para diseñar nuestro periódico, el *Campanile*. Después tuvimos que aprender a almacenar los datos y también se encargaron de ello los niños.

Tardamos unas seis semanas en configurar los siete ordenadores, encontrar una impresora, conectar las máquinas en
red y organizar nuestros archivos. Fuimos auténticos pione-
ros de la informática. Siempre que se estropeaba algo o necesitábamos ayuda (cosa que ocurría con frecuencia), iba con
unos cuantos niños a Fry's, la tienda de electrónica de la loca-
lidad. La conocíamos a la perfección y a los alumnos se les
daba increíblemente bien la informática mucho antes de que
el término fuese conocido. Si nunca has estado en Fry's, en
Palo Alto, es toda una experiencia. A la entrada había una
estatua enorme de un caballo levantando las patas delanteras.
Para mí representaba el entusiasmo por la inminente revolución tecnológica. Algo grande estaba ocurriendo y formába-
mos parte de ello.

Aquel año se me ocurrió hacer camisetas del programa de
Periodismo. Los niños que practicaban deporte llevaban camisetas y nosotros también teníamos un equipo. Me enorgullece decir que en los últimos treinta años ha habido diseños
increíbles siempre a cargo de los estudiantes: una imagen mía
pisoteando el edificio de administración de la escuela, una
camiseta con una moneda grande en el pecho y CONFÍA EN
WOJ en la espalda y, recientemente, WOJ TÚ MISMO. Los niños
llevan las camisetas por todo el campus y por Palo Alto.

Lo sucedido en mi clase, desde mis primeros días enseñando Gramática hasta el periodismo de alta tecnología de la
actualidad, es gracias a la cooperación, y esta solo es posible
por medio de unos sólidos cimientos de confianza, respeto e
independencia. Los niños también necesitan un objetivo definido por el que sientan pasión. Esos elementos deben existir
para que los estudiantes colaboren y se enseñen unos a otros.

Mis alumnos practican esas aptitudes cada día y me han dejado anonadada con su capacidad para respaldarse, educarse e inspirarse entre ellos.

Para crear una publicación de alta calidad, mis chicos deben conocer el periodismo a fondo. No es algo teórico. No están memorizando materia y olvidándola unos días después. Están escribiendo y diseñando un periódico entero, y deben dominar las aptitudes necesarias. Antes explicaba Adobe PageMaker y Photoshop, pero los alumnos escuchaban, tomaban notas y cuando llegaban a la sala de ordenadores no tenían ni idea de cómo utilizar los programas. Nunca funcionaba. No puedes aprender a usar un programa escuchando a alguien explicar cómo se hace, así que planteé una clase más interactiva en la que abordaba un aspecto del programa y los hacía trabajar en esa función, y luego dábamos el siguiente paso, alternando teoría y práctica. Eso funcionó mejor, pero lo más eficaz era que los alumnos se enseñaran unos a otros.

La idea era emparejar a un estudiante novato con uno avanzado. A los novatos los llamábamos «casilleros». Era un apelativo afectuoso. Todo el mundo tenía el suyo. Los alumnos avanzados elegían a su compañero y debían enseñar al novato a hacerlo todo. Yo proporcionaba la estructura diciendo: «Hoy trabajaremos en mejorar nuestros reportajes» o «Hoy mejoraremos nuestros artículos de opinión». Luego leíamos ejemplos juntos y los casilleros redactaban un borrador con la ayuda de un alumno avanzado. Casi siempre funcionaba a la perfección, pero no siempre. Si un casillero entregaba un trabajo que requería más revisiones, le decía al alumno avanzado: «Eh, tu casillero no ha escrito una buena cabecera. Por favor, ayúdalo». Muchas veces lo hacían, pero si decían que no podían o no lo entendían, hablábamos un poco más hasta que lo comprendían todo. Básicamente, delegaba tanto trabajo como pudiera en los alumnos y fue un éxito tremendo. Byron Zhang, uno de mis estudiantes actuales, que inmigró de China cuando estaba en séptimo curso, me dijo lo importante que fue esa tutoría para su educación. Siempre se mostraba un poco tímido escribiendo y hablando en inglés, pero su mentor lo ayudó a ganar confianza en sus habilidades. También valoraba la oportunidad de trabar amistad con alumnos de otros cursos, lo cual era infrecuente fuera de mi clase.

En todos los años que llevo dedicándome a esto, nunca he tenido un alumno que no estuviera a la altura. Cuando confías en tus estudiantes y los ayudas a estructurar su tiempo y sus tareas, pueden hacerlo. Pero si eres temeroso y no confías en sus habilidades, a menudo no lo consiguen.

Luego amplié este sistema de tutoría a la escritura. Me era imposible elaborar críticas personales a ciento cincuenta estudiantes al día, pero podían criticarse unos a otros. Y, a lo largo de un año, mostraron una mejoría importante que tanto ellos como sus compañeros podían celebrar. Por suerte, pude ofrecer valoraciones a Google sobre lo que entonces se denominaba Writely, un nuevo programa que permitía a mis alumnos colaborar en sus artículos y editar los trabajos de los demás. Estuvieron entre los primeros usuarios de lo que vendría en llamarse Google Docs, una aplicación que ellos y millones de estudiantes siguen utilizando hoy en día.

De nuevo, no digo que todo vaya siempre viento en popa. Siempre que trabajas con adolescentes existe un factor de incertidumbre. Trabajar con clases numerosas y cooperativas significa que va a haber caos. Pero resulta que a mí me gusta el caos. Supongo que con el tiempo he desarrollado tolerancia al mismo. A veces, durante la semana de producción, los alumnos ponen música a todo volumen, gritan de una punta del aula a la otra y prestan atención a tres dispositivos a la vez. Yo estoy allí en medio y me dedico a mi trabajo.

Es difícil describir el impacto que tiene este método de enseñanza en los niños. Cuando los alumnos creen que pueden colaborar con sus profesores, la imagen de sí mismos se dispara y se sienten totalmente empoderados. Pueden hacer cualquier cosa porque cuentan con apoyo. También pueden tolerar las decepciones, porque saben que son un miembro valioso del equipo ocurra lo que ocurra. Este año tengo una alumna con mucho talento que presentó su candidatura a redactora jefe, pero perdió. Sí, fue una decepción, pero duró poco. Tiene un papel importante como representante del consejo escolar, lo cual significa que asiste a todas las reuniones e informa de las decisiones que afectan directamente a los estudiantes. También es asesora del campamento estival de Periodismo. Sabe que es valiosa para mí y el resto de los miembros del periódico, y esa es toda la motivación que necesita.

TRABAJA CON TUS HIJOS, NO CONTRA ELLOS

Es triste pero cierto: mucha gente cree que la mejor manera de educar a los niños en casa y en la escuela es ejercer un control total. Pensamos que los niños son pequeños y no saben nada, y que los padres deben mostrarles el camino. Aunque a los niños les gusta la estructura, en exceso no resulta buena para su salud psicológica, según algunos de los estudios más importantes sobre estilos de crianza y sus efectos en la conducta de los niños. En 1971, Diana Baumrind, investigadora de la psicología del desarrollo, analizó a un grupo de ciento cuarenta y seis niños de preescolar y a sus padres, y observó cuatro estilos marcados de crianza: **autoritario**, **democrático**, **permisivo** y **distante**. Desgranemos las dos primeras categorías.

Los padres **autoritarios** actúan como dictadores. Su máxima preocupación es la obediencia y el cumplimiento de las normas. Son los padres que dicen «u obedeces o a la calle», personas totalmente inflexibles. Por el contrario, los padres **democráticos** crean una relación positiva y afectuosa pero firme con el niño. En especial, esos padres están dispuestos a escuchar las opiniones de los niños y entablar conversaciones y debates, lo cual probablemente contribuye al desarrollo de habilidades sociales. Como dice Janesta Noland, pediatra de Silicon Valley, «un padre democrático es el que marca ciertos límites, pero lo hace a través del compromiso: no es tu mejor amigo, no es una persona que no se preocupe por ti y tampoco alguien que quiera controlarte, sino una persona que te sostiene con expectativas». El estudio original de Baumrind descubrió que la crianza democrática está asociada a un comportamiento independiente y resuelto, y a la responsabilidad social tanto en niños como en niñas.[10] De igual modo, en un estudio de seguimiento que llevó a cabo en 1991 observó que la crianza democrática protegía a los adolescentes de un consumo problemático de drogas, lo cual demuestra que los estilos de crianza tienen una influencia duradera en los hijos.[11]

Las dos últimas categorías son más obvias: el padre **permisivo** es proclive a un exceso de indulgencia y no plantea normas ni expectativas. En lugar de eso, ocupa un lugar secundario en la vida del niño. Algunos pueden malinterpretar mi filosofía como crianza permisiva o libre, pero están pasando por alto algo importante: yo jamás ofrezco libertad sin estructura. No quiero que mis alumnos se desboquen en la mediateca, sino que desborden ideas con unos cimientos sólidos en la redacción de artículos y un plazo de entrega claro. Es una gran diferencia. Mis expectativas son altas y solo quiero que los alumnos averigüen cómo cumplirlas. El padre **distante** huye de sus responsabilidades e ignora al niño en todo lo relacionado con la atención, el amor y la orientación. Obviamente, es un mal colaborador y un cuidador problemático.

Hay tiempo y lugar para toda clase de crianza, aunque los extremos a menudo son excesivos en la vida cotidiana. Si te hallas en una situación de peligro, puede que tengas que actuar como un dictador para imponer la atención y la obediencia que necesitas de tu hijo en ese momento. No debes ser siempre distante, dejar que tus hijos salgan por la puerta sin saber adónde van ni cuándo volverán, pero hay momentos en que debes alejarte y mantener la boca cerrada. En cuanto a la crianza democrática, coincido en que hay que ser firme con los niños cuando son pequeños y empiezan a aprender los elementos de TRICK. A los niños los tranquiliza saber que hay alguien al timón. Les da estructura y dirección.

Pero creo que puede existir otra categoría que a mí me gusta llamar padre **colaborador**, alguien que forja una relación de respeto con su hijo cuando tiene edad suficiente para comprender conceptos básicos. Por ejemplo, si estuviera pintando la habitación de un niño, el estilo democrático podría ser: «Aquí está la pintura. Observa primero cómo pinto yo y luego tú puedes hacerlo igual». En cambio, el estilo colaborador daría al niño mucha más responsabilidad: «Vamos a la tienda de pinturas y elige un color. ¿Cuál te gusta? Ahora vamos a elegir pinceles». Este estilo requiere más tiempo, pero el niño se siente más colaborador que trabajador. Darles una pequeña oportunidad puede tener un impacto profundo.

Los niños parecen entenderlo de forma natural. Tendemos a verlos como seres obsesionados con ejercer su independencia, pero un estudio de 2017 descubrió que algunos niños de tan solo dos años experimentaban la misma alegría cuando conseguían sus objetivos que cuando ayudaban a otro niño a conseguir los suyos.[12] Otro estudio ha demostrado que cuando los niños se acercan a la edad de tres años entienden qué significa tener obligaciones con un compañero y pueden comparar sus perspectivas con las de los demás.[13] Es lógico que la colaboración sea un impulso natural. Los humanos sobrevivieron solo porque descubrieron cómo trabajar juntos: la unión hace la fuerza. Así de poderosa es la colaboración.

Entonces ¿por qué insistimos en dar órdenes? ¿Por qué somos tan controladores? ¿No estamos intentando enseñar a nuestros hijos a funcionar en una sociedad democrática, a poder vivir y trabajar con otros? La respuesta es que olvidamos lo importante que es dejarles practicar el control, pero eso es lo que debemos hacer como padres, por la salud de nuestros hijos y por la de toda la familia.

La senda de la colaboración

Como todos los principios TRICK, la colaboración empieza por ti, el progenitor. Es bastante difícil dar ejemplo de colaboración si no sabes escuchar las opiniones de los demás o si siempre estás atacando a tu pareja porque crees que tú sabes más. Recuerda: concebir y criar a un hijo es un trabajo en equipo. Tu pareja es tu pareja, no tu adversario. Y lo que enseñas es lo que recibes. Los niños siempre están observando.

Aun así, habrá discrepancias. Los niños se portan mal o cometen locuras. No nacen con modales y son muy egocéntricos. Pero, cuando crecen, aprenden a pensar en los demás si es lo que ven. Está en tus manos reaccionar en el momento, y puede ser todo un desafío cuando tu hijo tira comida al suelo o tiene un berrinche en la juguetería. Mi consejo es que intentes evitar discusiones desagradables con tu pareja (cuenta hasta diez) y, desde luego, no las tengas delante de tu hijo. Pero ¿qué hay de los enfados y discrepancias de la vida cotidiana? No los escondas. Ver cómo los gestionas es exactamente lo que necesita tu hijo. Los niños aprenden observando a la gente airear sus quejas y llegar a una resolución. No ocultes el hecho de que estás molesto, pero demuestra cómo discrepar de un modo que ayude a solventar la cuestión.

Digamos que llega a casa tu pareja y quiere salir a cenar, pero llevas todo el día cocinando. Tu pareja insiste: «Estoy cansado de comer siempre lo mismo. Quiero salir». Es una discusión típica de pareja. Es tarde y ambos estáis de mal humor. ¡Tus hijos están presentes! ¿Cuál es tu principal objetivo? Llegar a un acuerdo. De eso tratan las relaciones. Podéis salir mañana por la noche o guardar las sobras para mañana y salir hoy. No exageres la situación. Mantén la calma y busca una solución. Al fin y al cabo, no es una discrepancia trascendental. Recuerda que los niños se dedican a observarnos constantemente. ¿Qué lecciones les enseñamos a través de nuestras acciones?

La colaboración en casa también depende de que establezcamos el patrón de comunicación adecuado. Hablar con tu hijo como un colaborador le hace sentirse parte del equipo, y eso es lo que deberían ser las familias. Puede que parezca sutil, sobre todo cuando hablas con niños pequeños, pero es una diferencia enorme. En lugar de ordenarle que se ponga el bañador porque va a bañarse ahora mismo, prueba con una sugerencia: «Fuera hace calor. ¿Quieres venir a nadar con nosotros?». Por supuesto, a veces hay que dar órdenes. Hay niños de dos o tres años que mandarían en casa si pudieran. Pero en lugar de dictar las actividades vespertinas de un niño, dale voz. Le estarás enseñando que lo escuchas y valoras, aunque sea pequeño. «¿Quieres ir al parque o al zoo? ¿Te gustaría jugar con tus Lego o ayudar a mamá a prepararte un aperitivo?» La respuesta más probable es: «Quiero un helado», y hay que rechazarla. Pero las respuestas de los niños a menudo pueden ser útiles. Debemos evitar hablarles como nunca haríamos con nuestros amigos, en especial cuando estamos dándoles órdenes. Lo veo continuamente en público. Sé lo frustrados que pueden sentirse los padres, pero hay maneras más colaborativas de decir: «Súbete al coche», «Deja el teléfono» o «Ven aquí». También debes evitar decir cosas que puedan ser dolorosas a largo plazo, por ejemplo: «Eso ha sido una estupidez». Todos tomamos malas decisiones, pero decirlo lo empeora. Ten en mente la regla de oro: ¿querrías que te hablaran como tú le hablas a tu hijo?

El alcance de la colaboración no tiene por qué ser trascendental o enorme. Conviértelo en parte de tu vida cotidiana. Por ejemplo, Susan y su familia cenan juntos cada noche. Se sientan a la mesa y cuentan algo que les haya ocurrido ese día. Incluso Ava, de cuatro años, informa sobre la jornada. Es un ritual que une a la familia y celebra la importancia de cada niño.

En lo tocante a tareas domésticas y responsabilidades, casi cualquiera puede disgregarse en elementos de cooperación. En casa, los niños pueden desempeñar un papel importante a la hora de planificar las cenas: pueden poner la mesa, elegir las recetas y ayudar a cocinar, además de limpiar al acabar. Tener la casa limpia es un proceso colaborativo y el niño debería tener un papel claro. ¿Quién pasa la aspiradora? ¿Quién hace la colada? ¿Quién saca la basura? ¿Quién lava el coche? ¿Quién es responsable de palear la nieve? La idea debería ser que la casa nos pertenece a todos y debemos trabajar juntos para que esté en buen estado. Yo no soy una sirvienta, y tú tampoco. Todos somos responsables de cumplir nuestra parte del trato.

Lo mismo sucede con la escuela. Me impresionan mucho los estudiantes de Japón que colaboran para limpiar las aulas, barrer el suelo y sacar la basura. No hay conserjes. Trabajan juntos para mantener limpias sus escuelas. Estamos muy lejos de la extraordinaria labor que realizan los niños japoneses, pero en la mayoría de los colegios estadounidenses al menos intentamos que los niños limpien después de comer. En los centros de Palo Alto, los estudiantes son responsables de separar la basura en el contenedor de reciclaje correcto y de ayudar a los conserjes a que el campus esté en orden. Los niños del programa de Periodismo tienen la responsabilidad de preparar la comida las noches de producción que se quedan hasta tarde y después limpian. Normalmente hacen un trabajo excelente, y me aseguro de que conozcan y valoren a nuestros conserjes. Todos compartimos la responsabilidad y todos nos preocupamos.

Mi actividad favorita para enseñar colaboración familiar es la planificación de las vacaciones. A los niños les encanta. Puedes ofrecerles varias opciones y luego ellos investigan, eligen un lugar y deciden las actividades. Esto es lo mejor: no tendrás que obligarlos a hacer nada, porque lo habrán planeado. En nuestra familia, Stan siempre se encargaba de planificar las vacaciones. Tenía buenas ideas y confiábamos en que organizaría unos viajes excepcionales. Nunca contratábamos viajes organizados. Stan era el director, pero siempre con aportaciones de las niñas, que hacían propuestas a cada momento. Cuando Susan tenía cinco años viajamos a España y recuerdo que elegía ella los restaurantes. Eso despertaba su interés y entusiasmo. No estoy segura de cómo tomaba las decisiones, pero comimos bien. Cuando salíamos a caminar por los Alpes suizos, siempre había opciones y las dejábamos en manos de las niñas. «¿Tomamos la ruta larga o la corta? Tened en cuenta que la corta es más empinada. ¿Cuál preferís, chicas?» También elegían los museos que visitaríamos consultando folletos. Cuando formaban parte de la toma de decisiones, les encantaban los museos. Pero recuerdo que a veces no les preguntábamos y era un error. ¡Ir con ellas al museo era como llevarlas al dentista! Stan y yo también queríamos hacer cosas, así que dejaba a las niñas elegir su franja horaria y actividad. Les decía: «Tenemos que planear un día entero: mañana, tarde y noche. Podéis decidir un horario. ¿Cuál queréis?». Después mantenían un intenso debate y alcanzaban un consenso. Siempre cumplíamos, aunque a veces había excepciones y Stan decía: «Yo soy el mayor y puede que no vuelva nunca aquí». Normalmente, las niñas le dejaban ganar aquel *round*.

No puedo subrayar suficientemente la importancia que atesoran las amistades para los niños. La vida es una serie de relaciones colaborativas: primero con los padres, más tarde con familiares y amigos y luego con profesores, mentores, compañeros de trabajo y la comunidad en general. Cada día, mis hijas quedaban con vecinos para jugar o iniciar un proyecto artístico o científico. Estaban aprendiendo a ser amigas, a compartir y a llevarse bien. La mayoría de los vecinos son una buena fuente que a menudo pasa desapercibida, pues es fácil obviarla en el ajetreado mundo de hoy en día.

Y no siempre tienen por qué ser niños. Pueden trabar amistad con gente de todas las edades. Nosotros nos llevábamos muy bien con una pareja mayor que nosotros que vivía en la casa del lado y quería mucho a las niñas, así que los visitaban siempre que querían. Resulta que nuestro vecino, George Dantzig, era un líder innovador en el mundo tecnológico, pero no lo supimos hasta años después, y él desde luego no nos lo contó. Él y su mujer, Anne, eran muy amigables y sensatos. Nunca lo habrías adivinado. Pero un día me fijé en que George tenía un estudio lleno de premios y doctorados honorarios de países de todo el mundo. «¿Qué haría?», pensé. Según pude averiguar, había desarrollado el algoritmo simplex, que resolvió los problemas de programación lineal en internet y a su vez permitió el desarrollo de la red. Era una persona humilde.

Una noche, cuando Anne tenía unos dos años, decidió sacar a su muñeca a dar un paseo y visitar a los Dantzig. La puerta de casa no estaba cerrada con llave, así que salió. El único problema es que iba completamente desnuda, ya que en aquella época se negaba a vestirse. Se negaba tajantemente. Era verano y hacía calor. Cuando oí la puerta desde el piso de arriba, miré por la ventana y la vi empujando su cochecito por el camino de entrada de los Dantzig. En aquel momento no me quedaba energía para explicarle la importancia de la ropa, así que la dejé irse. Imaginé que no les importaría, pero más tarde descubrí que habían invitado a cenar a unas personas muy distinguidas llegadas desde Francia. Anne llamó al timbre, dijo: «Vengo a jugar», y se sentó desnuda a la mesa. Causó bastante furor y la historia se convirtió en un clásico del vecindario.

Cuando los niños se hacen mayores, el deporte se convierte en el vehículo perfecto para enseñar a trabajar en equipo y a ser responsable con los demás. Todos los niños deberían practicar deporte en algún momento. Los deportes individuales enseñan *grit*, perseverancia y habilidades técnicas, pero los deportes en grupo son aún mejores, ya que los niños aprenden que forman parte del equipo y que su rendimiento es importante para los demás miembros. Mis hijas se unieron al equipo de natación de la Asociación Recreativa del Campus de Stanford cuando tenían unos cinco años. Por las tardes iban a nadar una hora, lo cual las ayudaba a dormir bien. Los fines de semana participaban en competiciones de relevos con el equipo oficial. Imagínate a un equipo de relevos integrado por niños de cinco años esforzándose en nadar a braza, mariposa, espalda o crol. Era muy divertido, pero también un fantástico entrenamiento para el mundo real.

A lo largo de los años he visto cómo las actitudes que aprendieron practicando natación, tenis y fútbol afloraban en otros ámbitos de su vida. Estaban más alerta la una de la otra, se mostraban más comprensivas ante un desacuerdo y más aptas para ayudar. Sin embargo, otros padres a veces contradecían esas lecciones. El deporte puede convertirse en una competición para los padres si permitimos que entren en juego nuestros egos: insultar a otros equipos, mofarse de otros padres o gritar a tus hijos porque han fallado un gol. No olvidemos enseñar deportividad y felicitar siempre al otro equipo por un buen partido con independencia del resultado. Es muy fácil decirlo, pero, cuando tengas dudas, recuerda que aquello no va contigo.

Por último, procura dar consejos como una posibilidad para colaborar (no para ordenar). En el instituto, a mis hijas no les iba bien en Física, precisamente. Ya os podéis imaginar que, siendo su padre profesor de Física, aquello no fue bien recibido. No creían estar aprendiendo nada.

Ante eso, propuse tres opciones y les pedí que eligieran la mejor: 1) quedarse después del colegio y recibir ayuda del profesor de Física; 2) pedir a su padre que las ayudara, aunque estaba muy ocupado y no tenía mucho tiempo; o 3) contratar un profesor particular. Eligieron esto último, así que colgamos un anuncio en el departamento de Física, y al poco tiempo un estudiante de posgrado venía a casa tres tardes por semana. Problema resuelto entre todos.

Ocurrió lo mismo cuando Janet decidió intentar ser animadora. Entró en el grupo y me sentía muy orgullosa de ella, pero había un pequeño problema: resultó que no le gustaba. De nuevo, yo fui la caja de resonancia.

—Bueno, ¿qué quieres hacer? —pregunté.

—Quiero dejarlo —dijo.

Hablamos del tema.

—¿Cómo afectaría al equipo que te marcharas ahora? —le pregunté— ¿Y cómo te sentirías si lo dejaras? Te han elegido para todo el año, así que a lo mejor deberías aguantar y cumplir tu parte del trato.

Janet entendió mi argumento y finalmente acabó la temporada.

Los obstáculos a los que se enfrentan cada día los niños son numerosos. Todos los padres lo saben: siempre hay algún problema que resolver. Lo mejor que podemos hacer por nuestros hijos es orientarlos y apoyarlos en sus decisiones, en lugar de decirles qué deben hacer. Tenemos que ser pacientes y dejar de ser sentenciosos.

DISCIPLINA COLABORATIVA

Todo este trabajo conjunto suena muy bien, pero los niños van a seguir cometiendo errores, porque están aprendiendo. Así funcionan los niños: cuando se equivocan es cuando más aprenden. Cuando surjan problemas, cosa que sucederá de forma inevitable, vale la pena tener una disposición educativa. Cada contratiempo, cada paso en falso, significa una lección que aprender. ¡Y, premio, lo has adivinado! El maestro eres tú.

Uno de mis nietos mordía. De hecho, mordió a uno de sus amigos en la escuela. Esto es más habitual de lo que crees. Morder, tirar del pelo, golpear... Los niños lo hacen porque no saben controlarse y aún están aprendiendo a interactuar. Es tentador enfadarse con ellos. Muy tentador. Pero es necesario mantener la calma y razonar con el niño. Y hay que tener la voluntad de hablar con ellos.

Esto es lo que hizo mi hija con mi nieto: lo llevó a otra habitación, se sentó con él y le preguntó por qué lo hacía. Quería saber qué era lo que le hacía sentirse frustrado. La frustración está en el origen de muchas conductas no deseadas en niños pequeños. En este caso, estaba enfadado porque otro niño estaba jugando con sus juguetes. Para un niño pequeño, es algo difícil de comprender, así que le habló sobre la importancia de compartir con otros de forma que otros también compartan contigo. Esta es una habilidad esencial para desenvolverse en el mundo, y morder no es una forma aceptable de expresar una opinión. Aunque no hay soluciones que funcionen de un día para otro, el problema se acabó resolviendo así.

Cuando los niños sean algo mayores, os recomiendo que os toméis un poco de tiempo para que escriban con calma cómo se sienten y cómo se comportan, aparte de comentarlo con los padres. La escritura reflexiva en una herramienta educativa fantástica; yo la utilizaba constantemente con mis hijas. Y, si aún no saben escribir, haz que representen cómo se sienten en un dibujo. La cuestión es hacer que reflexionen y se expresen. Haz que escriban un relato desde la perspectiva del niño que recibe el mordisco. Esto les ayudará a tener empatía y a dejar de lado la conducta no deseada.

Después de esto, avanzad juntos. Nada de guardar rencor, sobre todo en el caso de los niños más jóvenes. Están aprendiendo. En vez de eso, sé el compañero de aprendizaje de tus hijos. Y, si vuelve a suceder, repite el proceso (sin ponerte desagradable). Identifica el error, haz lo posible para entender de dónde viene el niño, y haz que escriba sobre por qué actúa de ese modo. Al final aprenderá, aunque puede llevar algo de tiempo.

Esa es mi forma de resolver muchos de los problemas, pero en especial cuando trato con el plagio, que es una dificultad con la que se enfrentan todos los maestros. Cuando daba clases de inglés, asignaba temas realmente atípicos, lo que dificultaba en gran medida el plagio. Pero algunos niños lograban copiar. Por fortuna, esto no me da demasiados problemas en mis clases de Periodismo. Hago que mis estudiantes piensen en todas las personas que examinarán su historia; con eso basta. Es la ventaja de un programa de Periodismo con consecuencias en la vida real. Cuando he tenido que enfrentarme con alumnos plagiadores, lo principal ha sido hablar con ellos. Les he puesto un cero en su informe y me he reunido con ellos después de clase, pero no los he enviado a hablar con el director, que los habría expulsado de esa asignatura o los habría suspendido. La escuela se toma esta cuestión muy en serio. Pensaba que era algo entre el estudiante y yo, no entre el estudiante y la administración. Esto es lo que he averiguado: los niños que plagian, como los que copian, sufren mucha presión. Siempre lo he tratado como un síntoma de estrés. ¿Y de dónde viene ese estrés? En general tiene su origen en los padres: o el niño saca un sobresaliente o tiene algún tipo de sanción. Viven con miedo al castigo y a no saber cómo mejorar su expediente.

Yo veía un plagio de cualquier tipo como una oportunidad para enseñar. En primer lugar, imaginaba por qué lo habían hecho, por qué sentían que no iban a poder completar la tarea por sí mismos. Luego les enseñaba lo que necesitaban saber para escribir el trabajo solos. Les explicaba por qué el plagio es algo indeseable, por qué no es ético apropiarse de las palabras y los pensamientos de otras personas y afirmar que son propios. «Quiero saber qué es lo que tienes que aportar», les decía, «no lo que pone en CliffsNotes». También trataba de ayudarlos a ver las cosas en perspectiva, a que fuesen conscientes de que el municipio me pagaba para que les enseñase. «Piensa en el dinero, el tiempo y el esfuerzo que estás malgastando al no sacar provecho de esta oportunidad para aprender», les decía. Este método era asombrosamente eficaz.

Lo que pasa es que estaban asustados. Bueno, más que asustados, estaban aterrorizados. El castigo por plagio en el instituto Palo Alto era muy severo. Pero yo no quería que se quedasen con la lección de que un error podía arruinar sus trayectorias académicas. Quería enseñarles que eran inteligentes y no necesitaban copiar. Por eso no pongo las notas mientras no hayan repasado sus trabajos lo bastante para obtener un sobresaliente. Algunos alumnos los repasaban dos veces, y otros, diez, pero eso no tiene importancia. Con cada revisión, están aprendiendo. Cuando empecé con este sistema hace unos veinticinco años, el plagio desapareció de mis clases, y la motivación (y también la confianza) aumentó.

Sin embargo, aunque confíes en los chicos, a veces cometen locuras que deterioran la relación, al menos temporalmente. En la primavera del segundo año en el instituto de Susan, se dio una situación así. Debía de ser el año 1994. Mi marido y yo nos fuimos de fin de semana y dejamos a nuestras hijas solas a cargo de la casa. Nos prometieron que seguirían las rutinas, que darían de comer a nuestra perra, Truffle, y que se cuidarían entre sí. Susan tenía dieciséis años, Janet quince y Anne trece. Stan y yo lo pasamos muy bien el fin de semana y estábamos felices de poder dejar a nuestras hijas solas por fin.

Nos quedamos de piedra al ver lo limpia que estaba la casa cuando regresamos el domingo por la noche. Tenía un aspecto impecable. Alguien había pasado la aspiradora por todas las habitaciones de la casa. Fantástico, pensé yo. Qué hijas más estupendas. Tenía razón al confiar en ellas. ¡Si hasta habían limpiado! A la mañana siguiente, lunes, fui a la escuela, como siempre. En mi primera clase había muchas risitas. Me di cuenta de que una estudiante llevaba un vestido exactamente igual que uno mío: una blusa y una falda azules de Macy's, una de mis tiendas favoritas. Le sentaba estupendamente. Le pregunté de dónde lo había sacado. Aún más risas.

—Me lo dio Janet —respondió.

—¿En serio? ¿Y dónde lo consiguió Janet?

—Lo cogió de su armario. ¿No se enteró de lo de la fiesta?

—¿Qué fiesta?

—En su casa, el fin de semana pasado. Me derramé una bebida en la blusa, así que Janet me dejó ponerme un vestido suyo.

Casi me desmayo allí mismo. Tenía fama de ser una profesora amable, de manera que esa estudiante se sintió lo bastante cómoda para decirme la verdad. Creo que disfrutó contándole a todo el mundo que la habían invitado a la fiesta y que llevaba mi ropa. Genial, ¿a que sí?

Bueno, aquella noche hubo bastante tensión en casa. También faltaban algunas piezas de ropa de Stan. Yo no estaba segura de cómo decirles a mis hijas que sabía lo que había pasado. Estaba furiosa, pero traté de mantener la calma, sin demasiado éxito.

Cuando entraron todas en la cocina a cenar, dije:

—¿No queréis contarme nada sobre el fin de semana pasado?

Se miraron, hicieron una pausa y negaron con la cabeza.

—¿En serio? Bueno, hoy, en mi primera clase he oído algo acerca de una fiesta.

—No hubo ninguna fiesta —aseguró Janet.

—Sí —intervino Susan—. Solo queríamos limpiar la casa.

—Disteis una fiesta mientras no estábamos —dije yo—. Y tengo pruebas.

Les conté lo de la chica de mi clase que llevaba mi blusa y la falda a juego. Después de eso, me puse como una fiera. Finalmente reconocieron que habían venido a casa más de cien chicos y chicas sin supervisión adulta alguna. «No os volveremos a dejar nunca solas en casa», les dije. «Tendréis un adulto al cargo.»

No protestaron. Sabían que habían traicionado nuestra confianza, así que estuvieron un mes sin salir. Creímos que teníamos que transmitir una idea de forma contundente. Pero lo más importante era tener una conversación seria. Dejarlas sin salir no era el final del proceso. «Dejadme que os explique por qué es peligroso celebrar una gran fiesta», les dije. «No tenéis ningún control sobre estas personas, y tenéis suerte de que no pasase nada porque, si alguien se lastima en vuestra casa, las responsables sois vosotras.» No habían pensado en ello, claro está. Las adolescentes no piensan como los abogados.

Con el tiempo me di cuenta de lo listas que habían sido, y me reí de cómo descubrí todo el asunto. Al menos, la casa no había sufrido daños, aparte de la ropa que faltaba. Y no tenía ni idea de que fueran tan hábiles limpiando. También me di cuenta de que dejarlas solas un fin de semana había sido una mala idea. Sus amigos sabían que estábamos fuera, así que presionaron. Por cierto, nosotros no fuimos los únicos padres que pasaron por esa experiencia. Si tenéis hijos adolescentes, podéis esperar que, si os vais, celebren una fiesta. Si queréis prepararlos para el éxito, poned un responsable. ¡Y aseguraos de dejar vuestra ropa favorita fuera de su alcance! (Por cierto, yo recuperé mi ropa, pero la de Stan nunca apareció.)

Pero supongamos que vuestro hijo hace algo peor que celebrar una fiesta; por ejemplo, robar en una tienda, una infracción bastante común entre adolescentes. En esos casos, la disciplina está en manos de la policía. Lo único que podéis hacer es cooperar con ellos y dejar que vuestro hijo o hija sufra las consecuencias. Pero después hay ocasión para hablar y llegar al fondo de lo sucedido. ¿Vuestro hijo se comportó así porque estaba enfadado o estresado o por falta de control? ¿O quizá robó porque quería algo y carecía de recursos para obtenerlo? Estos problemas deben afrontarse de forma colaborativa, como una familia. A veces los adolescentes solo buscan una emoción fuerte, sobre todo los chicos, y acaban por correr riesgos estúpidos. A lo largo de los años he trabajado con un montón de padres en esta situación. Aquí también depende de ti el buscar la lección que enseñar y trabajar con tu hijo o hija para asegurarte de que la aprenda.

Era el año 2005, la semana antes del inicio de las clases, y un conocido profesor de Gimnasia de nuestro instituto local fue arrestado por conducta sexual inapropiada con una estudiante. En nuestra comunidad, todos nos quedamos estupefactos y alterados, sobre todo sus antiguos alumnos, muchos de los cuales estaban en el instituto Palo Alto. Era el tipo de noticia que no teníamos más remedio que tratar en el periódico. Pero el hijo del profesor de Gimnasia acababa de unirse a la plantilla del *Campanile*. Era un gran estudiante y un chico muy estimado, y fue duro para sus compañeros y para él. Como dice mi antiguo alumno Chris Lewis, entonces redactor jefe: «Aquello iba mucho más allá de lo que se puede expresar con la frase "tema tabú"». Ninguno de nosotros quería que ese estudiante se sintiese mal consigo mismo. Ya estaba hundido. ¿Qué podíamos hacer nosotros? Mis alumnos no lo sabían. Yo tampoco, pero les dije que tenían un periódico que gestionar y que debían resolver el problema y tomar una decisión.

Aquello condujo a muchos debates después del horario escolar. Lewis recuerda: «Me sorprendió que Woj nos dijera: "Vosotros sois los redactores, el periódico es vuestro. La elección es vuestra". Nunca nos había dado tanto poder. Podíamos tomarnos el periódico en serio, pero aquello era la vida real, relaciones reales, situaciones con personas reales y enormes repercusiones. Fue difícil llegar a una decisión; hablamos sobre ello y pedimos asesoramiento. Pero, al final, la decisión era nuestra». Los redactores tuvieron una charla con el hijo del profesor de Gimnasia y le preguntaron cómo se sentía.

Dejaron que eligiera implicarse o no. Finalmente, publicaron una noticia de portada acerca del profesor de Gimnasia, pero su hijo también escribió un editorial acerca de la importancia de la presunción de inocencia. Fue una solución perfecta para un problema casi imposible, pero lograron resolverlo, y lo hicieron en grupo. Si damos regularmente a los jóvenes la oportunidad de resolver los problemas en el instituto, estarán preparados para el mundo adulto.

COLABORACIÓN EN EL MUNDO REAL

Existe el concepto erróneo de que la vida empieza a los dieciocho años, cuando se puede votar, que todo lo que sucede antes no es más que un ejercicio. Es curioso que en Estados Unidos se pueda votar a los dieciocho, pero no se pueda beber hasta los veintiuno. ¿Es que alguien cree que los jóvenes no beben hasta que tienen veintiún años? Los niños forman parte del mundo desde el día en que nacen. Pero no los imaginamos de esa forma. La vida de tus hijos ya está en marcha: corren en una calle paralela a la tuya, aunque en un nivel distinto, así que ¿por qué no hacerlos partícipes de actividades que refuercen esta idea de paralelismo, que los ayuden a pensar en términos del mundo que los rodea, que les muestre que ya contribuyen de forma valiosa?

El verano de 2015 recibí un correo electrónico de mi antiguo alumno James Franco. Me dijo que estaba interesado en rodar una película conmigo y un grupo de adolescentes de nuestra comunidad. Me encantó la idea de que los chicos hiciesen toda una película con James y yo como profesores/

asesores. En un abrir y cerrar de ojos me encontraba en la mediateca con James, su madre, Betsy, autora de libros para niños, su hermano Tom, actor y artista, y la novia de Tom, Iris Torres, una experimentada productora cinematográfica. La película estaba basada en la novela para jóvenes de Betsy *Metamorphosis: Junior Year*. Era una historia sobre los conflictos de un chico de dieciséis años en su entrada en la edad adulta, con el filtro del arte y los mitos de Ovidio, el famoso poeta romano. Un proyecto ideal para estudiantes de instituto.

El primer día, James y yo empezamos el taller entregando un guion que Betsy había creado a partir del libro. Los chicos compartieron con desparpajo sus opiniones:

—No parece real.

—Los adolescentes no hablan así.

—Hay que cambiar la trama.

—Muy bien, chicos. Reescribid el guión —dijo Betsy, que lleva años enseñando en el Teatro Infantil de Palo Alto y tenía mano izquierda para trabajar con adolescentes.

Durante el siguiente encuentro, los chicos habían revisado el guion. Lo repasamos escena por escena; James y Betsy dirigían la actividad. Luego leían en voz alta y seguían incorporando cambios, pero solo si los aprobaba todo el grupo. Llevó tiempo, mucho tiempo, pero el guion final era increíble. Los chicos estaban entusiasmados, y Betsy reconoció que la revisión había mejorado el original de forma significativa.

Ahora teníamos que hacer una película. James, Tom, Iris y yo creamos cuarenta papeles, uno para cada chico o chica. Todos ellos tenían algún cargo, como pasaría en una película profesional. Queríamos que tuvieran sus propias responsabilidades y que contribuyeran notablemente al trabajo del equipo. Puedo decir sin temor a equivocarme que esa película probablemente fue el proyecto más complejo que he asumido nunca, y tardamos un año. Teníamos cinco directores, múltiples actores y guionistas y chicos al cargo de todos los departamentos, incluidos los de *casting*, música, fotografía, edición, diseño de vestuario, diseño de producción, cámaras, animación, sonido y escenas de riesgo. Todos ellos trabajaban tres días por semana después de las clases y, durante la filmación, también los fines de semana. Enseguida me di cuenta de que no solo necesitábamos trabajar todos juntos para sacar el proyecto adelante, sino también la cooperación del material y del tiempo. Cada día salía algo mal: uno de los chicos iba al lugar equivocado, o traía la cámara que no era, o no se aclaraba con el funcionamiento del equipo de luces. Pero todos estaban aprendiendo algunas de las lecciones más duras de la vida: cómo hacer que algo funcione, incluso cuando no funciona, cómo trabajar juntos con un montón de piezas moviéndose al mismo tiempo, con un montón de opiniones distintas. Era una película real, no un intento de hacer una película, y el resultado final fue maravilloso. Incluso fue seleccionada para varios festivales de cine, como el Mill Valley Film Festival en el Área de la Bahía, San Francisco.

Este tipo de experiencia es la base de formación en el mundo real que necesitamos para el mundo profesional, donde la colaboración funciona de formas inesperadas (y complicadas). Como directora ejecutiva de 23andMe, Anne hizo un trabajo excelente al contratar personas con gran talento, pero nunca pensó que colaboraría con su adversario. Sin embargo, en noviembre de 2013, Anne se enteró de que la FDA había calificado el kit de análisis de saliva de 23andMe como «dispositivo médico» cuya comercialización tenía que pasar por un riguroso proceso de aprobación. De la noche a la mañana, seis años después de la fundación de la empresa, se le prohibió vender su producto.

Si Anne no fuese una de las personas con más determinación que conozco, no habría podido sobrevivir a esta situación. Pero se negó a dejarse vencer. Fue extremadamente estratégica. Y, más que su tenacidad, fue su capacidad para colaborar con otros lo que terminó salvando su empresa. Básicamente, tenía que convencer a la FDA de la importancia y validez de la idea subyacente en su producto: el hecho de que los consumidores podían y debían poseer su propia información genética y ser capaces de tomar decisiones acerca de su salud. Este tipo de producto no tenía precedente, así que dependía de ella colaborar con la FDA para explicar lo que estaba haciendo y por qué.

Tracy Keim, la vicepresidenta de marketing de marca y consumidor de 23andMe, recuerda que Anne mostraba «un apremio constante por pedir opinión a los empleados de la FDA, comprenderlos y respetarlos. El descubrimiento de que nunca los había conocido a nivel humano la hizo querer conocer, entender y respetar a esas personas». Se propuso demostrar a la FDA que era posible educar a los consumidores acerca del cálculo de probabilidades implicado en el cálculo del riesgo genético. Fue un esfuerzo considerable que abarcó a toda la empresa. «La cantidad de colaboración y amabilidad que surgió de ese momento específico de la historia de la empresa fue increíble», dice Keim. «Al tiempo que Anne trabajaba para lograr un equilibrio entre liderar y escuchar, entre los empleados surtió efecto este intenso sentido de colaboración. Todos querían ganar. Todos querían ganar juntos.»

23andMe presentó con éxito sus argumentos, y en la primavera de 2017 la FDA autorizó la venta de kits de ensayo para evaluar el riesgo genético de diversas enfermedades; desde entonces han agregado otros marcadores genéticos, incluidos los genes BRCA 1 y 2, asociados al cáncer de mama, ovarios y próstata. Esto no solo representó una victoria para 23andMe, sino también para los consumidores, que ahora tenían acceso directo a su información genética.

Todo este proceso le sirvió a Anne para darse cuenta de que la FDA no era su adversario. Era solo un grupo de personas con una opinión distinta acerca de la atención médica, pero su objetivo, como el de ella, era proteger al consumidor. Anne no era ni un buldócer ni una dictadora, sino una verdadera colaboradora.

En el actual ambiente político, nos convendría a todos aprender estas lecciones: respeta a tus adversarios, comprende de dónde vienen, busca un terreno común y procura encontrar soluciones colaborativas. Todos queremos que nuestro país sea grande, tanto si vivimos en Estados Unidos como en México o China, y el trabajo colaborativo es, en realidad, la única manera de lograr ese objetivo.

Buscar un terreno común es más esencial de lo que muchos de nosotros pensamos, hoy quizá más que nunca. Es una tarea que requiere paciencia, flexibilidad, generosidad y buena disposición para escuchar. Significa sentir la presencia del otro y tenerlo en cuenta. También significa tolerar el caos y la incertidumbre, sobre todo cuando hay niños implicados. Si somos capaces de hacerlo, si podemos aprender a trabajar juntos, podremos resolver problemas complicados, gestionar decisiones moralmente tensas y aprovechar la potencia de muchas opiniones e ideas (con frecuencia enfrentadas). También seremos más conscientes de cómo tratamos a nuestros hijos. ¿Son realmente nuestros colaboradores? ¿Valoramos sus ideas y pasiones? ¿Qué les estamos enseñando, a través de nuestras propias acciones, sobre cómo vivir en el mundo de los adultos? Esta es una de las colaboraciones más importantes, porque nuestro papel como padres determina en qué se van a convertir nuestros hijos.

Y, desde luego, las personas en las que se convierten nuestros hijos determinan el futuro del mundo.

7

Los niños oyen lo que haces, no lo que dices

Claudia se quedó en el umbral de mi oficina conteniendo el llanto. El fin de semana anterior tuve que darle la noticia de que no había ganado las elecciones para redactor jefe. Me intimida hacer esas llamadas o pedir a mis redactores que las hagan. Durante mis primeros años en la enseñanza, la selección de redactores era tarea fácil, porque la clase era muy pequeña y, en general, surgía un único candidato claro. En la actualidad, las cosas son distintas. En unas elecciones recientes, veintiocho estudiantes competían por solo cinco puestos de redactor jefe. La campaña es agresiva y consolar a los perdedores se vuelve más difícil año tras año.

«No puedo creer que no ganase», logró decir Claudia entre sollozos. Claudia era una alumna brillante y destacada que había escrito numerosos artículos importantes para el periódico. Me dolía verla tan disgustada.

La dejé llorar e intenté tranquilizarla diciéndole que, a largo plazo, aquello no importaba. «Llegarás a la universidad y te irá bien, aunque no hayas sido redactora», le dije. Era evidente que no la había convencido.

Al día siguiente, resultaba obvio que estaba celosa de los alumnos que habían ganado. Aquello era malo para la moral colectiva de la clase y también para ella, así que decidí hablar con sus padres. Cuando su madre se puso al teléfono, oí con asombro que ella también estaba llorando. «¿Qué he hecho mal?», decía. Interpretó aquellas elecciones como un referéndum acerca de su papel como madre y un reflejo del valor de su hija. Aunque he visto esta actitud muchas veces, siempre me resulta perturbadora. Estaba obsesionada con impedir que este tipo de fracaso volviese a suceder. «¿Cómo puedo asegurarme de que mis otros hijos ganen?», preguntó. Yo decidí utilizar mi arma secreta: el discurso de Gady Epstein. Le conté que Gady había perdido las elecciones, se había comprometido con la excelencia del periódico, tuviera el cargo que tuviera, y había acabado entrando en Harvard. «Esto consiste en aprender a fracasar airosamente», dije varias veces. «Eso es mucho más importante que ser redactor.»

Pero no estaba segura de haber podido transmitir el mensaje, y me preocupaba saber si Claudia se iba a comprometer con el programa durante todo el curso escolar. He tenido estudiantes que no se han recuperado y han acabado por abandonar, y no quería que eso sucediese.

Finalmente, Claudia superó la situación. Se presentó con una sonrisa y ganas de trabajar y, tal como esperaba, entró en una buena universidad. Aquella fue una de las muchas ocasiones en las que tuve que resolver «el problema de la madre». Y luego, mágicamente, el hijo dejaba de tener problemas.

Años más tarde tuve una estudiante muy trabajadora que vomitaba cada vez que tenía que pasar un examen estándar. Su horario era duro, con cuatro clases avanzadas y tutorías después de clase. Sus padres eran inmigrantes de China, y ella hablaba con veneración de ellos, pero también oía cómo discutían acerca de su rendimiento académico. Sufría mucha presión. La situación no parecía positiva en absoluto.

Los padres se preocuparon tanto que lanzaron el llamado plan 504 para su hija, que ofrece modificaciones en los exámenes para estudiantes con discapacidades. Querían que pudiera hacer las pruebas SAT sin el límite de tiempo habitual. Estoy plenamente de acuerdo en que las condiciones de examen alternativas son necesarias para los estudiantes con discapacidades relacionadas con el aprendizaje. Pero hay una verdadera epidemia de padres preocupados y capaces de hacer cualquier cosa para garantizar el éxito de sus hijos. Aquella estudiante no tenía una discapacidad de aprendizaje, sino emocional.

Me reuní con los padres y les sugerí que quizá estaban proyectando sus propias inquietudes sobre su hija. Se pusieron a la defensiva de inmediato. «No somos nosotros», afirmaron, «es el entorno académico.» Esta defensa no es rara; la he oído muchas veces. Los padres no quieren pensar que están causando problemas a sus hijos. Lo entiendo, pero lo cierto es que se equivocan.

Los padres finalmente lograron que se le concediese el plan 504 a su hija. Lo interesante fue que, en cuanto se dio cuenta de que podía hacer los exámenes sin límite de tiempo, la ansiedad y los vómitos se desvanecieron. Yo no creía que el problema fuera el tiempo. Lo que vi es que sus padres se relajaron y, en respuesta a ello, la chica se relajó.

En ambos casos, los padres cometieron un error bastante común: se olvidaron de que, con los niños, lo que sientes y lo que muestras es lo que consigues. Es algo tan evidente, tan automático, que ni siquiera nos los planteamos. A pesar de las décadas de investigaciones (y sentido común) que así lo demuestran, tanto padres como docentes caen en esta trampa. Los niños se inspiran tanto en señales subconscientes como en conductas explícitas. En los años sesenta, el famoso estudio del muñeco Bobo en Stanford reveló que era más probable que los niños que observaban conductas agresivas en sus modelos adultos, como golpear un muñeco con un martillo, también las presentaran. Un estudio de 2010 publicado en la revista *Behavior Research and Therapy* desveló que los niños cuyos padres mostraban conductas y pensamientos ansiosos presentaban una mayor inquietud y conductas evitativas en los exámenes, que es justo lo que yo he observado a lo largo de los años.[14] Otros estudios muestran que los niños aprenden a regular sus emociones observando a sus padres y, si los padres son capaces de expresar una gama amplia de emociones, los niños están más preparados para gestionar las suyas. Tu hijo es, para bien o para mal, tu espejo.

El hecho de mostrar un modelo de conducta es, con frecuencia, inconsciente. Esto podemos verlo en nuestro propio comportamiento como padres. Por ejemplo, mi padre tenía una regla: no bañarse cuando se está enfermo. En mi casa se convirtió en una norma estricta porque yo había crecido con ella. Nunca me lo planteé hasta que mis hijas me dijeron: «Qué regla más tonta, mamá». En ese momento me paré a pensar por qué lo hacía y de dónde podía haber sacado mi padre aquella idea. Quizá fuese sabiduría popular de Ucrania, donde vivió hace más de un siglo. Probablemente era una mala idea salir en mitad del gélido invierno y darte un baño si estabas enfermo. Pero estábamos en California. Hacía calor y teníamos abundante agua caliente. Así que la regla desapareció por el simple hecho de que mis hijas hicieron que me diese cuenta de que carecía de sentido.

Aunque seamos conscientes de lo que hacemos, somos bastante incoherentes. Algunos somos directamente hipócritas (yo incluida, a veces). Circulamos con exceso de velocidad, pero esperamos que los jóvenes conductores no se pasen ni un kilómetro por hora del límite. Consultamos los teléfonos durante la cena, pero les gritamos a nuestros hijos cuando lo hacen. Perdemos los estribos con ellos, pero nos preguntamos por qué nos replican. ¿Alguna de estas cosas te resulta familiar?

Y luego están la preocupación y la inseguridad, que figuran entre las conductas más fatigosas y enervantes que mostramos a nuestros hijos, y entre las más comunes. Todo empieza con el primer hijo. No puedo ni contar las veces que un padre o madre primerizos han venido a verme después de una conferencia y me han dicho: «Necesito hablar con usted. No sé cómo ser padre. Necesito orientación». Y entonces me formulan una pregunta tras otra sobre el sueño, las comidas, la disciplina; todo lo que te puedas imaginar. Y creo que sé por qué. Hay una verdadera confusión sobre lo que significa ser padres. Es por ello por lo que he querido escribir este libro: porque, si nos falta el apoyo o la información adecuados, nos invaden las inseguridades. Nos preocupamos por si nuestras deficiencias pueden hacer que nuestro hijo no triunfe; vacilamos porque tenemos miedo de cometer un error. La ansiedad por los exámenes entre los hijos de padres obsesionados con el éxito académico es un ejemplo perfecto de esta situación. Cuando los padres proyectan sus propios temores en un niño, este puede quedar totalmente paralizado. Lo

mismo sucede cuando los niños más pequeños están aprendiendo a dormir solos. Reciben tanta inseguridad de sus padres que son incapaces de llevar a cabo una actividad sencilla
y natural por sí mismos. Se convierte en una especie de codependencia, una relación disfuncional en la que los límites
entre ambas partes se difuminan y cada una de ellas induce
una conducta insana en la otra. Las personas suelen pensar en
la codependencia en el contexto de la pareja, pero lo mismo
puede suceder en el caso de padres e hijos. Nuestra propia
ansiedad puede suponer un perjuicio para nuestros hijos.
Podemos desalentarlos y desempoderarlos.

En el epicentro de esta ansiedad e inseguridad, de todas
las incoherencias y confusiones, se halla un deseo simple: que
nuestros hijos prosperen. Nada más. Queremos que sean
mejores que nosotros, que no tengan los mismos complejos
y hábitos, que no fracasen por algo que podrían haber evitado. Es un objetivo loable, qué duda cabe, pero los padres
también son humanos. Todos cometemos errores. Todos sufrimos angustia, y nuestros hijos lo perciben. Todos hemos
dicho o hecho algo delante de nuestros hijos que luego hemos lamentado. No pasa nada. Es algo natural, y tus hijos no
quedarán traumatizados por ello. No tengo la más mínima
intención de aumentar tu inquietud. De lo que sí quiero hablar es de cómo podemos ser mejores modelos y de cómo
podemos hacer que la crianza sea más sencilla, tanto para los
niños como para los adultos. Porque es posible hacerlo, siempre que estemos dispuestos a examinar nuestra propia conducta.

Una mirada más atenta

Una de las grandes ventajas de ser padres es que nos convierte en mejores personas. Por supuesto, a veces es complicado y frustrante. Es necesario lidiar con creencias y patrones muy arraigados. Es necesario hacer frente a rasgos propios que a veces pueden no gustarnos. Pero, al final, la experiencia de ser padres nos transforma. Es la mayor oportunidad de la que disponemos para cambiar de manera positiva. Teniendo esto presente, me gustaría que te planteases las siguientes conductas. En lo relacionado con esta lista, muchos mostramos como modelo lo contrario de lo que nos gustaría ver en nuestros hijos (yo misma he hecho este ejercicio muchas veces). La cuestión es empezar a reconocer lo que enseñamos a nuestros hijos y lo que quizá querríamos cambiar:

1) En general, ¿eres puntual o sueles llegar tarde a los actos y a las citas? La puntualidad es una señal de respeto por el tiempo de las personas. Llegar tarde de forma habitual muestra justo lo contrario. Siendo residente de Silicon Valley, estoy bastante familiarizada con esto. La riqueza empeora las cosas. Por algún motivo, las personas ricas creen que tener dinero o fama les da derecho a dictar a qué hora se presentan a una cita. Es como si dijesen: «Estoy tan ocupado y soy tan importante que puedo organizar mi propio horario y el mundo girará a mi alrededor». He visto a personas llegar dos horas tarde o más y esperar que todo funcionara según lo previsto. Por desgracia, se salen con la suya. Y muchas personas que no son famosas llegan tarde de forma habitual y son desorganizadas. Yo trato de enseñar a mis estudiantes (y a mis hijas y

nietos) que algo tan simple como ser puntual es importante. Si no puedes llegar a la hora de la cita, al menos llama por teléfono o envía un mensaje para que la otra persona lo sepa. Son actos elementales de cortesía, y se trata de tener la voluntad de ver la situación desde la perspectiva de la otra persona.

2) Otra cosa muy simple: ¿cómo te presentas en cuanto a vestimenta y aseo personal? La forma en que te muestras ante el mundo dice mucho sobre tu confianza, aptitud y respeto hacia los demás. Si llevas pantalones de baloncesto a un cóctel, lo que estás demostrando es falta de respeto hacia los anfitriones. Esto no tiene nada que ver con el nivel de ingresos o la clase socioeconómica: tiene que ver con la autoestima y el respeto hacia los demás, y con entender qué es lo apropiado en una situación concreta.

Para los niños, la mejor forma de aprender es la observación. No estoy diciendo que haya que enseñarles que la apariencia lo es todo. Lo que digo es que debes enseñarlos a tener un aspecto respetable y profesional. Antes me preguntaba por qué mis hijas no solían llevar maquillaje, y entonces me di cuenta de que yo tampoco lo llevaba casi nunca. Eso fue algo que no les enseñé cuando las estaba criando ni le presté mucha atención. No era necesario que se maquillasen por completo para salir de casa, pero sí que tenían que bañarse, cuidarse y vestir bien. Yo siempre tenía un aspecto pulcro y profesional, pero nunca sentí la presión de ir vestida a la última moda. Eso también influyó en mis hijas; bueno, salvo una vez que Anne llevó chanclas a una entrevista de trabajo. Supongo que aún estaba aprendiendo. Por suerte, tuvieron en cuenta sus habilidades, no su indumentaria.

3) ¿Cómo interactúas con otras personas? ¿Por lo general eres amable? ¿Tienes invitados en tu casa? ¿Cómo tratas a los amigos y a los profesores de tus hijos? ¿Y a los camareros y a los cajeros? ¿Eres educado cuando hablas por teléfono? ¿Eres profesional y cortés cuando alguien te llama?

La buena educación al teléfono es un criterio bastante fiable de cómo estás educando a los niños. Yo traté en lo posible de ser un buen modelo, y de hacer que mis hijas practicasen para que supieran exactamente lo que tenían que decir. Quizá sea porque tengo unos orígenes humildes, pero siempre he procurado reconocer y dar las gracias a todas las personas que hacían su trabajo a mi alrededor. Te lo garantizo, no siempre era perfecta. A veces perdía la paciencia o simplemente pasaba a alguien por alto con las prisas de un día ajetreado. Pero siempre ponía todo mi empeño.

4) ¿Limpias lo que ensucias o lo dejas todo hecho un desastre? Me doy cuenta de que, en el caso de muchas familias, ambos padres trabajan y tienen que contratar a una persona externa que los ayude. No pasa nada, pero aun así puedes limpiar parte de la casa y mantenerla ordenada tú mismo. También propongo que planifiques un proyecto de limpieza u organización mensuales con tus hijos. Eso les servirá de ejemplo para que aprendan estas aptitudes importantes y reforzará el respeto de tus hijos por el hogar en el que viven.

Llegará un día en que dejarás a tus hijos adolescentes solos y serán responsables del cuidado de la casa y de tus mascotas. ¿Y si no saben hacerlo? A un adolescente que conozco lo dejaron al cuidado de la casa y no sabía la diferencia entre jabón de lavavajillas y jabón para la vajilla, de manera que puso jabón para la vajilla en el lavavajillas. Si nunca lo has probado, no lo hagas; había tanta espuma que el suelo de parquet se estropeó. Cuando tratas a tus hijos como si fuesen marqueses, cuando no les das responsabilidades serias, lo que consigues son jóvenes que no han tenido experiencia alguna en ser responsables o mantener una casa limpia, y eres tú quien tiene el placer de visitarlos en su primer apartamento.

5) ¿Mantienes una relación sana con la tecnología? Esto es importante. Se ha demostrado que el estadounidense medio consulta su teléfono ochenta veces al día. Increíble, ¿no? De hecho, como profesora de instituto, a mí no me resulta increíble. Esta conducta compulsiva de mirar el teléfono lleva a lo que la experta en tecnología Linda Stone llama «atención parcial continua». Siempre estamos haciendo varias cosas a la vez, pero sin concentrarnos totalmente en ninguna de ellas. Todos conocemos bien esa sensación: comer mientras escribes un correo electrónico y escuchas un pódcast. Esta conducta es perjudicial para los niños que tienen que concentrarse en sus deberes, pero es aún peor en lo que se refiere a actuar como padres. Un estudio publicado en *Developmental Science* observó que los niños pequeños cuyas madres respondían que utilizaban mucho el teléfono móvil tenían más problemas para recuperarse de situaciones de estrés emocional.[15] Existe una clara relación entre la cantidad de atención que recibimos y nuestra capacidad para procesar nuestras emociones. Además, en una encuesta con más de seis mil participantes se descubrió que el 54 % de los jóvenes pensaban que sus padres utilizaban estos dispositivos con demasiada frecuencia.[16] El 32 % de los niños se sentían «desatendi-

dos» cuando sus padres utilizaban el teléfono. Desatendidos. Es algo que me entristece mucho. También me preocupa, y no solo por los niños. ¿Cuántos adultos nos hemos sentido desatendidos cuando alguien ha consultado el teléfono durante una conversación con nosotros? Ya sé que los teléfonos son adictivos, pero, por el bien de nuestros hijos y por el nuestro, es necesario que pongamos algunos límites.

6) ¿Tienes una relación sana con la comida? ¿Y si hablamos sobre el ejercicio regular y sobre pasar tiempo en la naturaleza? ¿Te quedas hasta tarde mirando la televisión y luego te preguntas por qué tu hijo ha desarrollado el mismo hábito? ¿Padeces estrés? Si es así, ¿cómo lo gestionas? ¿Te cuidas? El cuidado de la salud propia es la mejor manera de enseñar a los hijos a hacer lo mismo. El ejercicio, la cantidad adecuada de sueño y la relajación son muy importantes. Me he dado cuenta de que el buen humor es de gran ayuda en momentos de estrés. Y, a diferencia de lo que dice la creencia popular, cuando nuestros planes están demasiado copados de actividades, podemos decir que no. También necesitamos pasar tiempo con amigos, hacer algo divertido de vez en cuando y tener perspectiva cuando las cosas se ponen complicadas.

En lo que se refiere a la comida, muchos de nosotros, como padres, podemos hacer mejores elecciones. En mi familia enseñamos a los nietos que no toda la comida es buena para la salud. Aprenden pronto a leer las etiquetas y a evitar la comida basura ultraprocesada. En mis clases, los alumnos saben que confisco los refrescos gaseosos. ¡Sin excepciones! La clase recibe el «sermón antirrefrescos gaseosos» al principio del curso, y a intervalos a lo largo del curso, cada vez que lo juzgo necesario. Su salud es importante para mí porque me importan como seres humanos.

7) ¿Cómo tratas a tu familia? ¿Hasta qué punto le das prioridad? ¿Cómo tratas a tu expareja? ¿Qué aprenden tus hijos acerca de la importancia de las relaciones familiares? Incluso en el caso de parejas divorciadas, los padres deben ser un modelo de colaboración y cooperación por el bien de los hijos.

Nosotros tenemos suerte porque nuestros diez nietos viven cerca y son amigos. Comen juntos, juegan juntos, van de vacaciones juntos y se quedan a dormir unos en las casas de otros. Pero mis hijas no crecieron con familiares que viviesen cerca. Tenían primos en Ohio, pero solo los vieron unas pocas veces durante su infancia, así que nuestra familia consistía en amigos y vecinos a los que adoptamos. Pasábamos las vacaciones con ellos, íbamos juntos de acampada y compartíamos comidas cada semana. Muchos no tenían familiares que viviesen cerca. Actualmente siguen siendo como mi familia, y me alegro de haber podido mostrar a mis hijas la importancia de crear y mantener una comunidad.

Dar prioridad a la familia también significa compartir experiencias, tanto malas como buenas. Los miembros de la familia son una parte fundamental en el aprendizaje para hacer frente a las situaciones de forma inteligente, y forman una estructura de apoyo resistente para el niño. Significa tener a alguien con quien hablar, alguien que puede ayudarte a resolver un problema, alguien que está siempre cerca.

Siempre he pensado que las interacciones familiares positivas son fundamentales para la felicidad de los niños. La mejor forma de enseñar la importancia de la familia es pasar-lo bien juntos. Cuantas más experiencias positivas acumule el niño, más respaldado se sentirá. Puede ser simplemente jugar a un juego de mesa, ir al parque o saltar en una cama elástica. Nosotros tenemos suerte de que mi nieta Amelia (que ahora tiene diecisiete años) sea una persona muy sociable y una estupenda organizadora de entretenimientos para niños. Ha sido capaz de hacer que los niños imaginasen que estamos en Marte, y nos ha hecho vestir a todos con ropas divertidas que encontró en el armario de algún adulto. Todos nos hemos sentado en el salón a ver cómo jugaban, y nos hemos divertido de lo lindo. A veces simplemente miramos cómo Amelia sale al jardín y todos los niños la siguen como si fuese el flautista de Hamelín.

8) ¿Estás dispuesto a hablar de temas polémicos? ¿Has servido de modelo a tus hijos sobre cómo hablar de cuestiones importantes y cómo discrepar de alguien respetuosamente? ¿Demuestras capacidad para escuchar y negociar?

Nosotros siempre hablamos con nuestros nietos de la actualidad mundial. Los escuchamos y respetamos sus opiniones. Las conversaciones en la mesa son animadas. El ambiente político actual hace que no haya días aburridos; nadie se queda escuchando pasivamente. Gran parte del tiempo debatimos con Ethan y Leon, ambos de trece años, que leen *The Economist* todas las semanas. No fuimos nosotros quienes les dijimos que lo hiciesen; son ellos quienes quieren saber lo que sucede en el mundo, y piensan que la mejor fuente para ello es *The Economist*. Inevitablemente, alguien se queda sin argumentos o se demuestra que está equivocado.

Emma y Mia siempre aportan a la conversación el punto de vista del abogado del diablo. Son los momentos más instructivos. Como adultos, hacemos lo posible por demostrar nuestra capacidad para cambiar de opinión y tener en cuenta la información nueva. Nunca evitamos los debates apasionados, pero queremos demostrar cómo las ideas y las opiniones, igual que las personas, evolucionan.

9) ¿Y qué pensáis acerca de mentir a vuestros hijos? Creo que todos los padres lo hacen en ocasiones. Decimos cosas como «creo que la heladería no está abierta ahora» o «papá está muy cansado y se quiere ir a casa» cuando en realidad queremos hacer otra cosa. Al cabo de un rato, los niños lo pillan (no son tontos), pero esta clase de mentiras no son realmente perjudiciales; son las mentiras acerca de cuestiones significativas las que crean una falta de confianza. Decirle a vuestro hijo que nadie más irá a la representación es un gran problema cuando descubre que todos han ido. Tendrán tendencia a no creer lo que digas, y todos sabemos que la confianza es la base de todas nuestras relaciones.

10) ¿Gritas? De acuerdo, todos gritamos, pero ¿estás enseñando sin darte cuenta a tus hijos que gritar es una forma aceptable de comunicación? ¿Dices palabrotas, pero te enfadas cuando lo hacen tus hijos?

Nadie es perfecto, nadie tiene el control total de sí mismo, pero algunas personas gritan más que otras cuando están irritadas. Gritar significa elevar el tono de voz. Hablar con un tono negativo agitado puede que no sea gritar, pero también induce a crear una situación desagradable para los niños.

Todos necesitamos actuar de forma auténtica con nuestros hijos (no es bueno fingir ni contener las emociones), pero no está mal darse cuenta de que la ira no mejora las cosas. Es una opción y una forma de vida que nos gustaría que nuestros hijos evitasen.

11) ¿Cómo reaccionas ante la adversidad? Si te topas con un obstáculo, ¿sigues decidido a lograr tu objetivo y a buscar otra forma de alcanzarlo? ¿O asumes la derrota con facilidad?

A veces, las cosas van mal en la vida. Giras a la derecha en vez de a la izquierda y acabas teniendo un accidente. Rompes una relación cuando deberías luchar para conservarla. Todos cometemos esa clase de «errores». Pero, en realidad, no son errores: es el destino. La suerte desempeña un papel importante en nuestras vidas. Es la suerte la que te coloca en el lugar correcto en el momento adecuado. Eso es algo que puedo decir de Susan, que acabó comprándose una casa en Menlo Park y teniendo que alquilar una parte para poder pagar la hipoteca. Si no hubiese necesitado alquilar el garaje, nunca habría conocido a Larry y a Sergey, los cofundadores de Google. Casi todo tiene una parte positiva, una lección que aprender, aunque sea difícil de encontrar.

12) ¿Estás dispuesto a aprender y a reconocer que te equivocas? ¿Estás dispuesto a perdonar? Muchas personas no lo están. Pero el orgullo es un impedimento para la reconciliación. Todos hablamos de ser amables y de perdonar, pero eso no significa que sepamos ponerlo en práctica. En las décadas que he ejercido de profesora, he aprendido a perdonar a mis

alumnos sin importar lo que hayan hecho. Eso no significa que no haya castigos, pero sí que siempre les doy la oportunidad de reparar lo que han hecho mal. A pesar de que duele admitir que estoy equivocada, he descubierto que duele menos que tratar de ocultar un error que haya cometido. Nadie puede tener razón todo el tiempo, ni siquiera la mayor parte del tiempo. Ahí es donde entran en juego la humildad y la comprensión. No podemos ser modelos perfectos, pero sí tener en cuenta estas cualidades y la forma en que se las presentamos a nuestros hijos.

Qué hacer si no eres el modelo ideal (pista: nadie lo es)

Así que tienes defectos. Has identificado algunas conductas que quieres modificar. A lo mejor te irritas con demasiada facilidad y frecuencia. En lugar de sentirte culpable o derrotado, piensa en esto: eres el mejor modelo posible para tu hijo. ¿Por qué? Porque el proceso de cambio es una lección increíblemente poderosa. Un niño no puede aprender esto de un padre que es perfecto todo el tiempo (y, por supuesto, ninguno lo es), y no lo aprenderá de un padre que repite la misma conducta incorrecta una y otra vez. Considérate afortunado; tienes una oportunidad de oro. Puedes enseñarle a tu hijo a ser mejor persona haciendo de ejemplo vivo. No digo que sea fácil. Lamento decírtelo: probablemente no pasará de la noche a la mañana. Puede que tardes unos meses. Pero yo creo que, con tiempo y paciencia, todo es posible. Si tu hijo te ve trabajar para resolver tu problema de ira, aprenderá a gestionar sus propios problemas. Tener la actitud de que es posible cambiar la conducta y mostrar a tus hijos que estás trabajando en ello con su ayuda les demuestra que es posible hacerlo.

Hay teorías y métodos de todo tipo, pero, para los padres, el cambio se reduce a estos tres principios:

SER CONSCIENTE Y ESTAR DISPUESTO. El primer paso para cualquier tipo de cambio es la conciencia. Es necesario reconocer el problema antes de ponerse a resolverlo. Haz una pausa por un momento y estudia el comportamiento problemático. ¿Por qué lo haces? ¿Es un acto inconsciente? ¿Lo haces porque lo hacían tus padres? ¿Es el resultado de alguna ansiedad o inseguridad en lo relativo a tu labor como padre o madre? No importa cuál sea la razón, trata de aprender de ello. Identifica un patrón de conducta en el que estés atrapado, pero luego abandónalo. Perdónate. Ahorrarás mucho tiempo y dolor. Recuerdo lo mucho que me costaba admitir que había cometido errores con mis hijas (y fueron muchos). No siempre era la madre que habría querido ser. A veces me ponía furiosa o castigaba a mis hijas de una manera inapropiada. Perdía por completo la paciencia. Pero eso nos pasa a todos. Y yo me di cuenta de que esa conducta se había heredado a lo largo de generaciones. Sin embargo, una vez que fui consciente de lo que quería cambiar, me puse manos a la obra. Creí en mí misma. Empecé por pedir perdón y a reconocer que estaba equivocada (por ejemplo, cuando leí el diario de Janet). Como padres siempre estamos aprendiendo; de hecho, no dejamos de aprender hasta el día de nuestra muerte. Si ponemos empeño, podemos cambiar. Siempre podemos ser mejores. Piensa en tus hijos y en lo importantes que son para ti. Por ellos vale la pena el esfuerzo.

IDENTIFICAR Y COMPARTIR TU OBJETIVO. Elige una sola cosa cada vez, no todo al mismo tiempo. Te aconsejo que empieces por el comportamiento que más impacto tiene sobre tu hijo o hija. A lo mejor necesitas ser más paciente cuando está preparándose para ir a la escuela. Puede que necesites empezar a hacer ejercicio y mostrar a tu hija el poder de los hábitos saludables. O quizá quieras arreglar la relación con tu madre y, al hacerlo, enseñar a tu hijo una profunda lección sobre el perdón. Sea lo que sea, comparte el objetivo con tu hijo. Puedes decir algo como: «Mi objetivo es tener más paciencia contigo por la mañana. ¿Me ayudarás a averiguar qué es lo primero que debo tener en cuenta? ¿Qué es lo que más te preocupa a ti? ¿Por qué las mañanas son tan difíciles para nosotros?». Esto te presenta como una persona vulnerable y preocupada, y sin duda captará la atención de tu hijo. Es una oportunidad para que vean que mamá y papá son personas reales, con esperanzas, sueños, fallos e imperfecciones. Y casi todos los niños quieren ayudar a sus padres. Sophie, la hija de Anne, siempre plantea excelentes sugerencias a pesar de que solo tiene siete años. Dice cosas como: «Mamá, puedes dejarme hacer más cosas sola con mis amigos» o «Los niños saben lo que quieren hacer. Tú solo tienes que dejar que lo hagan». Explica que todo el mundo quiere ser mejor, y que tú también lo quieres como padre. Di también por qué quieres hacer un cambio. ¿Qué es lo que quieres enseñar a tu hijo, qué lecciones quieres impartir? ¿Y por qué es tan importante para ti? ¿Por qué intentar lograr ese objetivo? ¿Por qué precisamente ahora?

SER FLEXIBLE EN TU BÚSQUEDA DE UNA SOLUCIÓN.
Así que tenías la mejor de las intenciones, pero has vuelto a
perder la paciencia con tu hijo. Has trabajado horas extras y
no has ido a practicar deporte con tu hija como habías pro-
metido. Las cosas con tu madre son aún más difíciles de lo
que creías. No pasa nada. Como tantas otras cuestiones, los
cambios de conducta pueden no funcionar a la primera. Pero
eso no es motivo para abandonar tu objetivo. Cambiar nuestro comportamiento como adultos se parece mucho a escribir. Primero tienes que trazar un esquema para hacerte una
idea de lo que quieres decir. Luego tienes que repasarlo una y
otra vez para encontrar problemas de concordancia y errores
lógicos. Te sentirás mucho más tranquilo si no esperas obtener la perfección nada más empezar. Ten claro el objetivo,
pero sé flexible. Puede que la estrategia que hayas diseñado
no funcione. ¿Por qué no? ¿Cuál es el problema? ¿Cómo se
puede resolver y seguir adelante? ¿Hay alguna solución creativa en la que no hayas pensado? ¿Pueden ayudarte tus hijos
en la resolución? ¿Pueden tener un papel importante en el
proceso? Quizá la víspera de un día de escuela, tu hijo puede
preparar la ropa que quiera llevar, o puedes decirle que te
recuerde que inspires profundamente cuando se esté retra-
sando unos minutos. No tengas miedo de recurrir a la ayuda
y apoyo de tu hijo. Al hacerlo, estás demostrándole que realmente se necesita determinación para cambiar. Y no olvides
llevar un diario de tus progresos para poder mirar atrás y ver
cuántos cambios has conseguido llevar a cabo. Un registro
por escrito te mantendrá motivado y comprometido, y el hecho de escribir puede generar más ideas para hacer revisiones
inteligentes de tu plan.

La conducta más importante que muestras a tus hijos

En mi opinión, la aptitud vital más importante que mostramos a nuestros hijos es nuestra capacidad para mantener relaciones funcionales con otras personas. La felicidad de la que disfrutamos en la vida la determina la calidad de nuestras relaciones. Quizá sea esto, más que cualquier otra cosa, lo que prepara a nuestros hijos para el éxito o el fracaso como adultos. Para muchos de nosotros, nuestra relación más significativa es con nuestra pareja o compañero. Pero, actualmente, no todo el mundo tiene un compañero a largo plazo o se adapta a las definiciones tradicionales de familia. Si eres viudo o madre soltera por elección o por circunstancias, sirve la misma idea. La calidad de tus relaciones interpersonales (con amigos, miembros de la familia, colegas y otras personas que pueden cuidar a tus hijos) influirá profundamente en las relaciones que tus hijos forjen en su propia vida. Observándote, tu hijo aprende cómo funciona el mundo, cómo se relacionan las personas y cómo se resuelven los conflictos. Si en tu vida tienes relaciones agrias, tus hijos sufrirán las consecuencias. Pero si te relacionas positivamente con tu pareja, compañero, colegas y amigos, darás a tus hijos la mejor de las oportunidades para tener una vida feliz y satisfactoria.

Yo soy la primera en reconocer que las asociaciones a largo plazo no son tarea fácil. Nadie que haya estado casado durante cincuenta y cinco años ha dejado de pasar por situaciones complicadas. Mi matrimonio con Stan es aún una obra inacabada; con eso quiero decir que trabajamos en la relación todos y cada uno de los días. Cuando criábamos a nuestras hijas, nos peleábamos; sobre religión (Stan es católico, yo soy judía); sobre estilos de crianza de los hijos (por naturaleza, Stan es más estricto; yo, en cambio, era más colaborativa); y sobre el tiempo que teníamos que pasar separados por el trabajo de Stan. Pero estábamos comprometidos el uno con el otro, y nuestro objetivo era el mismo: proporcionar a nuestras hijas un hogar con amor. Quizá no fuese perfecto, pero era un buen hogar, y construimos una buena vida para nuestras hijas. En cuanto a nuestro matrimonio, tampoco es perfecto. Pero nos queremos y estamos dedicados el uno al otro. No hay matrimonio perfecto. Las historias de amor de Hollywood solo existen en las películas. Eso es algo que los jóvenes tienen que comprender. Nos engañamos pensando que existe «la persona perfecta para nosotros» o que «el amor lo soluciona todo». La vida real no funciona así.

El matrimonio es un toma y daca. Esto puede sonar muy básico, pero vale la pena repetirlo. En un matrimonio, ambos cónyuges tienen que sacrificar algo. Es una colaboración, no una competición. No se debe llevar la cuenta: yo gané aquella discusión sobre el lavavajillas, pero él gastó más dinero común el mes pasado. A veces, uno dará más que el otro, pero puede que el año próximo la situación se invierta. Si estás llevando constantemente la cuenta, perderás la perspectiva de tu objetivo, que es llevarse bien y criar a los hijos en un entorno de amor.

Pero el matrimonio también es una forma increíble de vivir una vida satisfactoria. Stan y yo compartimos más de cincuenta años de recuerdos: personas que hemos conocido, viajes que hemos hecho, errores que hemos cometido, ideas ridículas que hemos tenido. Podemos sentarnos juntos a pasar páginas de más de un centenar de álbumes de fotos que documentan nuestras vidas. No sería lo mismo con un compañero de cinco o diez años; hemos acumulado mucha vida y mucha experiencia, y lo hemos hecho juntos. Tenemos recuerdos de los primeros tiempos, paseando por Berkeley en la Vespa de Stan o en el primer coche que compramos (un Volkswagen Escarabajo tan pequeño que, cuando me lastimé la rodilla esquiando, no podía meter la pierna). Recorrimos Europa, Stan conduciendo y yo haciendo de copiloto, a pesar de que en general no tenía ni idea de dónde estábamos (¡a veces era culpa de Stan, porque conduciendo sin parar nos salíamos del mapa!). Y luego está la familia que creamos con nuestras chicas, viéndolas crecer, y viendo más tarde cómo la familia crecía con diez preciosos nietos. ¿Con quién más puedo hablar de todo esto? ¿Quién puede rellenar los huecos de mi propia memoria? Nadie. Se me hace insoportable pensar cómo me sentiría si desterrara a Stan de mi vida. Ambos perderíamos mucho. Los caminos vitales de ambos se disolverían.

Pero son muchas las relaciones que terminan. Lo he visto en amigos y familiares, y estoy segura de que tú también. A juzgar por todos los años que he vivido y todas las relaciones que he observado (matrimonios, amistades y relaciones paterno-filiales), puedo decirte que no hay relación que funcione sin los principios TRICK. Podemos ver cómo se deterioran estos valores fundamentales en todo tipo de relaciones, pero sobre todo en los matrimonios. Cuando las parejas se separan, no siempre es por el bombazo en el que todo el mundo piensa: infidelidad. A veces sí lo es, pero la infidelidad suele suceder porque falta TRICK. Hay muchas otras razones por las que las relaciones fracasan: desacuerdo en los objetivos comunes, necesidades sexuales distintas o distanciamiento mutuo. Pero todas ellas son resultado de la ausencia de estos valores humanos básicos.

FALTA DE CONFIANZA. En el momento en que dejas de confiar en tu compañero, la relación empieza a desmoronarse. Pero ¿te ha dado alguna razón para que sientas celos o sospeches? Si no es así, es necesario confiar en que ambos sienten que quieren lo mejor para el otro. Hay que tener confianza en el compromiso mutuo. Si hay un problema, resolvedlo. Recuerda que una confianza rota se puede arreglar.

FALTA DE RESPETO Y AMOR. La principal causa de divorcio es la pérdida del respeto; y, una vez que se ha perdido el respeto, es complicado recuperarlo. Respetar a una persona significa valorarla y admirarla. Tú eres su principal apoyo en todas las situaciones. Si ha cometido un error, no le des la espalda de repente. Cuando hay un problema, primero trata de entender lo que pasa y concédele siempre el beneficio de la duda antes de acusarla. No saques conclusiones precipitadas; dale la oportunidad de que se explique.

FALTA DE INDEPENDENCIA Y PRIVACIDAD. Los adultos necesitan cierta privacidad, incluso si están casados. Una de las falacias del matrimonio es que tienen que hacerlo siempre todo juntos. De hecho, las personas necesitan un poco de espacio propio e independencia. Un exceso de convivencia puede resultar negativo. Yo he estado casada más de medio siglo, y hace tiempo me di cuenta de que no es necesario que mi marido y yo lo hagamos todo juntos. Podemos ir a cenar con amigos, e incluso viajar con amigos, sin nuestra pareja. Muchas personas se preguntan si es una buena idea. Yo creo que sí lo es. Desde luego, mi esposo y yo pasamos mucho tiempo juntos, pero tenemos la libertad de actuar de forma independiente si así lo deseamos. También concedemos privacidad al otro, pero eso no significa que guardemos secretos importantes, sino que valoramos cierta autonomía y libertad.

FALTA DE COLABORACIÓN Y COMUNICACIÓN. Las relaciones que implican hijos requieren una gran dosis de colaboración, en especial en lo referente a la forma de cuidarlos. Vivir juntos es sobre todo una colaboración, pero a veces las personas se enfadan tanto que dejan de colaborar. Aplican el castigo del silencio, que evita la discusión, la resolución y la continuidad de la comunicación. Una de las peores cosas que puede hacer una pareja es acostarse enfadados. No solo no resuelven sus diferencias, sino que además no pueden dormir bien. Muchas personas, a pesar de que conocen esta regla, no la respetan. Un exceso de recuerdos negativos de este tipo, sin perdón, supone el principio del fin. Las líneas de comunicación se han roto, y nadie quiere disculparse ni aceptar una disculpa. Estos son también los motivos que hacen que amistades y relaciones entre padres e hijos se rompan. Sea cual sea la edad, las causas son las mismas.

FALTA DE AMABILIDAD. FALTA DE PERDÓN. La amabilidad debería ser un hábito cotidiano en las relaciones. Sonreír, ayudar a llevar bolsas de la compra pesadas, abrir la puerta o cocinar la comida favorita de tu pareja son actos elementales de educación. Pero, si son tan importantes, ¿por qué tendemos a no dar importancia a las personas más próximas a nosotros cuando se trata de las cosas más básicas? Supongo que es porque la vida es muy ajetreada, así que, ¿quién tiene tiempo de ser amable? ¿Y el perdón? Si no eres capaz de perdonar, olvídate de tener cualquier clase de relación. El perdón significa ser humilde. Significa olvidar el rencor. Significa valorar la relación y la familia por encima de un pequeño desacuerdo, o incluso de una gran discusión. Al final, ¿qué es más importante?

Aunque tu pareja y tú pongáis todo vuestro empeño en mantener vivos los elementos TRICK en vuestra relación, los hijos la pondrán a prueba. En un estudio longitudinal de ocho años se descubrió que los padres presentaban un «súbito deterioro» en su matrimonio, más drástico que en las parejas que no tenían hijos, y que esta tensión persistía durante toda la duración del estudio.[17] Incluso las mejores relaciones se ven puestas a prueba. Pero investigaciones adicionales han mostrado que los programas de intervención y los talleres de parejas pueden ayudar a los padres a afrontar las presiones de gestionar una familia. En otras palabras, puedes solucionarlo siempre que tengas la voluntad de hacerlo.

Pero no parece que muchos de nosotros la tengamos: en nuestros tiempos, son numerosos los niños cuyos padres están divorciados. Es una epidemia. Cuando yo era niña, el divorcio era algo muy poco habitual. Pero hoy en día la media nacional es de aproximadamente uno de cada dos. Esto me lleva a preguntarme si realmente damos algún valor a nuestros votos matrimoniales. Las personas hacen una promesa, pero no se preparan para la importante disrupción causada por los hijos. Entonces dejan de verlo claro y llegan a la conclusión de que la única respuesta posible es la separación. Pero ¿es eso lo mejor para la colaboración mutua? Y lo que es más importante, ¿es lo mejor para los hijos?

He sido testigo del dolor continuo que puede producir un divorcio. En Silicon Valley parece algo generalizado; la riqueza súbita agrava el problema. Por eso muchos de los niños pertenecientes a familias de padres divorciados padecen estrés psicológico. Según los expertos, los niños más jóvenes se ven afectados negativamente porque aún están muy unidos a sus padres, y los adolescentes, que ya están en una etapa de rebelión, suelen sentirse traicionados, lo cual contribuye a separarlos aún más. En un análisis publicado en el año 2014 de tres décadas de investigación sobre estructura familiar y bienestar de los niños, la doctora Jane Anderson llega a la conclusión de que, con la excepción de las relaciones abusivas, «a los niños les va mejor si los padres se esfuerzan en salvar su matrimonio».[18] Son docenas los estudios que señalan los efectos adversos del divorcio, como la reducción del tiempo pasado con cada uno de los padres, la pérdida de seguridad económica y emocional, la reducción en el desarrollo social y psicológico, un desarrollo cognitivo y académico deficiente y un empobrecimiento de la salud psíquica. Es interesante señalar que investigaciones adicionales han detectado estos mismos efectos en los miembros de la pareja. Esto debería preocuparnos, a pesar de que hay otros investigadores que afirman que los efectos negativos del divorcio que experimentan los niños no suelen ser de larga duración. También afirman que no es el propio acto del divorcio el que daña a los niños, sino la exposición a niveles altos de conflicto entre los padres durante el divorcio y después de este. No soy socióloga, pero no sé si estoy muy de acuerdo con esos investigadores.

No he visto muchos divorcios que a los niños les hayan parecido bien; de hecho, he visto divorcios que han destruido la motivación vital de un niño. He visto divorcios que han provocado una depresión prolongada. He visto a estudiantes de instituto derrumbarse cuando se enteran de que sus padres se van a divorciar. Se ven sumergidos de repente en una situación en la que les falta su madre o su padre. Actualmente, muchas parejas tienen custodia compartida, lo que significa que los hijos van de una casa a la otra, y sobre sus hombros cae la carga de tener que trasladarse cada pocos días o semanas. A algunos jóvenes, la escuela deja de importarles y empiezan a tener relaciones disfuncionales. Buscan apoyo y un grupo que se preocupe por ellos. Buscan estabilidad. También he visto una ira y un conflicto increíbles entre parejas que se divorcian. El divorcio parece poner de manifiesto la peor y más vengativa naturaleza de las personas. Es como si quisiéramos ser tan desagradables que la otra persona (a la que quisimos una vez) quedase completamente destrozada.

Y este es el modelo que ofrecemos a nuestros hijos: cómo vivir una vida airada. Son muchas las cosas que nos provocan cólera. Es algo muy común. El punto esencial es cómo recuperarse de esas crisis, y el hecho de guardar o no rencor. A veces las crisis son de poca importancia; otras, en cambio, son grandes. En uno u otro caso, ¿qué lección quieres que aprenda tu hijo? El divorcio muestra a los niños que, en la vida, ninguna relación dura para siempre; no se puede confiar en ninguna relación. Es un mensaje triste y aterrador para muchos, sobre todo para los más jóvenes. El divorcio también enseña a los niños que si hay algo que no te gusta, puedes huir en lugar de quedarte y resolver el problema. Vivimos en una sociedad en la que todo sucede con rapidez, en la que la información viaja a la velocidad de la luz, en la que la principal fuente de noticias nos llega en forma de mensajes de ciento cuarenta caracteres o menos; y todo esto afecta a nuestra buena disposición para soportar los tiempos difíciles. Estamos perdiendo el *grit*, y eso influye en nuestra capacidad para enfrentarnos a los desafíos de las relaciones a largo plazo.

Entonces ¿qué es lo que recomiendo? Evita el divorcio siempre que sea posible (excepto en casos de abuso, adicción intratable o violencia). Sé que esto puede resultar polémico para algunas personas, pero lo digo de corazón. En algún momento has querido lo bastante a tu pareja para casarte con ella. Quizá aún podéis comportaros civilizadamente el uno con el otro y arreglar las cosas. Ser educado no significa estar de acuerdo con todo lo que tu pareja dice o hace, pero es importante enseñar a tus hijos que podéis llevaros bien a pesar de los desacuerdos, que cuando una relación se rompe, es posible recomponerla. Todo, absolutamente todo, puede perdonarse, incluso la infidelidad. Como dice la psicóloga y escritora superventas Esther Perel, el divorcio no es algo que deba hacerse con prisas: «La prisa por divorciarse no deja lugar al error, a la fragilidad humana. Tampoco deja lugar a la reparación, a la resiliencia y a la recuperación. En estos tiempos, la infidelidad abunda, y también los estigmas. Una mujer es una zorra por tener un lío. Un hombre es débil por quedarse con ella. Al final, la cosa depende de la pareja, de nadie más. Deben prestar atención a lo que piensan, escuchar sus corazones y no dejarse influir por sus amigos». Y tener en cuenta las consecuencias. Si hay niños implicados, piénsatelo dos veces. Y no son solo los niños los que sufren el descalabro. Es toda la familia, las relaciones sociales, los nietos. Un divorcio es algo que se arrastra durante generaciones. Su efecto abarca años enteros de tu vida. Vuelve a reflexionar y pregúntate si vale la pena pagar este abuso de confianza, esta interrupción de la comunicación, con una vida de alienación y discordia, una vida que afecta a tu propia felicidad y a la de tus hijos. El dolor no desaparece después del divorcio. En muchos casos, se intensifica. Es mejor recomponer y perdonar. Se puede evitar mucha infelicidad a muchas personas. Por supuesto, soy consciente de que no siempre es posible arreglar las cosas. Mi hija Anne pasó por un divorcio muy público. Cuando me dijo que tenía problemas en su matrimonio, yo la animé a tratar de resolverlos. Tanto ella como su compañero lo intentaron, pero fue imposible salvar la relación. Era el momento de dejarla atrás y concentrarse en que la situación afectase lo menos posible a los niños.

Si ya te has divorciado, o si tienes una relación pésima con tu anterior pareja, no es demasiado tarde para empezar a colaborar, a cooperar. Deja claro que lo que quieres es mejorar la vida de los niños y, en consecuencia, las vuestras. Es mucho más fácil abandonar la ira y mirar adelante, hacia un futuro positivo. Eso no significa volver a establecer la relación; significa llevarse bien. Tu antigua pareja quiere lo mismo que tú: niños felices, sanos y prósperos. Eso es algo en lo que ambos podéis poneros de acuerdo dejando de lado los conflictos. Generalmente, los conflictos surgen de la forma que tenemos de conseguir esto. Sé un modelo de las habilidades de colaboración y negociación que quieres que tus hijos adquieran. Todo el mundo será más feliz y tú les estarás enseñando aptitudes que podrán utilizar en su vida adulta. Y si has alcanzado un punto en el que la colaboración ya no es posible, sé amable contigo mismo, perdónate y sigue adelante. Esa es también una habilidad importante en la que ser un modelo para tus hijos: seguir adelante en la vida y ser optimista al enfrentarse a momentos realmente difíciles.

Es importante que los niños sepan que las personas cambian y que el cambio es simplemente una parte de la vida, a veces de formas completamente inesperadas. Algunas personas cambian tanto que no es posible reconocerlas. Quieren una vida distinta. Los cambios que pueden producirse son muchos y variados: enfermedades, accidentes, problemas económicos... Casi siempre puedes afrontar esos cambios con tu pareja; pero, si no es así, siempre hay maneras sensatas de abordarlos. Eso es lo primero que tienes que enseñar a tus hijos, el primer modelo que debes mostrarles. Pase lo que pase, siempre se puede encontrar una buena forma de abordar y resolver el problema. Todos tenemos opciones: estar deprimido o ser optimista; y yo elijo ser optimista y activista. Lleva a cabo los pasos necesarios para sentirte mejor y hacer planes para el futuro. La alternativa no lleva a ninguna parte. Yo creo que las cosas irán a mejor, que las personas serán más amables y que, en general, los seres humanos son fundamentalmente buenos; parece que basta con creerlo para que suceda.

Como dato positivo, los índices de divorcio en Estados

Unidos han caído entre 2008 y 2015, y recientemente han alcanzado su mínimo en cuarenta años, según el Centro Nacional para la Investigación sobre Familia y Matrimonio. Son más las personas conscientes de la importancia de resolver los problemas en beneficio de los hijos y de su felicidad a largo plazo. El descenso en los índices de divorcio se puede atribuir a diversos factores, como la tendencia a casarse más tarde, la vida en común antes del matrimonio y (gracias al feminismo) la posibilidad de casarse por amor y no por sostén económico. Las personas que encuentran pareja en páginas web de citas también tienden a tener índices de divorcio más bajos. Quizá es porque buscan personas con intereses y experiencias similares.

Hay muchas lecciones que aprender sobre cómo ser padres y cómo relacionarse. Algunas son difíciles, qué duda cabe, pero todas constituyen una oportunidad para mejorar nuestras vidas y para ser mejores modelos para nuestros hijos. Todos somos capaces de cambiar positivamente. Solo debemos tener la voluntad de hacerlo.

AMABILIDAD

8

Amabilidad: practícala. Es contagiosa

Preocuparse por alguien es ser bueno con él; ese es mi mantra. En otoño de 2002 recibí una llamada del médico de mi madre para comunicarme que la habían ingresado en el hospital. Tenía noventa y un años y hacía tiempo que estaba enferma y no podía caminar. Recientemente había sufrido infecciones de las vías urinarias y necesitaba ser tratada con antibióticos de manera constante. Yo estaba muy preocupada, así que tomé un avión para ir a verla al hospital Eisenhower de Palm Desert, California. Recuerdo que parecía minúscula en aquella gran cama de hospital, pero estaba muy feliz de verme. Mi madre siempre lucía una bonita sonrisa.

No parecía que pudieran hacer demasiado por ella. El médico sugirió trasladarla a una residencia de ancianos con un ala de paliativos, es decir, una zona de cuidados para enfermos considerados terminales. «Cuidan de los pacientes, pero no hacen ninguna intervención médica drástica», nos explicó. Parecía la decisión correcta para una persona de más de noventa años. Me prometió que cuidarían bien de ella.

Una vez instalada mi madre en la residencia, volví a casa. Unas semanas más tarde, mi hija Anne decidió visitarla. Anne siempre había tenido una relación especial con mi madre. Después de la universidad, viajó a Krasnoiarsk, Siberia, y fue a la ciudad natal de mi madre para verla personalmente. Mis otras hijas también le tenían mucho cariño. ¿Cómo no se lo iban a tener? Era la persona más amable y bondadosa que he conocido nunca.

Siempre he incluido a mi madre en todo lo que he podido, pero no ha sido fácil. No podía viajar a causa de su esclerosis múltiple, que le afectaba sobre todo las piernas. Primero utilizó un bastón; luego, un andador; finalmente, ya no podía caminar. Anne, Susan y Janet visitaban a mi madre al menos una vez al año en Palm Desert, donde vivía con mi hermano Lee. Iban de paseo todas juntas en un carrito de golf. Sabían que su abuela no estaba bien. Pasaban con ella todo el tiempo que podían, le escribían cartas y la llamaban cuando no estaban con ella. Yo traté de enseñar a mis hijas que fuesen afectuosas y amables con todas las personas, sobre todo las ancianas. Les inculcaba que todas y cada una de las personas, sean quienes fueren, eran importantes, y yo misma mostraba esa conducta como modelo: no me limitaba a decirlo.

Cuando Anne entró en la residencia, lo que vio fue todo lo contrario de amabilidad. Oyó a diversos pacientes gritando y gimiendo. En los hospitales, las personas normalmente no gritan. Algo pasaba. Enseguida se puso a buscar a su abuela. Entonces se dio cuenta de que uno de los pacientes con dificultades era precisamente ella. Anne no pudo encontrar a ninguna enfermera. Y cuando lo logró, no le hicieron caso. Ninguno de los empleados parecía preocupado (por suerte, casi todos los lugares donde se administran cuidados paliativos no son así; simplemente, tuvimos una mala experiencia).

A Anne aquello no le pareció bien: nadie iba a tratar así a su abuela. Se puso manos a la obra. Llamó a una ambulancia, que llegó en seis minutos. Les dijo que su abuela estaba a punto de morir y que tenían que trasladarla de nuevo al hospital Eisenhower, que estaba completamente deshidratada y que necesitaba cuidados urgentes. El personal de enfermería observó estupefacto todo el proceso. Vieron cómo se llevaban a mi madre en camilla sin decir ni una palabra. «Me parece increíble que llamen "cuidados" a esto», dijo Anne. «No están cuidando correctamente a sus pacientes.» Y se fue con la ambulancia.

En el hospital le pusieron a mi madre una vía intravenosa para reponer los fluidos y le dieron algo de comer. Al parecer, no había comido ni bebido agua durante horas. No era de extrañar que actuase de forma incoherente. Empezó a recuperar algo las fuerzas, cosa que era esperanzadora, pero Anne sabía por su trabajo en urgencias del hospital General de San Francisco que aún se podía hacer más por ella. Llegó a la conclusión de que necesitaba otros médicos que examinaran el caso, de manera que encontró a dos y se deshizo del que había enviado a su abuela a la residencia. Los nuevos le cambiaron la medicación, y al cabo de dos días la mejoría era espectacular. Estaba alerta y hablaba.

La gran pregunta era cómo íbamos a cuidarla cuando le diesen el alta. ¿Cómo podíamos estar seguros de que no iba a pasar lo mismo otra vez? Nosotros vivíamos en el Área de la Bahía y era difícil supervisar la situación a cientos de kilómetros de distancia. Mi madre necesitaba que un miembro de la familia vigilase que la cuidaran bien. No podía defenderse por sí misma.

Anne, siempre creativa, trazó un plan. Teníamos que trasladar a mi madre, pero el coste de una ambulancia era prohibitivo, así que decidió que la llevaríamos conduciendo nosotros, con la vía intravenosa y otras medicaciones. En el hospital se quedaron de piedra.

—¿Van a trasladar a una paciente ochocientos kilómetros y no van a hacerlo en ambulancia? Es peligroso.

—Bueno, no es tan peligroso como dejarla con personas a quienes no les importa —respondió Anne.

Ideó una forma de hacerlo, se hizo responsable de las medicaciones y alquiló una furgoneta y una camilla. Al cabo de unos días, a las cinco de la mañana, entramos en la Interestatal 5 y llevamos a mi madre desde Palm Desert hasta el Área de la Bahía, concretamente a una residencia en Los Altos. Tardamos ocho horas, pero mi madre se encontró bien todo el camino. Yo había llamado con antelación para saber si aceptarían a mi madre, y me dijeron que sí a pesar de que tenían lista de espera. El dramatismo de la historia los afectó.

La nueva residencia de Los Altos resultó ser un lugar estupendo. Tenían actividades diarias, fisioterapia y una hora de interacción social, y atendían bien a los pacientes. La familia al completo celebró el día de Acción de Gracias con ella en la residencia, un precioso recuerdo que nunca habríamos tenido si Anne no hubiese intervenido. Mi madre vivió dos años más antes de fallecer a los noventa y tres.

La amabilidad, la compasión y la perseverancia de Anne le salvaron la vida a mi madre. Se inventó esta imaginativa forma de salvar a su abuela, y se tomó dos semanas libres de su trabajo para llevarla a cabo. La amabilidad forma parte del carácter de Anne. No se limita a hablar sobre ella o pensar en ella: la demuestra. De niña era muy cariñosa, siempre socialmente despierta, siempre preocupada por el gato más pequeño de la camada, o el perro con la pata rota o los niños que parecían no tener amigos. En el jardín de infancia, cuando le preguntaron por qué daba gracias, escribió: «Doy gracias por tener a Kenji», su amigo. También es una madre muy afectuosa. La empatía y la amabilidad siempre han formado parte de mi manera de ver el mundo. Muchos años después me di cuenta de que, de forma involuntaria, estaba enseñando a mis hijas a tener empatía, gratitud y capacidad de perdonar a través de la forma en que me comportaba, los libros que elegía para ellas y los programas de televisión que les recomendaba. Quizá también tuviera algo que ver con mi infancia y con haber escuchado tantas historias de mis padres acerca de sus dificultades, de sobrevivir a los pogromos en Rusia, o quizá con la pérdida de mi hermano David. Sea cual fuere la razón, formaba parte de mi vida: la calidez, el interés mutuo y la empatía eran una forma de vida.

Anne se tomó muy en serio todas esas lecciones, pero no fue la única. Susan y Janet también lo hicieron. Después de la universidad, todas encontraron trabajo en algo que hiciese que el mundo fuera un lugar mejor. Susan fue a India; Janet, a Sudáfrica. Lo hicieron por su cuenta, sin que yo se lo sugiriese. Durante la universidad, Anne fue voluntaria en la sala de urgencias de un hospital local, y la impactaron los problemas de los pacientes. Aquello hizo que quisiera seguir con el voluntariado. Los pacientes no podían protegerse a sí mismos porque estaban demasiado enfermos, y eso significaba que, con frecuencia, no recibían el tratamiento adecuado. Más adelante trabajó en el hospital General de San Francisco y en el hospital de Stanford, pensando que quería ser médico. Finalmente concluyó que su trabajo tendría una mayor repercusión si hacía algo que no la confinase a una consulta. Primero quiso establecer un servicio de protección para asistir a los pacientes que estaban demasiado enfermos para ello. Se dio cuenta de que había una verdadera falta de amabilidad y de interés. No era que a los médicos y a las enfermeras no les importasen los pacientes, sino más bien que iban sobrecargados de trabajo y simplemente no tenían tiempo. Trabajaban en medicina para ser buenos con las personas, pero sus horarios extenuantes no se lo permitían. Es uno de los principales problemas de nuestros días.

En lugar de crear un servicio de defensa del paciente, Anne fue más allá. Hizo algo que iba a tener un mayor impacto para pacientes de todo el mundo: fundar una empresa que ponía en manos de las personas su propio ADN, los bloques de construcción de su cuerpo. La comprensión de tu ADN es la clave para entender tu salud y la forma de prevenir enfermedades. Como cofundadora y directora general de 23andMe, Anne ofrece a millones de personas acceso a la información sobre su propia salud basándose en la convicción de que uno es el más interesado en su propia salud. Y sigue luchando para que todas las personas disfruten de los mejores cuidados. Estaba muy preocupada por una persona determinada, su exsuegra, Genia Brin, que sufre la enfermedad de Parkinson. Una de las primeras acciones de Anne fue aunar fuerzas con la Fundación Michael J. Fox para estudiar la enfermedad y encontrar tratamientos. La empresa ha publicado recientemente el mayor metaanálisis de la enfermedad de Parkinson hasta la fecha.

Hay una pregunta que me ronda: ¿aprenden actualmente los niños a ser amables? ¿Cuál es nuestro modelo nacional, cuando a diario leen historias sobre redadas del Departamento de Inmigración, sobre bebés y niños separados de sus padres, sobre inmigrantes bloqueados en la frontera durante días enteros? Espero que todos los padres, sean cuales sean sus opiniones políticas, sientan empatía por los inmigrantes y hablen de ello con sus hijos. Pero diversos estudios indican que no es así. Cuando investigadores de la Escuela de Posgrado en Educación de Harvard encuestaron a diez mil niños para el proyecto Making Caring Common, una iniciativa para hacer que los niños sean más amables y se preocupen más por la comunidad, descubrieron que para el 80 % la máxima prioridad era el éxito o la felicidad. Solo el 20 % respondió «ser solidario con otras personas». Este estudio también reveló que «es tres veces más probable que los jóvenes estén de acuerdo con la siguiente afirmación que en desacuerdo con ella: "Mis padres están más orgullosos de mí si saco buenas notas que si soy un miembro solidario de la comunidad"». No es muy alentador. Otro estudio de la Universidad de Michigan observó una brusca caída de la empatía en los estudiantes universitarios estadounidenses a partir del año 2000.[19] Uno de mis colegas profesores vio algo similar cuando hizo una encuesta informal entre sus estudiantes en una escuela pública de Estados Unidos. Pidió a los niños que levantasen la mano si experimentaban TRICK en sus clases. Empezando por la confianza, la mayor parte de los niños levantaron la mano; buena señal. Respeto e independencia: más o menos la mitad. Dos tercios de los niños dijeron que habían experimentado colaboración. Pero, al preguntarles por la amabilidad, nadie levantó la mano.

Somos víctimas del estilo de crianza dominante (los hiperpadres), que no da ninguna importancia a la amabilidad. Son demasiados los padres que están centrados en el triunfo. Nuestro principal objetivo es que nuestros hijos tengan éxito, y nuestro principal miedo es que no puedan tenerlo sin nuestra ayuda. Estamos convencidos de que, si no son perfectos, fracasarán en la vida, lo cual es malo para ellos, pero aún peor para nuestros temores e inseguridades. Cuando ellos fracasan, nosotros fracasamos también, y no podemos permitir que eso suceda. La amabilidad ha desaparecido de nuestros objetivos como padres. En su charla conmigo en Puebla, México, Amy Chua, Madre Tigre, dijo incluso que nunca pensaba en la amabilidad o en la felicidad. Lo que quería era que sus hijas fuesen las número uno.

Sin embargo, al centrarnos en el éxito y la perfección individuales, estamos pagando un alto precio. Sin darnos cuenta, estamos criando niños narcisistas y faltos de amabilidad y empatía. No es nuestra intención hacerlo, pero eso es lo que está sucediendo. No tienen tiempo para pensar en otros: están demasiado ocupados en obtener resultados. Si no sobresalen, puede que no reciban de ti, el padre o la madre, el amor y la aceptación que necesitan. ¿Qué tiene eso que ver con la amabilidad? De manera que vuelcan toda su energía en el éxito, lo que puede producir notas perfectas, pero no hace nada para mejorar su independencia y su sentido de empoderamiento, por no hablar de la amabilidad hacia los demás. Y, finalmente, nuestros hijos terminan siendo personas consentidas y obsesionadas consigo mismas en una sociedad que valora el logro individual por encima de casi todo.

La amabilidad no tiene ningún papel en este tipo de crianza o sociedad. Creo que es porque la amabilidad tiene mala fama: a menudo se percibe como debilidad. La opinión general es que, cuando eres amable, la gente te pisotea. Lo he oído muchas veces en mis décadas como profesora que intenta trabajar con sus estudiantes, no hacerles de policía. Cuando dirigía el departamento de Lengua Inglesa en el instituto Palo Alto, al menos la mitad de los profesores cuestionaban mi forma de tratar a los estudiantes. No les gustaban mis «castigos», en los que trataba de comprender la trayectoria de los estudiantes y darles una segunda oportunidad. Mis colegas siempre me decían: «Te están pisoteando. Volverán a incumplir las reglas. ¿Sabes lo que eres? Una blanda». No se daban cuenta de que la amabilidad produce resultados. Hace que tu vida sea mejor al mejorar las vidas de las personas que te rodean. Lo que digo no es que no haya que tener criterio cuando alguien te pide ayuda. Claro que algunas personas están decididas a tratar de manipularte, pero en general se puede percibir cuándo una persona tiene motivos ulteriores (es excesivamente atenta, pide una gran cantidad de dinero, lo que promete parece demasiado bueno para ser verdad). En el mundo hay malas personas, pero eso no debe impedir que intentemos hacer del mundo un lugar mejor. Solo debemos ser cautelosos.

Algunos padres de mis estudiantes tienen la misma actitud sobre los profesores. ¿Cómo va a ayudar la amabilidad a que mi hijo entre en la universidad? Recientemente me reuní con Marc Tessier-Lavigne, decano de la Universidad de Stanford, y me dijo que las cualidades que buscan en los candidatos son la amabilidad y la solidaridad con los demás. Estas son las habilidades que determinan el éxito de un estudiante, tanto en Stanford como siendo un ciudadano del mundo. Las universidades dicen que no quieren jóvenes despiadados y desagradables. Quizá hayamos caído en un sistema cruel y excesivamente competitivo en el que se premia a los estudiantes pudientes y con notas altas, pero la tendencia está cambiando. Muchas universidades están abandonando los exámenes estándar y contemplan al estudiante en su totalidad, teniendo en cuenta de qué forma pueden beneficiar sus talentos únicos a la comunidad.

La amabilidad es también esencial en el mundo de los negocios. Cuando Google realizó una encuesta interna (llamada Proyecto Oxígeno), descubrió que eran estas denominadas «habilidades blandas» (y no las habilidades STEM [ciencia, tecnología, ingeniería y matemáticas, por sus siglas en inglés]) las que separaban a los directivos de alto nivel del resto de los empleados de Google. De hecho, cuatro de las siete aptitudes directivas principales estaban directamente relacionadas con la amabilidad: mostrar empatía, tener consideración hacia los empleados como individuos con valores y puntos de vista diferentes, instruir y ofrecer comentarios útiles y debatir de forma significativa acerca del desarrollo profesional. Actualmente son muchas las empresas que valoran la amabilidad hacia empleados y clientes. Zappos es una de ellas; Whole Foods es otra. Jeff Bezos, consejero delegado de Amazon, quiere que los clientes sean felices (aunque admite sin tapujos que sus empleados se enfrentan a un entorno de trabajo exigente; no se habla precisamente de amabilidad hacia los empleados en Amazon). Hacen todo lo posible por ser amables con los clientes. Mis hijas me han enseñado de primera mano la importancia de la amabilidad en el trabajo.

Janet tiene una trayectoria similar a la de Anne en lo que se refiere a luchar por la salud y el bienestar de las personas. Ha sido testigo de cómo comunidades con pocos recursos eran diezmadas por las enfermedades crónicas, y ha querido hacer algo al respecto. Su amabilidad le ha dado acceso a personas reales en estas comunidades, a las que ha ayudado con consejos acerca de lactancia, gestión del VIH y el sida, y lucha contra la obesidad infantil y otros problemas de salud complicados.

En la vida profesional de Susan, amabilidad significa cuidar mejor de sus empleados. Una de las cosas importantes que hizo en Google fue ayudar a crear un programa de guardería. Quería que fuese un programa de primer nivel, no solo para sus hijos, sino para el máximo número de empleados posible. Sabía que los padres serían más felices y harían mejor su trabajo si los niños estaban en buenas manos. También luchó para alargar la baja de maternidad de los empleados. Cuando logró que Google estableciese una baja de maternidad pagada de ocho semanas, fue una noticia importante. Siguió trabajando durante años para mejorar esta política, y Google concede ahora una baja de maternidad pagada de dieciocho semanas para las madres y doce para los padres.

Google es un gran ejemplo de cómo las mejores empresas están dedicando esfuerzos a la amabilidad con sus empleados. Todos queremos trabajar en lugares en los que percibimos que los directivos se preocupan de verdad por nuestra salud y nuestra felicidad y sienten pasión por su proyecto. Google se toma muy en serio esta idea, y ofrece comida gratuita, lugares para hacer la siesta y un entorno de trabajo colaborativo, y por eso se la califica habitualmente como una de las mejores empresas en las que trabajar en Estados Unidos. Sus generosas políticas han motivado a otras empresas para cambiar, y han dado entrada a una nueva forma de concebir lo que significa ser un empleado.

La amabilidad aporta mucho más que la aceptación en la universidad o un buen empleo. Cuando somos buenos, las personas a nuestro alrededor son felices, y nosotros también. Todos los actos de amabilidad contienen un poco de interés propio: nos dan una sensación de paz y de sentido que no puede comprarse. Todos estamos recorriendo la vida. ¿Por qué no hacer el viaje de todos más placentero, en especial cuando estamos tan interconectados?

La epidemia de drogadicción en nuestros días nos brinda muchas oportunidades para la amabilidad. Más personas que nunca son adictas a los fármacos opiáceos, y más personas mueren por sobredosis de las que morían de sida en los peores tiempos de la epidemia. Es una tragedia a escala nacional, y buscar una solución debería ser también una prioridad nacional. ¿Y qué tiene que ver esto con la amabilidad? Los estudios muestran que lo que más necesitan los adictos es amabilidad y amor para ayudarlos a hacer frente a su dependencia y superarla. Necesitan el apoyo de personas que les importen, no solo de los terapeutas. El superventas de Johann Hari *Lost Connections* (Conexiones perdidas) trata de las causas reales de la ansiedad y la depresión, que pueden conducir a la adicción. Algunos de los factores de riesgo que cita incluyen la desconexión de otras personas, de trabajos y valores significativos, del estatus y del respeto, y de la esperanza.

Aunque todos valoramos a los terapeutas y los cuidados ofrecidos por los programas de tratamiento, otra de las soluciones que funciona es una red de apoyo de amigos y familiares. Lamentablemente, a muchas personas les cuesta encontrarla porque todos damos por supuesto que el programa de tratamiento se hará cargo del problema. Pero no es así, como vemos en las estadísticas: algunos estudios han observado que más del 85 % de las personas que reciben tratamiento por drogadicción sufren una recaída durante el primer año. Los programas de doce pasos han ayudado a muchos (y aún lo hacen), porque te enseñan a creer en ti mismo, pero esos programas necesitan mucho más soporte del mundo exterior. Uno de los motivos que lleva a las personas a tomar drogas, aunque saben que es muy malo para ellas, es paliar el dolor emocional o físico; si la familia y los amigos pueden ayudar a mitigar el dolor emocional, esto, junto con un tratamiento profesional, puede suponer una diferencia. La verdadera cura milagrosa para la adicción es la amabilidad.

He sido testigo de situaciones trágicas con adolescentes adictos a las drogas; por eso siempre doy una charla antidrogas en mis clases. Yo no la llamo así. Es una charla sobre el hecho de que el órgano más importante de nuestro cuerpo no es el corazón, sino el cerebro. Por eso llevas casco cuando conduces una moto. Por eso no es bueno hacer cosas que tengan un impacto en tu cerebro, como tomar drogas. Hay muchas otras formas de sentir emociones que no se traducen en un daño de por vida. También me aseguro de que sepan que, a pesar de que sienten que realmente tienen poder (cosa que es buena), deben recordar que su cerebro continúa desarrollándose hasta más allá de los veinte años. Prueba el *puenting*, el paracaidismo o las carreras de coches (en pista), pero olvídate de la idea de consumir drogas para sentir emociones.

Como padres, no podemos considerar la amabilidad una aptitud que suena bien pero es innecesaria. Es uno de los ejes de lo que significa criar hijos: traerlos al mundo y esperar que lo conviertan en un lugar mejor.

INCULCAR LA AMABILIDAD

La amabilidad es una forma de vida. No es algo que se practique unas cuantas veces al año, por Navidad, Acción de Gracias y el día de San Valentín. Es una actitud, y empieza por las normas elementales de educación. La educación es un reconocimiento de la presencia de otra persona. Es el antídoto perfecto para nuestra cultura de obsesión por uno mismo.

«Buenos días. ¿Qué tal estás?» Tan sencillo, pero tan eficaz. Este debería ser el saludo habitual cuando llegamos a la escuela, a la oficina o a la casa de alguien. Saluda cuando tu pareja, tus padres, tus familiares o tus amigos entren. Asegúrate de que lo hagan también tus hijos. Parece fácil, pero muchas familias no lo hacen. Mira a las personas a los ojos. El contacto visual es importante. Y no te olvides de sonreír. He aquí un dato peculiar sobre las familias: muchas personas que practican estos gestos elementales de educación fuera de su casa no lo hacen con sus propias familias. Entran por la puerta sin ni siquiera saludar. Ven a un miembro de su familia cargado con bolsas de la compra y no se ofrecen a ayudar.

Otras acciones diarias comunes incluyen ayudar a alguien a descargar el coche, sostener la puerta para que pase una madre con su bebé, asegurarse de que un anciano baje del autobús de forma segura, dejar que una persona te adelante en una calle transitada o escuchar cuando te hablan. Incluso enviar un correo de agradecimiento es un acto de amabilidad importante. Parece poca cosa (y lo es), pero marca la diferencia.

Como padres, podemos enseñar a nuestros hijos siendo nosotros mismos modelos de las normas elementales de educación y guiándolos para que las conviertan en parte de su vida cotidiana. «Gracias» debería ser una palabra habitual en casa. Yo enseñé a mis hijas a darme las gracias a mí, entre ellas y a cualquier persona que hiciese algo por ellas, ya fuese personalmente, por teléfono o por carta. Todos los niños deberían darse cuenta de que, incluso cuando son pequeños, ellos también pueden decir cosas agradables: a sus amigos, a sus padres, a los adultos de sus vidas. Todo empieza diciendo «Hola», progresa hacia el «¿Cómo estás?» y avanza hacia el hecho de escuchar activamente al otro.

La gratitud es parte de la amabilidad. Exige ser consciente de los demás, tener en cuenta de qué formas mejoran tu vida y hacer algo que muestre tu agradecimiento. A juzgar por lo que he visto, actualmente muchos niños no saben lo que es la gratitud. Quizá sea porque estamos demasiado centrados en garantizar la felicidad de nuestros hijos. Hacemos cosas por ellos continuamente, y ellos dan por hecho que lo haremos. Uno de los principales problemas a los que se enfrentan los padres de adolescentes es que se arrepienten de haber mimado a sus hijos al haberles dado demasiado. Es un problema habitual: los niños no agradecen nada porque lo esperan todo. Y quieren más. Es algo que sucede incluso en las familias con pocos recursos.

La gratitud hace feliz a todos: a quien la da y a quien la

recibe. Muchos estudios han hallado una relación entre la expresión de la gratitud y una sensación general de bienestar. Un nuevo estudio del año 2018 observó que el estado mental de gratitud aumenta los niveles de esperanza y felicidad.[20] Otro estudio publicado en *The Journal of School Psychology* descubrió que los adolescentes que indicaban mayores niveles de gratitud eran más optimistas, experimentaban una mayor satisfacción con la vida y tenían un menor riesgo de desarrollar depresión.[21] La gratitud también mejora nuestras relaciones con amigos, familiares, compañeros de trabajo y socios de empresa. Cuando estás agradecido por las personas de tu vida, esas personas quieren estar contigo. Es una herramienta verdaderamente potente, no solo para crear amabilidad, sino para hacerse mejor persona.

Para enseñar a mostrar gratitud, muéstrala tú mismo practicando la cortesía y la buena educación. Los jóvenes te están mirando. Tú eres el mejor de los maestros. Si muestras gratitud por lo que tienes, también lo harán tus hijos. Si siempre te estás quejando, puedes esperar que ellos hagan lo mismo. He aquí una lección que muchos padres deben asumir: cerciórate de que tus hijos aprecian los regalos que reciben en su cumpleaños o en Navidad. No estoy diciendo que hacer regalos sea malo. Para algunas familias, tener un montón de regalos bajo el árbol durante la Navidad puede ser un golpe de suerte, porque el año anterior no hubo dinero suficiente. En otras familias, los niños abren paquete tras paquete sin decir ni una sola vez gracias ni comprender el tiempo y el esfuerzo invertidos en comprar esos regalos. Tenemos que enseñar a nuestros hijos que, cuando alguien les hace un regalo, siempre deben estar agradecidos (aunque no les guste o ya tengan algo parecido).

Haz que los niños hablen contigo acerca de la gratitud. ¿De qué están agradecidos? La mayor parte de los niños están agradecidos por sus padres. Mis hijas estaban agradecidas por sus abuelos, y escribían regularmente a su abuelo de Polonia cartas y notas de agradecimiento (por desgracia, no le podíamos dar las gracias en persona, y tampoco podíamos llamarlo, porque no tenía teléfono). Algunas de las cartas eran bastante banales, pero las niñas compartían su vida con él. «Hoy he ido al parque y he jugado con mi amiga Jessica. Te he echado de menos.» Les escribían a mis padres y también a la madre de Stan. Siempre estaban escribiendo pequeñas notas, hubiera o no regalo. Era una forma de reconocer el esfuerzo del otro y de apreciar a todas las personas que las querían. Es necesario resucitar el arte de escribir notas de agradecimiento.

El acto mismo de escribir nos ayuda a reflexionar sobre nuestra vida y nuestras acciones. Mis hijas escribían diarios, sobre todo cuando viajábamos, y aprendieron a reflexionar y a estar agradecidas por todas sus experiencias. Yo recomiendo que cada noche, antes de irse a dormir, los niños escriban sobre lo que les ha pasado durante el día y por qué cosas están agradecidos. Es una buena forma de practicar la escritura y de pensar acerca de por qué estamos agradecidos, y también una buena manera de llevar un diario. Años después, será una lectura amena. Algunos escritos pueden ser graciosos.

«Estoy agradecido porque hoy me he encontrado una mariquita.»

«Estoy feliz de que mi hermano haya compartido su helado.»

«Estoy emocionada porque he ido a una fiesta de cumpleaños y había una casa hinchable.»

Es un ritual potente, e incluso se ha demostrado que incrementa la actividad cerebral relacionada con la gratitud. También me aseguraba de reconocer las acciones de mis hijas cuando hacían algo en casa. «Has hecho un buen trabajo ayudando a mamá a hacer la limpieza» es algo que siempre decía. «Tu habitación hoy está muy ordenada. Buen trabajo.» A pesar de que no fuera perfecto ni de lejos. Sería maravilloso si todos y cada uno de los días pudiéramos mostrar nuestro agradecimiento por lo que tenemos en la vida. Yo soy como la mayoría de las personas: no siempre tengo tiempo. La vida es ajetreada. Pero mi familia celebra el *sabbat* todos los viernes por la noche, y es el momento en el que pensamos en nuestra gratitud para toda la semana.

En la escuela les digo a los estudiantes que, cuando entrevisten a alguien para el periódico, deben comprobar dos veces la exactitud de las citas, y deben dar las gracias a cualquier persona que se haya tomado el tiempo de hablar con ellos. Siempre insistimos en dar las gracias a los anunciantes. Son multitud los negocios, grandes o pequeños, que han dado su apoyo durante años al programa de Periodismo, tanto con anuncios como con donaciones de alimentos o servicios. También les recuerdo a los estudiantes que den las gracias a sus padres por ayudar en las cenas de grupo. Cada tres semanas, los estudiantes cenan juntos tres noches seguidas durante el proceso de producción; estamos hablando de sesenta estudiantes superhambrientos. Son los padres los que ofrecen amablemente estas cenas. Te puedes imaginar el lío que se organiza. A pesar de que los estudiantes recogen su parte, sigue habiendo un montón de basura, de manera que nos aseguramos de dar las gracias a los conserjes, que son una parte importante de nuestro programa.

LA FORMA MÁS PROFUNDA DE AMABILIDAD

Cuando mis hijas eran pequeñas, teníamos una tradición navideña que consistía en comprar el árbol con el aspecto más triste que encontráramos en el «Lucky National Forest», el patio de nuestro supermercado Lucky donde vendían los árboles. Comprábamos el que nadie quería, el que siempre se quedaba por vender, y nos lo traíamos a casa y hacíamos lo posible para embellecerlo. A mis hijas les encantaba decorar los árboles. Los adornos originales eran cartones de huevos recortados que ellas mismas pintaban y decoraban con purpurina; con los años, los adornos se hicieron más sofisticados. Lo que estábamos construyendo, sin apenas darnos cuenta, era un sentido de empatía. Stan y yo estábamos enseñándolas a que mirasen más allá de ellas mismas e intentasen comprender lo que sentía otra persona (o, en este caso, un ser vivo). A los animales los cuidaban igual que lo hacían con los árboles de Navidad. Y esos patrones de conducta se extendían de forma natural a todas las personas, ya fuesen familia, amigos, un paciente cualquiera en urgencias que necesitase ayuda o una joven madre en un barrio pobre luchando para sacar adelante a su hijo.

Hay muchas actividades sencillas y agradables que sirven para enseñar empatía a los niños. En casa, los padres pueden alentar el juego simbólico. Lo único que hay que hacer es darle a un niño el principio de una historia, una prenda de ropa o un juguete, y él mismo inventará sus propios personajes, mundos y universos. Es gratis y a los niños les encanta. Cuando los niños fingen que son alguien distinto, aprenden lo que se siente al ponerse en su lugar. Los saca de sí mismos, un estado necesario para mostrar empatía. Como señalaron los investigadores sobre el desarrollo infantil Dorothy y Jerome Singer, «asumir distintos roles proporciona a los niños la oportunidad única de aprender aptitudes sociales como la comunicación, la resolución de problemas y la empatía». De manera que todas esas ropas para disfrazarse y todos esos ratos de correr por la casa haciendo lo que parecen «tonterías» ayudan realmente a los niños a aprender una habilidad muy importante.

Otra actividad útil es leerles regularmente a tus hijos, sobre todo libros que hablen de amabilidad y empatía. Todos necesitamos recordar el poder que tienen las historias. Los estudios han demostrado que leer ficción y tener en cuenta los sentimientos de los personajes ayuda a los niños a desarrollar empatía. Entre mis libros favoritos para niños están *El pez Arcoíris*, acerca de un hermoso pez que encuentra la felicidad cuando aprende a compartir; *Tikki Tikki Tembo*, en el que un chico rescata a su hermano; y *El árbol generoso*, de Shel Silverstein, una historia clásica de amor y altruismo. A los niños les encantan estos libros, porque las emociones son conocidas y es fácil empatizar con los personajes. Como pasa con el juego simbólico, se pueden imaginar a ellos mismos viviendo la vida de otro. Asegúrate de hablar sobre los personajes, sus decisiones y sus sentimientos. Stan y yo lo hacíamos todas las noches (bueno, casi todas). Les leíamos a nuestras hijas y pensábamos en la historia. Hablar de lo que habíamos leído es lo que hacíamos antes de internet. Yo no lo hacía específicamente para generar empatía. Lo hacía porque quería enseñar a mis hijas cosas acerca del mundo, otras culturas, los viajes, la historia. Pero tenía un beneficio añadido.

Otro consejo para las familias: tened una mascota. Las mascotas son una forma fantástica de enseñar compasión (y responsabilidad). Nosotros teníamos varias: una golden retriever llamada Truffle, dos gatos y tres ratas. Las chicas tenían que sacar a Truffle todos los días. Se la llevaban de paseo y le daban de comer. Jugaban con ella, la cepillaban y la abrazaban. También cuidaban de los gatos y las ratas. Nuestras mascotas eran parte de la familia, y las incluíamos en todas las ocasiones. Tenían incluso sus regalos de Navidad y de cumpleaños. Esto hacía que mis hijas siempre pensasen más allá de ellas mismas y se asegurasen de que todos estuviesen bien cuidados.

Un verano decidimos que dejaríamos que Truffle fuese madre. La cruzamos con un precioso golden retriever de Oakland y parió ocho cachorros adorables. Fue emocionante. Las chicas no se creían la buena suerte que habían tenido, y se tomaron esta nueva responsabilidad muy seriamente. Cada día cuidaban de los cachorros y observaban cómo crecían, y sacamos nuestros coches del garaje para que tuviesen mucho espacio para su esparcimiento. Las chicas se cercioraban de que Truffle tuviese siempre comida y agua, de que los cachorros mamasen correctamente y de que todos tuviesen juguetes. Nos convertimos en la casa más frecuentada del vecindario. Dos meses más tarde, mis hijas ayudaron a encontrar un hogar para cada cachorro y a ponerse de acuerdo con los nuevos propietarios para no perder el contacto. Querían asegurarse de que todos los perros tuviesen una buena vida.

En los niños, la empatía es algo natural. Si la mostramos, nuestros hijos seguirán el modelo.

CÓMO SER AMABLE CUANDO ES DIFÍCIL SERLO

Hace años tuve un estudiante, Dominic, que venía de una familia pobre del este de Palo Alto y que accidentalmente entró en mi clase de nivel superior de Lengua Inglesa en su primer año de instituto. No encajaba demasiado en esa clase, y en realidad no se había inscrito en ella. El sistema informático había cometido un error. Su rendimiento era inferior al exigido, así que debería haber estado en una clase de refuerzo.

Dominic estaba siempre furioso; era la clase de chico que el centro consideraba que no tenía remedio. Era agresivo y desagradable sin motivo aparente. Yo veía que aquello era simplemente un reflejo de la forma en que lo habían tratado toda su vida. Me preocupó desde el primer momento. Cuando me di cuenta del error, dos semanas después de empezar el semestre, él ya tenía un vínculo conmigo. Le pregunté si quería pasar al nivel inferior.

—Desde luego que no—dijo.

—De acuerdo, entonces tendrás que trabajar para alcanzar el nivel —respondí yo.

Dominic aceptó el desafío. Estaba empezando a percibirse a sí mismo como otra clase de estudiante, quizá como uno que podría prosperar en este mundo si se le daba confianza y respeto en mi aula. Yo lo trataba igual que a todos los demás, porque lo era. Aquello obedecía a que nadie lo había visto nunca así. La energía que antes malgastaba en ser un chico malo la invertía ahora en alcanzar el nivel académico. Es asombroso lo que puede hacer un poco de amabilidad.

Dominic tuvo que trabajar mucho para estar al nivel. Durante todo el año tuvo que quedarse conmigo todos los días después de clase para trabajar en sus aptitudes de lectura y escritura. Entonces quiso entrar en mi programa de Periodismo. Teníamos a un chico que el distrito escolar consideraba que rendía por debajo de la media y que ahora no solo estaba concentrado en adquirir el nivel exigido, sino en sobrepasarlo. Fue una transformación alucinante.

Dominic se unió al programa. Le di un ordenador viejo que tenía en casa para que pudiera mantener el ritmo de trabajo e hizo un montón de nuevos amigos. El programa de Periodismo es una comunidad de jóvenes que se conocen y se cuidan entre sí. Parecía bastante feliz, pero no todo fue un camino de rosas para él. Alcanzar el nivel de escritura requerido para el periódico fue difícil, y ser evaluado por sus iguales lo fue aún más. Pero, como todos estaban en el mismo barco, Dominic no se lo tomaba como algo personal y seguía trabajando duro en sus artículos.

Sin embargo, en cierto momento, la presión pudo con él. Quería obtener resultados, pero no creía ser capaz de hacerlo. Un día, otro chico de la clase indicó que había un artículo plagiado. ¿Cómo lo supo? Había leído por internet exactamente el mismo artículo. Y yo me enteré de que había sido Dominic quien lo había «escrito».

Dominic se sintió avergonzado y se deshizo en disculpas. «No tenía tiempo y no podía escribirlo yo mismo», me dijo. «Pensé que nadie se enteraría.»

Hablamos de la importancia de hacer tu propio trabajo, y decidí suspender su participación en el periódico durante un ciclo. Tenía que dejar bien claro que el plagio era una infracción importante, pero no quería ponerlo en una situación embarazosa ni volver a activar la ira que sentía cuando llegó a mi clase. Sabía por qué lo había hecho. Podía ver las cosas desde su punto de vista. Y, para proseguir por este nuevo camino, lo que más necesitaba era amabilidad y comprensión; no necesitaba que nadie lo atacase. Era obvio que ya había recibido un exceso de ataques en la vida. Estos son los momentos más importantes de la crianza y la enseñanza: en lugar de enfadarte con el niño, ¿puedes hablarlo con él y entender su punto de vista? ¿Puedes reunir un poco de compasión? ¿Puedes mostrarte amable con él, incluso en las circunstancias más extremas? Me alegra decir que mi método funcionó: Dominic nunca volvió a plagiar.

En su último año de instituto, Dominic decidió que iría a la universidad. Fue la primera persona de su familia que lo hizo. Lo ayudé a obtener una beca en la Costa Este, y hacía allí se fue. Actualmente trabaja en ventas en Nueva York. No solo ha cambiado su vida, sino la vida y la imagen propia de su familia.

Unos años después de Dominic, tuve otro estudiante que estuvo a punto de ser expulsado por beber en el campus. Él y su novia se habían llevado bebidas alcohólicas al cuarto oscuro, donde revelábamos las fotografías, y los habían descubierto. Eran buenos chicos y estaban avergonzados de la situación. El supervisor del campus estaba preparándose para llevarlos a la oficina del director cuando intervine y dije: «Yo me encargo de esto». Si hubiesen llegado a la oficina del director, habrían recibido más de una semana de suspensión. Las suspensiones no te permiten seguir con tus clases; eso significa que te quedas rezagado permanentemente y tus notas se ven afectadas. Imagina hasta qué punto representa un golpe para los chicos.

Su castigo fue mi protocolo habitual: una conversación, escribir y quedarse después de clase para ayudarme. También ayudaron a otros estudiantes que necesitaban apoyo adicional para sus artículos. Nunca me tomé su conducta como una afrenta personal. Por supuesto, yo no era blanda; tenía mis criterios. Era solo que mis consecuencias eran distintas de una suspensión. Perdoné su aventurilla en el cuarto oscuro y les concedí una oportunidad para enmendarla.

Buena parte de la práctica de la amabilidad consiste en recordar que los niños son adultos en formación. Están aprendiendo y van a cometer errores. Ahí es donde entra la capacidad de perdonar. Los profesores y los padres tienen que saber que las infracciones y los errores no son necesariamente ataques contra nosotros. A veces es un caso típico de criterio erróneo por parte de un adolescente. Sí, es cierto que estos errores pueden ser dolorosos y frustrantes, pero guardar rencor, reaccionar de forma exagerada o imponer castigos muy severos son acciones que no hacen más que perpetuar el dolor y la rabia. En vez de eso, intenta mostrar amabilidad y perdón. Recuerda lo que hacías tú cuando tenías su edad. Esto no significa ser débil ni carecer de criterios, sino ser firme pero también ser lo bastante persona para perdonar.

Pero ¿y si un niño ataca a otro? Puede suceder de muchas formas. Una vez tuve una estudiante de la que abusaban porque tenía exceso de peso. A menudo llevaba ropas que no estaban de moda; una camiseta y unos vaqueros raídos. Los adolescentes pueden ser despiadados en lo que se refiere al aspecto físico. Se burlaron de ella en Facebook. La estudiante lloraba y estaba muy alterada. Traté de que eliminaran la publicación, pero eso era algo muy difícil de hacer (sucedió hace seis años). Envié una solicitud a Facebook para que eliminasen los comentarios, pero no respondieron, de manera que llamé a personas a quienes conocía en Facebook, antiguos estudiantes, y les conté el problema. Finalmente, el contenido fue eliminado, y entonces nos ocupamos del abusón. No todo el mundo tiene contactos que trabajen en Facebook; yo tuve suerte. Actualmente, Facebook y otras redes sociales trabajan con ahínco para reducir el nivel de abusos en línea. La salud mental de nuestros hijos está en juego.

Nadie quiere que su hijo sea un abusón. La mayoría de los padres se quedan horrorizados cuando su hijo es el responsable de los abusos. Y, sin embargo, es algo muy común. Según el Centro Nacional de Estadísticas de Educación y la Oficina de Estadísticas Judiciales, el 28 % de los jóvenes entre once y dieciocho años han sufrido abuso escolar en Estados Unidos. Probablemente sea mucho más habitual, porque una gran parte del abuso no se denuncia. Y, desde luego, los abusos se extienden ahora a la esfera digital. En un estudio realizado en 2016 por el Centro de Investigación sobre Ciberabuso se observó que el 34 % de los niños de doce a diecisiete años habían experimentado ciberabusos en algún momento de sus vidas. Los médicos señalan que el abuso está al alza debido a una serie de causas: relaciones tensas con los padres, autoestima baja, incoherencia en la disciplina y falta de apoyo entre chicos de su edad. A veces, los abusones son a su vez víctimas de abusos. Algunos niños imitan la conducta que ven en sus padres. Y el ciberabuso no ha hecho más que empeorar, porque, con frecuencia, nuestros comentarios son anónimos. Podemos actuar con crueldad sin sufrir ninguna consecuencia. Perdemos la educación más elemental porque es muy fácil ignorar a los demás. En muchos casos, la compasión y la empatía desaparecen por completo. Y hay videojuegos violentos. ¿Qué clase de influencia representan? ¿Es realmente necesario que nuestros niños cuenten el número de personas que han matado? Hay estudios que afirman que los videojuegos no tienen un impacto negativo en los niños, pero yo lo pongo en duda. Cualquier forma de violencia endurece a los niños. Les enseña justo lo contrario de la amabilidad, y sin duda puede suscitar el abuso.

Otra cosa que he aprendido en mis décadas en la docencia: el sentido del humor se desarrolla con la madurez. Con frecuencia, los adolescentes no entienden la diferencia entre divertido y cruel. Solíamos hacer una edición del periódico escolar para el día de los Inocentes, April Fools en Estados Unidos, pero con los años me di cuenta de que no podía confiar en que mis estudiantes de instituto lograsen captar el tono correcto en las bromas. Pensaban que reírse de los problemas de dicción de una persona estaba bien. Les enseñé que no era así. Era demasiado complicado supervisar ese número, así que abandonamos la tradición. Con el tiempo aprendieron; pero, durante la adolescencia, los problemas para entender el humor pueden desembocar en crueldad.

En el fondo, el abuso es una ruptura de la amabilidad que pone de manifiesto verdades incómodas sobre la naturaleza humana. Parece que nuestro objetivo sean los que destacan. A algunos de los niños que sufren abusos escolares les faltan aptitudes, sociales o académicas. Los niños torpes de una forma u otra son especialmente vulnerables. Tienen un aspecto extraño, dicen cosas raras y tienen problemas para interaccionar con sus iguales, y los otros niños se aprovechan de ello. Me hace pensar en la palabra alemana *schadenfreude*, la acción de alegrarse de la desgracia o el sufrimiento de otro. Es triste, pero forma parte de la conducta humana.

Destacar de forma positiva también puede ser un problema. Tuve una estudiante que obtuvo un premio estatal de Física, y se negó a decírselo a los demás estudiantes porque le preocupaba que se rieran de ella o tuvieran celos. Es envidia, y los investigadores han demostrado que, con frecuencia, la envidia es el punto de partida de la *schadenfreude*. Tienes celos del éxito de alguien, y entonces esperas a que tenga un fallo para atacarlo. Los padres y las escuelas deberían educar a los niños acerca de estas tendencias humanas innatas. Quizá no podamos cambiar nuestra naturaleza más fundamental, pero ser consciente de ella podría revolucionar la forma en que nos tratamos los unos a los otros.

Desde luego, aunque los niños sean conscientes de ello, seguirá habiendo abusos. En tal caso, yo hago todo lo que está en mis manos para detenerlos. Si veo cualquier tipo de conducta negativa en mi clase, empiezo por darles una charla; esa soy yo, la profesora de inglés contando una historia. Básicamente, hablo sobre un chico del que abusaban en la escuela y de qué forma esto le afectó durante el resto de su vida. Cada vez introduzco algo nuevo, adaptando las charlas a aquello que cada clase en particular necesita oír. Los chicos no piensan en las implicaciones a largo plazo de su conducta hacia otros en el instituto; pero, cuando empiezo a hablar de ello, se paran a escuchar. Y lo que es más importante, los chicos me ven a mí practicar la aceptación a diario. No me importa de dónde seas: China, África o el este de Palo Alto.

Perteneces a mi clase y tu opinión importa. La única vez que los chicos me ven actuar de forma contundente es cuando defiendo el derecho de todos a estar ahí y a ser incluidos. Durante esas charlas, me cuido mucho de señalar a la víctima. Ese chico no necesita más tensión. Con frecuencia, hablo con él después de clase. Le digo:

—Vamos a hablar de lo que ha pasado hoy. ¿Puedo hacer algo para ayudarte?

Normalmente responde:

—No estoy seguro.

Entonces yo digo:

—Vamos a hablar de ello. He visto esto antes y puedo ayudarte.

Eso suele funcionar.

También hablo con el abusón después de clase. Los abusones también necesitan amabilidad. Su conducta suele obedecer a que ellos mismos han sufrido abusos o a que disfrutan viendo a alguien sufrir. Esta conducta la han aprendido de otra persona. Lo que esos jóvenes necesitan es alguien que entienda de dónde vienen y por qué actúan como lo hacen. También necesitan saber el daño que puede hacer ser objeto de abuso, cómo puede causar perjuicios psicológicos a largo plazo. ¿De verdad quieren ser responsables de la destrucción de la vida de otro chico?

Si tu hijo sufre abusos en la escuela, es el momento de intervenir. Los niños son demasiado jóvenes y vulnerables para poder gestionar solos la crueldad y el abuso. Utiliza todos los recursos que estén a tu alcance. Esto no es fácil, y no existe una solución simple, pero he aquí unas cuantas ideas. Habla con la directiva de la escuela y con el profesor. Todas las escuelas trabajan de forma activa contra el abuso escolar; pero, a pesar de estos programas, sigue sucediendo. A veces no obtendrás una respuesta positiva de la escuela; inténtalo de nuevo. Es tu oportunidad para aprender a ser un incordio, a hacer suficiente ruido para que se aborde la situación. No dejes de hablar con tu hijo sobre por qué abusan de él y cómo puede afectar a las personas, y dile que a veces los niños son malos y no entienden lo que están haciendo. Necesita saber que no está solo, que muchas personas sufren abuso escolar y que tiene la fuerza para enfrentarse a ello. A veces, la comunicación con los padres del abusón puede resultar útil, siempre y cuando estén abiertos a intervenir. También puedes hablar con los amigos de tu hijo y sus padres como forma de dar un impulso a su círculo de apoyo. Por encima de todo, haz saber a tu hijo que puede recurrir a ti si necesita orientación.

¿Qué es aún peor que sufrir abuso escolar? Ser excluido. En una encuesta hecha a más de diez mil estudiantes en Australia se descubrió que «la exclusión social tenía una estrecha relación con el agotamiento psicológico y el bajo bienestar emocional de los adolescentes».[22] Para mis estudiantes representa una lucha continua. Oliver Weisberg, uno de mis estudiantes en los años noventa, era un chico estupendo, pero en el primer año de instituto le costó ser aceptado. Se había trasladado de otro instituto y durante su primer año escribió una reflexión sobre ser un estudiante de primero y lo que se sentía al ser excluido. La tituló «El dolor de no ser nadie». Escribió sobre lo difícil que era ser el chico nuevo de la clase, sobre cómo otros chicos invitaban a alguien a sus casas mientras Oliver estaba escuchando y no lo invitaban a él. También hablaban de lo bien que se lo habían pasado con sus amigos durante el fin de semana, asegurándose de que Oliver los oyese. Lo recuerdo muchos años después porque escribió su redacción desde el corazón, y no solo era cierto para Oliver, sino para todos los chicos. Ser excluido es una de las peores sensaciones. Por eso la excomunión es el castigo más severo en la mayoría de las religiones, y el aislamiento es el peor castigo en las cárceles. El abandono es uno de los miedos más terribles a los que se enfrentan los jóvenes. Y la exclusión lo activa.

Ver a niños aislados me recuerda hasta qué punto necesitamos la amabilidad y la comunidad. Una de mis principales defensas contra la exclusión es asegurarme de hacer ejercicios de estímulo de la comunidad al principio del año escolar. Quiero que todos los chicos se sientan incluidos; se trata de una gran familia. Otro ejercicio que empecé a practicar hace tiempo en mis clases de primer año era hacer que los estudiantes escribiesen en tarjetas los nombres de otros tres estudiantes que querrían tener en su grupo. Leía todas las tarjetas, buscaba a los chicos cuyos nombres no aparecían en ninguna tarjeta y me aseguraba deliberadamente de que esos chicos estuviesen en un grupo y de que todos se llevasen bien. También hablo regularmente en clase sobre la inclusión, sea cual sea el origen étnico, las capacidades intelectuales o el aspecto físico. Hablo sobre cómo las amistades variadas hacen que la vida sea más interesante, y me aseguro de que los chicos sepan que no les gustaría ser responsables de hacerle la vida difícil a nadie, o peor, de que se suicidase.

Esta primavera recibí una nota de agradecimiento de un estudiante, que decía: «No eres solo una profesora; te preocupas por las personas». Y es cierto. Me preocupo mucho. Me preocupo de lo que comen, de su salud emocional, de sus planes para el futuro. Mis estudiantes me ven como una amiga. Sé que muchos profesores creen que no es apropiado ser percibido como un amigo. Las escuelas pedagógicas aún recomiendan que los profesores mantengan las distancias, sobre todo en el mundo actual, en el que los profesores tienen miedo de ser demasiado amables.

Doy gracias por que algunas de esas escuelas se estén replanteando esa filosofía. La amabilidad tiene que ver con el mundo; no solo con nuestra propia felicidad, sino con la de todos. Es difícil ser feliz cuando otros sufren. Lo que yo hago es muy simple: me comporto con mis estudiantes con toda la amabilidad posible, y espero que ellos la reflejen hacia el mundo. Una agradable ventaja de esto es que esa amabilidad siempre vuelve hacia mí. Dominic, el estudiante que fue asignado a mi clase accidentalmente pero que se ganó de sobras su lugar, me lo recuerda constantemente. Su madre me ha traído flores todos los años desde que él se graduó. Nunca ha olvidado cómo mi clase transformó a su hijo. Muchos profesores tienen historias parecidas. Son los recuerdos que hacen que sigamos enseñando. No hay nada tan gratificante como ayudar a un chico a triunfar mediante la amabilidad. Es algo que puede cambiar una vida para siempre.

9

Enseña a tu hijo a que no le dé todo igual

Nada más nacer Janet en 1970 y mudarnos a nuestra nueva casa en el campus de Stanford, fui a la biblioteca de Palo Alto a tomar prestado un libro. Me dijeron que las bibliotecas eran solo para los residentes de Palo Alto. Stanford no forma parte de Palo Alto; es una zona no incorporada del condado de Santa Clara. Me aconsejaron que utilizase la biblioteca del condado de Santa Clara, situada a unos kilómetros de distancia. Me quedé de piedra, porque había chicos de la zona escolar de Stanford que asistían a los colegios públicos de Palo Alto. Pensé que aquello era muy injusto para los niños de Stanford. Su acceso a instalaciones importantes no era equitativo. Estaba enfadada, y mi mente se puso en marcha. ¿Qué podía yo hacer para cambiar esta política? Con dos niñas a cuestas, asistí a las juntas del ayuntamiento de Palo Alto y a las del campus de Stanford, y presenté mis razones. Creo que ir con las niñas fue de ayuda. Fue una batalla fácil, porque afortunadamente todo el mundo estuvo de acuerdo. Tuve la impresión de que todos habían estado pensando en ello incluso antes de que yo apareciese, y me di cuenta de que algunos cambios son más sencillos de llevar a cabo de lo que pensamos. En este caso, lo único que tuve que hacer fue percatarme del problema y comunicárselo a las personas que estaban al cargo. Actualmente, todos los estudiantes de las escuelas de Palo Alto, vivan donde vivan, tienen acceso a las bibliotecas de Palo Alto, un recurso fantástico.

Cuando mis hijas fueron un poco mayores, decidí ponerme como misión convencer a Stanford para que se construyese un parque público. Nuestra comunidad, Frenchman's Hill, constaba de ciento sesenta familias. Necesitábamos un lugar para que nuestros hijos se encontrasen y para que las familias se conociesen entre sí. Para eso son los parques, de manera que ¿por qué nosotros no teníamos uno? Creo que simplemente se habían olvidado de ello. Empecé a animar el ambiente, escribí cartas, me reuní con personas y conseguí firmas de muchos padres para presentar una petición. El Comité de Servicios de Alojamiento del Profesorado y el Comité de Desarrollo de la Construcción finalmente acordaron construir un parque, siempre que yo lo diseñase. Estaba encantada. Esa fue la parte divertida. Recuerdo mirar los catálogos de venta por correo de equipamientos para parques infantiles y diseñar el mejor de los parques posibles. El parque infantil Esther Wojcicki fue un éxito rotundo. La torre de escalada tenía el aspecto de un hermoso castillo: los niños se arrastraban por un agujero y subían por dentro, sacando la cabeza a través de pequeñas ventanas por el camino. Instalamos columpios y balancines de calidad, y un tobogán construido en la propia ladera de la colina, una atracción fantástica.

En 1975, a causa de la extrema necesidad de canguros en la nueva zona de profesorado del campus de Stanford, puse en marcha una cooperativa para resolver la escasez de este servicio. Teníamos una secretaría que rotaba cada mes, y lo único que había que hacer era llamar por teléfono, quedar de acuerdo para que otro padre viniera a hacerse cargo de tus hijos, y luego devolver el favor cuando tú estuvieses disponible. La cooperativa de canguros sirvió para generar un agradable sentido de comunidad, y también permitió a muchos padres tomarse un poco de tiempo para ellos. Me enorgullece decir que duró más de una década. Unos años más tarde, en 1980, supervisé una importante reforma de la piscina de la Asociación Recreativa del Campus de Stanford. Organicé el cambio de tuberías y revocado de la piscina, la reubicación de algunas de las estructuras de juego y la actualización del local del club.

Siempre estaba atenta para ver qué se podía mejorar, dónde se necesitaba una ayuda. Pensaba que era mi deber contribuir para mejorar nuestra comunidad. Y sigo pensando así. Si todo el mundo se limita a sentarse y a hablar, no se hace nada. Yo siempre fui de los que hacen. Esto influyó en mis hijas, no porque les diese sermones sobre la importancia de servir a la comunidad, ni siquiera porque quisiera actuar como modelo, sino simplemente porque me preocupaba. Con mis acciones, trataba de enseñarles lo que podían conseguir. Esta actitud es importante para vivir una buena vida, pero en aquel momento no me di cuenta del profundo impacto que tiene sobre el bienestar de los niños, cosa que ha sido confirmada por diversos, e interesantes, estudios. Los adolescentes que hacen voluntariado con niños más jóvenes experimentan menos situaciones de estado de ánimo negativo y una reducción del riesgo cardiovascular, según un estudio publicado en la revista de la Asociación Médica Estadounidense.[23] Un estudio realizado en India en el año 2016 observó que los adolescentes que hacían labores de voluntariado tenían una probabilidad significativamente menor de incurrir en conductas ilegales, y también tenían un número menor de arrestos y condenas entre las edades de veinticuatro y treinta y cuatro años.[24] En las aulas donde se pone el acento en las habilidades sociales y emocionales y que ayudan a los niños a actuar como una comunidad, el resultado es que los estudiantes de entornos desfavorecidos tienen un rendimiento por encima de la media estatal en exámenes estándar.[25] También sabemos que ocurre lo contrario: el hecho de no crear relaciones ni de servir a una comunidad mayor puede afectar a la salud, tanto física como mental. Los investigadores han afirmado que la soledad es un riesgo para la salud pública mayor que la obesidad. Un estudio descubrió que los participantes con relaciones más sólidas con otras personas tenían un 50 % más de posibilidades de prolongar su vida.[26] El sentimiento de pertenencia puede ser cuestión de vida o muerte.

Pero ¿cuántos de nosotros pensamos en esto cuando se trata de la crianza de nuestros hijos? ¿Cuántos de nosotros nos involucramos en una causa y mostramos a nuestros hijos, a través de nuestra propia conducta, cómo luchar por nuestras comunidades? ¿Cuántos niños se sienten capacitados para abordar los mayores desafíos de nuestro tiempo y encuentran una forma de colaborar? ¿Realmente estamos enseñando a nuestros hijos a cooperar con otros, o los estamos enseñando a huir dentro de sus propias vidas?

Es triste decirlo, pero cada vez veo a más niños centrados completamente en ellos mismos. A qué universidad quieren ir, qué quieren hacer por vacaciones, qué cosas quieren comprar. A veces parece que estemos formando una nación y un mundo de narcisistas, y no creo que sea descabellado decir que la moda de los hiperpadres ha tenido un papel importante en ello. Los niños crecen con la sensación de que son el centro del universo. Sus padres los llevan en coche a los sitios, los inscriben en actividades competitivas donde les enseñan que ser el número uno es lo más importante y los inducen a creer que, si no son perfectos, si no son triunfadores en todo momento, sus vidas serán un fracaso. No es sorprendente que los niños sean más egocéntricos (y estén más angustiados) que nunca.

Como jóvenes adultos, no solo les falta firmeza e independencia; están del todo faltos de preparación para abordar causas que podrían hacer del mundo un lugar mejor. En vez de eso, se centran en el dinero, porque el dinero, creen ellos, los hará sentirse felices y realizados. Es la idea estadounidense: hazte rico y luego no hagas nada. Túmbate a tomar el sol en la playa. Sal a cenar y gasta mucho dinero. Vete a Las Vegas. Pero esta clase de intereses convierten a las personas en narcisistas y en adictas a las emociones fuertes. Aquí, en Silicon Valley, parece haber bastantes personas así, que se preocupan antes de sí mismas que de nadie más. No dan prioridad al bien de la comunidad, no defienden causas sociales y no buscan un sentido y un propósito en la vida. En consecuencia, suelen acabar aisladas y deprimidas. He conocido a montones de millonarios infelices, e incluso a algunos multimillonarios.

Muchos de ellos probablemente empezaron siendo niños sin rumbo. Hablando con mi amigo Ken Taylor, antiguo catedrático de Filosofía en Stanford, él reflexionaba sobre lo perdidos que parecen estar los estudiantes en lo que se refiere a vivir una buena vida. Taylor me contaba que veía las prioridades de los jóvenes en las asignaturas principales que elegían. Según Taylor, el 37 % de todos los alumnos que cursan especialidad en Stanford, unos mil estudiantes optan por la Informática. ¿Por qué? «Porque si te gradúas en Informática en Stanford», dice, «puedes entrar en Silicon Valley con veintidós años y con un sueldo inicial de 100.000 dólares anuales, y creyendo que esa cantidad es solo el principio, que no es nada.» Para algunos estudiantes, esta es la opción apropiada, porque la informática es realmente su pasión, pero Taylor me dijo que otros estudiantes del programa tenían que hacer el curso introductorio, CS 107, tres veces antes de aprobar. Porque la informática no es su pasión, o porque sus talentos y aptitudes se adecúan mejor a otro campo. Taylor dice que una de sus principales funciones como profesor, sobre todo con alumnos de primer año, es ser subversivo, liberar a los estudiantes de la influencia de sus padres, que en muchos casos han sido modelos de la idea de que «una buena vida tiene que ver con la acumulación y el estatus».

No me extraña que los jóvenes estén perdidos. Es que sus padres y sus profesores también lo están. Todo el mundo de los adultos debería ser consciente de ello. ¿Por qué piensas que aquí, en Estados Unidos, hay una epidemia de adicción a los opiáceos, depresión y suicidio? No parece que poseamos la información correcta sobre cómo vivir bien, sobre cómo cuidarnos a nosotros mismos y a los demás. No parece que estemos comprendiendo la cuestión clave. Vamos tras las posesiones y el dinero. No tras el servicio, no tras el objetivo. Si tenemos algún objetivo, es el de hacernos felices a nosotros mismos. Pero si hay una cosa que sé, es esta: eres más feliz (y más útil a la sociedad) cuando haces algo que ayuda a los demás.

Bill Damon, el director del Centro para la Adolescencia de Stanford y autor del libro *The Path to Purpose* (El camino al objetivo), reflexiona mucho sobre este problema. Damon es experto en enseñar a los niños las aptitudes más importantes en la vida. Esto es lo que dice sobre el egocentrismo y el objetivo: «El ensimismamiento es un verdadero peligro para el desarrollo de los jóvenes actuales, sobre todo en estos tiempos en que estamos intensamente centrados en el rendimiento y el estatus del individuo. Por el bien de su salud mental y del desarrollo de su carácter, todos los jóvenes necesitan escuchar de vez en cuando el mensaje: "Tú no eres el centro". Buscar un objetivo que suponga una contribución al mundo más allá de uno mismo es una forma excelente de ajustarse a ese mensaje». Pensar más allá de uno mismo: esa es la clave. ¿Cuántos de nuestros hijos lo hacen?

Cuando visité a Damon en Stanford, me habló de una entrevista formal que había mantenido con el Dalai Lama en Vancouver; durante la misma, le había preguntado qué podían hacer los padres para ayudar a sus hijos a hallar sentido a sus vidas. El Dalai Lama le hizo dos recomendaciones: 1) Muestra a tu hijo una vívida imagen de lo vacía y poco gratificante que es una vida sin objetivos. Si no tienes nada en lo que creer, no encuentras conexión con nada, no desarrollas un objetivo y lo sigues. No eres útil a otros. A pesar de que el hedonismo es divertido durante un tiempo, enseguida te cansas de él y te conviertes en un amargado. 2) También debes dar una imagen vívida de la alegría de una vida con objetivos. Ya sea mediante historias, teatro, religión o siendo nosotros mismos un modelo de conducta con objetivos, tenemos que enseñar a nuestros hijos cómo es una vida con sentido. Y esta vida no tiene el aspecto de un Mercedes nuevo ni de una casa de vacaciones en Cape Cod. El sentido es conexión, relaciones, contribución y servicio. Eso es lo que nuestros hijos deben comprender acerca de una vida plena.

Sin embargo, ten presente que esto va mucho más allá de tus logros personales. Es mucho más profundo que el sentido que se deriva de ayudar y servir a otros, y de la felicidad que se obtiene con ello. Cuando hablamos de servir a la comunidad, crear activismo social y luchar por el cambio, de lo que realmente estamos hablando es de mejorar nuestra cultura y nuestra sociedad en general. Después de todo, ¿no es esa la finalidad de tener hijos? ¿Hacer avanzar la cultura? ¿Hacer que todos seamos más humanos, más compasivos, que estemos más conectados? ¿Unirnos para abordar los abrumadores problemas a los que nos enfrentamos como especie, como luchar contra el calentamiento global, compartir el acceso al agua potable, ayudar a los refugiados y enfrentarnos a las enfermedades y a la guerra nuclear? Si no trabajamos en colaboración, fracasaremos. Incluso es posible que no sobrevivamos. Por eso es tan importante. Por eso estas lecciones son esenciales para los niños. Quizá te estés preguntando si todo esto tiene que ver con la crianza de los hijos. Desde luego que sí. Todo empieza por la familia. A continuación, tu familia conecta con otra familia, con la comunidad en general y, finalmente, con todo el mundo. Los niños son decisivos en lo que se refiere a dar respuesta a los desafíos que nos esperan, muchos de los cuales no podemos siquiera prever. De manera que, en beneficio de todos, estoy convencida de que debemos preparar a nuestros hijos de la mejor manera posible.

CONSTRUIR UNA CONCIENCIA DE SERVICIO

En mi caso, el compromiso con el activismo social fue inevitable en vista de lo que experimenté en mi infancia. Tras la muerte de mi hermano, y viendo la batalla contra la dislexia de mi otro hermano, Lee, en una época en la que los niños disléxicos eran clasificados como retrasados mentales, sentí la necesidad de proteger al desvalido. El desvalido era toda mi familia, desinformada y desamparada. No sabíamos cómo protegernos a nosotros mismos, y no quería que eso le sucediera a ninguna otra familia. También crecí a la sombra de la larga historia de persecuciones de mi familia. Mis padres huyeron de Rusia y Ucrania y se salvaron por poco de los pogromos. Perdimos a muchas personas, tanto por el lado de mi padre como por el de mi madre. Cuando visité Auschwitz, supe que docenas de mujeres llamadas Esther Hochman (mi nombre de soltera) habían muerto durante el Holocausto. Por algún motivo, yo me había salvado. Pero siempre supe que podía haber sido una de esas otras chicas que no salieron vivas de aquello.

Y luego estaba el propio activismo de mi familia. Mi padre fue uno de los primeros miembros del Sierra Club. Mi tío era el jefe del United Jewish Appeal (Llamamiento de Unión Judía) en el este de Estados Unidos, y mis dos abuelos eran rabinos y líderes de la comunidad. Mi primo, el rabino Benzion Laskin, fue el primer rabino Lubavitch recientemente galardonado por su trabajo en la ciudad de Nueva York con Chamah, una organización internacional judía sin ánimo de lucro que ofrece programas de educación y ayuda humanitaria. Un primo por parte de mi madre es propietario de un grupo de clínicas de horario extendido en Portland, Oregón; otro primo por parte de mi madre, Tad Taube, es un filántropo que ha donado millones a Stanford y a la Universidad de California-Berkeley, así como al Museo Polin de Varsovia. También tengo un familiar que fue embajador de Argentina en la ONU. Todos adoptamos el concepto judío del *tikkun olam*, que significa «reparar el mundo». Estamos aquí para mejorar las cosas, de todas las formas posibles. Para mí, eso supuso estudiar Periodismo y Ciencias Políticas en el cénit del movimiento por la libertad de expresión en Berkeley. Estudiar las estructuras políticas y escribir acerca de la injusticia se convirtió en mi forma de marcar la diferencia. Por el lado de Stan, su padre, Franciszek Wojcicki, fue uno de los fundadores del moderno Estado de Polonia después de la guerra; su madre, Janina, fue directora de la sección eslava de la Biblioteca del Congreso, y el propio Stan se ha pasado toda su vida tratando de comprender el origen del universo y de encontrar formas de explicárnoslo.

Quizá en tu familia haya historias similares y un impulso de servicio natural. Puede que sepas exactamente cómo me sentí siendo estudiante universitaria, convencida de que podía cambiar el mundo. Pero ¿y si no es así? ¿Y si te dijeron que te concentrases en tu triunfo personal y ahora no sabes por dónde empezar? Pues tengo buenas noticias: no es tan difícil. Lo que necesitas sobre todo es la actitud adecuada, hacia ti mismo y hacia tus hijos. Puedes empezar por poca cosa. Hazte voluntario en tu comunidad durante una hora. Asiste a una junta del ayuntamiento. Investiga un problema que afecte a tu barrio. Como mínimo, vota. Y, ya que estás en ello, enseña a tus hijos la importancia de participar en una democracia. Si tienes en mente la voluntad de servicio, las oportunidades aparecen por todos lados. En cualquier parte hay algún problema que resolver, alguna persona o algún grupo a quienes apoyar y defender. Es, en realidad, una forma de estar en el mundo; y, en lo que se refiere a nuestros hijos, vale la pena dar forma a este punto de vista lo antes posible.

Y cuando digo lo antes posible, quiero decir muy pronto. No hace mucho estuve presente en la «graduación» de preescolar de mi nieta Ava. En el jardín de infancia al que ella asistía, las distintas edades tenían nombre de aves. Ava salía de los «Gorriones» para entrar en los «Petirrojos». La ceremonia empezaba con los Gorriones felicitándose unos a otros por el fantástico año que habían pasado juntos. Había veinticinco niños hablando por turnos, unos animando a otros, sin que los maestros los interrumpiesen. Una niña se acercó a mi nieta y le dijo: «Te quiero mucho, Ava, y estoy muy orgullosa de ti». ¡No podía creerlo! Luego, los Petirrojos dieron oficialmente la bienvenida a cada uno de los nuevos estudiantes. Todo era positivo, y lleno de comprensión y apoyo. Al final, Ava pasó por un simbólico túnel de Petirrojos, que la animaban y la saludaban chocando las manos. Saltaba a la vista que los maestros, dos hombres y dos mujeres atentos y comprometidos, tenían una relación estupenda con los niños, y que habían creado un potente sentido de comunidad en la que todos los pequeños se sentían incluidos. Imagina la clase de cimientos que todo esto construye, incluso en los niños más pequeños. Todos los alumnos de preescolar deberían tener una experiencia positiva como esta, en la que puedan entender que forman parte de un grupo. Recibirán el apoyo de sus iguales, y juntos formarán parte de un objetivo más grande: el de aprender y crecer. ¿No te encantaría ser un Gorrión o un Petirrojo? A mí sí, desde luego. Quizá tu hijo pueda serlo. Ahora estoy trabajando con un fantástico grupo de solidarios emprendedores que piensan poner en marcha unos centros de preescolar llamados WeCare. Su objetivo es ayudar a los padres a encontrar plazas de preescolar mediante la creación de centros autorizados. Esto servirá para abrir más centros de preescolar de calidad, facilitar ayuda a los padres y ofrecer empleos a las personas que los necesiten.

A medida que los niños crecen, los padres deben seguir apoyándolos buscando recursos en sus comunidades. No tienes más que mirar a tu alrededor. ¿Qué problemas necesitan solución? ¿Cómo pueden participar tus hijos en ello? Pueden cuidar a ancianos, unirse a equipos de limpieza del medio ambiente o ayudar en un comedor social, como hacen algunos de mis nietos. Y una de las mejores salidas: anima a tu hijo a que sea el mentor de otro. La mayor parte de los estudiantes se gradúan en el instituto sin tener a nadie que los defienda. Quizá pienses que esto no es verdad, pero pregunta a un grupo de adolescentes en tu barrio si creen que en la escuela hay alguien que los defienda, alguien que crea en ellos y esté pendiente de ellos. Si existe, tienen suerte, porque no es el caso de la mayoría de los chicos. Todas las personas (incluso un niño) tienen algo de valor que ofrecer a otra persona. Soy de la opinión de que esto es suficiente para cambiar el mundo.

Permíteme aclararlo: no estoy hablando de «servicios a la

comunidad» como si fuera una especie de castigo. No me gusta ese término, y no me gusta que se vea como un castigo, porque le da una connotación negativa. El servicio forzado a la comunidad tiene ventajas secundarias. Puede abrirle los ojos a un chico para que vea cómo viven otras personas, pero también puede crear resistencia en él, porque sabe que se le está castigando. Me estoy refiriendo a los chicos que disfrutan ayudando a otros, y convirtiéndolo en una actividad gratificante que puedes realizar con los amigos. Recomiendo programar una actividad a la semana en la que los niños ayuden a otras personas. Déjales elegir su causa, y unir fuerzas con amigos y compañeros de clase. Queremos que comprendan que contribuir es divertido y positivo.

Otra advertencia: no manipules los programas de contribución a la comunidad para que queden bien en el currículum de tu hijo con vistas a entrar en la universidad. Claro que queda bien en una solicitud de ingreso; pero cuando los chicos solo hacen voluntariado por el mérito obtenido, las universidades son perfectamente capaces de detectarlo. Ese es uno de los motivos por los que las universidades han empezado a entrevistar a los candidatos: porque es fácil saber si los chicos tienen o no pasión. Se puede saber si realmente les importa o si lo único que quieren es que los acepten en la universidad. Cuando les proponemos que hagan voluntariado porque queda bien en el currículum, estamos transmitiendo un mensaje erróneo. Lo que hacemos es mostrarles que todo lo hacemos por el beneficio personal, exactamente la idea contra la que debemos luchar.

Si miras a tu alrededor, es posible que encuentres un sentido de activismo social en lugares inesperados. Por ejemplo, un campamento de verano. Claro que puedes llevar a tus hijos a un campamento de tenis para mejorar su juego, pero ¿y si el campamento pudiera infundir valores humanitarios y de servicio importantes? Uno de los grupos más eficaces que he visto en los últimos años en la enseñanza del activismo social es Camp Tawonga, situado cerca del parque nacional de Yosemite, en California. Existe desde el año 1923; eso es mucho tiempo, y por un buen motivo. Este campamento tiene un éxito increíble porque su objetivo es, en primer lugar, hacer que los niños tengan una imagen positiva de sí mismos. Tawonga construye esta imagen mediante actividades como artesanía, natación, senderismo y fútbol, así como mediante responsabilidades hacia el grupo, como servir la cena y recogerlo todo después. Y luego continúan con lecciones más profundas. También enseñan a los chicos a desarrollar una «colaboración con la naturaleza». Los participantes exploran la hermosa zona circundante mediante acampadas de una noche, que les enseñan la importancia de proteger el entorno. Se les educa en cómo convertirse en defensores y volver a sus comunidades con un renovado respeto y motivación para cuidar su propio entorno. Ese el objetivo del campamento. No perfeccionar una habilidad para beneficio propio, sino ampliar horizontes y aprender lo que significa ser un ciudadano involucrado.

Otra idea para las familias: planificar los rituales de vacaciones para ayudar a otros. Cualquier cosa que nos haga pensar más allá de nosotros mismos. Invitar a los vecinos a comer o a cenar, llevar regalos a niños que no los tienen, donar tiempo o dinero a refugios para los sintechos o prestar apoyo a una fundación que trabaje con los pobres. Si vas de campamento, invita a las personas de la tienda de al lado a una bebida, o a compartir tu barbacoa. Mi meta personal es practicar esto más a menudo con mi familia en los próximos años. Todos donamos dinero a organizaciones a través de nuestras fundaciones, y también donamos regularmente ropa, muebles y juguetes a organizaciones benéficas locales, pero podemos hacer muchas más cosas. Aún tenemos muchas posesiones, y hay personas que las necesitan más que nosotros. No todas las familias están en situación de abundancia, pero si tú lo estás, ¿por qué no hacer de las donaciones una parte importante de las celebraciones navideñas? Preocuparse por el bienestar de otros en lugar de regodearse con el número de regalos que se dan o se reciben puede ser una poderosa lección de vida.

Todos los profesores quieren apoyar y empoderar a otros para hacer del mundo un lugar mejor, pero la mayor parte de los educadores se ven forzados a seguir un plan de estudios pasado de moda. En lugar de hacer que los niños memoricen datos deberíamos, como comunidad, apoyar un programa que les ayude a comprender el porqué de lo que aprenden, y cómo aplicarlo a hacer del mundo un lugar mejor. Al principio de mi carrera me di cuenta de que era importante hablar directamente de esto con los estudiantes, poner en contexto sus asignaturas. El instituto Palo Alto lo hace, y estoy muy orgulloso de formar parte de él; también conozco centenares de centros que lo practican. Necesitamos apoyar las escuelas y a los profesores en la tarea de ofrecer un plan de estudios que explique las motivaciones y que ofrezca a los estudiantes la oportunidad de llevar a cabo un proyecto en el mundo real. El objetivo es servir a otros, y eso es algo que destaco siempre que puedo. Yo misma soy un vivo ejemplo. Tengo dinero suficiente para retirarme, pero sigo dando clases y conferencias. ¿Por qué? Porque lo que me importa son las relaciones y ayudar a otros; y es lo que debería importarnos a todos. No ser el número uno, no hacerse rico, sino marcar la diferencia. No estoy diciendo que los chicos no tengan como objetivo tener una vida cómoda; claro que eso es importante. Pero, más allá de cierto nivel, las verdaderas recompensas se encuentran en el servicio, en las relaciones, en saber que has hecho alguna cosa para mejorar la vida de otra persona.

Hace años empecé a dar una charla que titulé «El poder de uno», porque muchos de mis estudiantes parecían derrotados antes incluso de haber empezado a luchar. Daban por supuesto que una sola persona no podía marcar la diferencia, así que ¿para qué intentarlo siquiera? Yo les decía justo lo contrario: que cualquier persona puede marcar la diferencia. Uno de los ejemplos más potentes que les podía ofrecer era la historia de Varian Fry.

En los años noventa, el superviviente del Holocausto Walter Meyerhof, profesor de Física de Stanford, me pidió que lo ayudase a promocionar un libro y a crear una película para hacer pública la increíble historia de Fry. Con el inicio de la Segunda Guerra Mundial, Fry, un joven graduado en Filosofía por Harvard, se enteró de que cientos de judíos estaban ocultándose en el sur de Francia y que el gobierno francés se negaba a concederles visados para salir del país. Parecía una batalla imposible, pero Fry viajó a Marsella en 1940 con un plan para burlar al gobierno de Vichy y falsificar visados para un centenar de judíos. Cuando el plan tuvo éxito, él siguió adelante. Terminó por quedarse dos años allí, y rescató a entre dos mil y cuatro mil personas, entre ellas a Walter Meyerhof y su famoso padre, Otto Meyerhof, que había obtenido el premio Nobel de Fisiología y Medicina en 1922. Entre otros, Fry rescató a Hannah Arendt, Marc Chagall, André Breton y Marcel Duchamp. He aquí un hombre del todo comprometido con su causa. Un día era estudiante; al día siguiente, un salvador individual. Lo que logró fue poco menos que milagroso, y era necesario que el máximo de estudiantes conociera su historia.

Yo ayudé a crear una guía de estudio y viajé con Walter por todo el país, dando conferencias acerca de Fry y del libro *Assignment: Rescue* (Misión: Rescate), que publicó en 1968. Ayudamos a producir una película homónima que fue narrada por Meryl Streep. Yo fui directora de Educación en la Fundación Varian Fry durante diez años y supervisé la distribución de la película, que vieron más de cincuenta mil estudiantes. Me resulta imposible explicar hasta qué punto influyó esta historia increíble en los chicos del instituto Palo Alto y a lo largo y ancho del país. Año tras año, mis estudiantes se tomaban muy en serio este mensaje. Se convencían de que no tenían que esperar a que viniese alguien para darles permiso: podían actuar ahora mismo.

Todos los niños deben tener pasión por servir, igual que la tenía Varian Fry. Las familias y las escuelas pueden mejorar el apoyo a los niños para que encuentren algo en lo que creer, algo por lo que luchar. Mi colega Marc Prensky escribió el libro *Educación para mejorar el mundo*, en el que defiende que se permita a los estudiantes identificar «problemas que los propios jóvenes perciben en su mundo, desde una perspectiva tanto local como global. La escuela se convierte, pues, en un instrumento para encontrar e implementar soluciones para los problemas del mundo real, soluciones que pongan en funcionamiento los puntos fuertes y las pasiones de cada chico». Llevar al aula y al hogar los problemas del mundo es muy importante. Prensky prosigue diciendo: «El resultado positivo a corto plazo es, de inmediato, un mundo mejor. Pero el resultado a largo plazo es mucho más potente: la creación de una población de ciudadanos adultos a los que la educación les ha dado herramientas para hallar soluciones a los problemas del mundo real». Ese es el objetivo que debería tener la educación. Los chicos tienen la capacidad. ¿Por qué no dejarlos abordar los mayores, y más complejos, problemas?

Kiran Sethi, fundador y director de la escuela Riverside en Ahmedabad, India, está preparando ahora la mayor concentración de niños del mundo, que tendrá lugar en el Vaticano en noviembre de 2019. Cientos de miles de niños de secundaria de más de un centenar de países serán acogidos por el Papa para trabajar en soluciones para los diecisiete Objetivos de Desarrollo Sostenible para el Mundo de la ONU:

- Fin de la pobreza
- Erradicación del hambre
- Salud y bienestar
- Educación de calidad
- Igualdad de género
- Agua potable y aseos
- Energía asequible y no contaminante
- Trabajo decente y crecimiento económico
- Industria, innovación e infraestructura

- Reducción de las desigualdades
- Ciudades y comunidades sostenibles
- Producción y consumo responsables
- Acción por el clima
- Vida submarina
- Vida de ecosistemas terrestres
- Paz, justicia e instituciones fuertes
- Alianzas para lograr los objetivos

El objetivo es hacer realidad estas metas antes del año 2030, y Sethi cree que los jóvenes forman una parte importante de la solución. Yo estoy de acuerdo con él. Estas cuestiones deberían formar parte de todos los planes de estudios, de todas las sobremesas. ¿Cómo van a resolver los chicos de instituto los problemas mundiales de pobreza y hambre? No tengo ni idea, pero no veo la hora de averiguarlo.

Cuando tus hijos empiecen su carrera laboral, ayúdales a que perciban que sus trabajos están relacionados en cierto modo con el bien común, no solo con el margen de beneficio o con su propio bolsillo. Recuérdales que algunas de las mejores ideas de negocio vienen del deseo de resolver los problemas del mundo. Como dice Peter Diamandis, el creador de la Fundación X Prize y de la Singularity University: «Los mayores problemas del mundo son también las mayores oportunidades de negocio [...] ¿Quieres tener 1.000 millones? Busca un problema que afecte a 1.000 millones de personas en el que puedas dejar huella». Un consejo fantástico.

Tener los modelos profesionales apropiados supone una enorme diferencia. Marc Benioff, el fundador, presidente y consejero delegado de Salesforce, es otro de los líderes más avanzados en lo que se refiere a la manera de hacer que las empresas trabajen para el bien común. Es famoso por su modelo de filantropía «1-1-1», que requiere que las empresas donen un 1 % de su capital, un 1 % de sus productos y un 1 % de las horas de trabajo de sus empleados a la comunidad. Benioff ha hablado sobre un cambio más amplio en el mundo de la empresa hacia un espíritu de servicio: «Cuando estaba en la Universidad del Sur de California, solo se hablaba de maximizar el valor para los accionistas. Pero estamos cambiando a un mundo de partes interesadas, ya no solo de accionistas. Tus empleados son parte interesada, como lo son tus clientes, tus socios, las comunidades en las que resides, los sintechos cercanos, tus escuelas públicas. Una empresa como la nuestra no puede tener éxito en una economía o en un entorno fallidos, o en una zona donde el sistema escolar no funciona. Tenemos que asumir la responsabilidad por todas esas cosas». Benioff cree firmemente que su empresa tiene una responsabilidad con la comunidad y que es capaz de contribuir de forma significativa. «Salesforce es la mayor empresa tecnológica de San Francisco», dice. «Podemos intervenir poderosamente en esta ciudad. Todo el personal puede hacer voluntariado en las escuelas públicas, y trabajar para hacer una ciudad mejor. Pueden mejorar el estado de la ciudad y el del mundo. Solo hay que darles permiso para que lo hagan.» Queremos que nuestros hijos sean líderes como Benioff, líderes con una visión que permita a sus empresas hacer progresar la cultura y nuestras propias vidas. Quizá pienses que esta idea no tiene nada que ver con la actitud empresarial, pero cada vez veo a más directivos de empresa avanzar en esta dirección, y espero que, algún día, todos los jóvenes trabajen para ello.

SERVICIO EN ACCIÓN

Cuando los jóvenes son conscientes del mundo que los rodea y tienen interés en ser útiles, todo es posible. Encuentran sus propias causas y las defienden. Lo he visto miles de veces, y es siempre increíble. La gran ventaja de enseñar Periodismo a los adolescentes es que les da una voz y un público, y los hace sentirse capacitados para participar en una democracia y en el mundo. Yo les explico que las noticias son un sofisticado sistema de alerta, una manera de informar a las personas para que sus vidas puedan ser mejores. Mis estudiantes no son únicamente consumidores; en mi aula se convierten en participantes con el deber de servir. Llevan la carga de buscar la verdad y proteger al desvalido, y con el tiempo me he dado cuenta de que se toman seriamente la responsabilidad.

Por ejemplo, Claire Liu, una chica que fue estudiante mía hace poco, dice que se le dio el espacio y la capacidad de acción necesarios para cuestionar estructuras y normas que estaban profundamente arraigadas en su entorno, para examinar con detalle conceptos como la separación entre clases y las tensiones raciales en el campus de su instituto, para desafiar ideas como la forma de vestir apropiada, para explorar las desigualdades de ingresos y la crisis de la vivienda en el Área de la Bahía. Después de hacer voluntariado en un centro para personas sin techo cerca del instituto Palo Alto, Liu se interesó por las comunidades marginadas. Había descubierto una «interesante paradoja entre la comunidad local y Silicon Valley. Fue una llamada de atención hacia los problemas de una comunidad que siempre parecía acogedora y perfecta».

En un destacado artículo para nuestro periódico, Liu escribió sobre el parque de casas móviles de Buena Vista y cómo los residentes de larga duración, muchos de ellos pertenecientes a minorías y obreros pobres, estaban siendo reubicados a fin de poder utilizar el terreno para construir apartamentos de lujo destinados a jóvenes trabajadores de las empresas tecnológicas. Entrevistó a muchos residentes de Buena Vista para conocer sus historias; fue con una amiga que hablaba español y ejerció de intérprete. Estas personas le contaron que tendrían que dejar sus actuales trabajos porque no se podían permitir el coste de la vida en el vecindario. Los niños tendrían que abandonar sus escuelas y a sus amigos. Uno de los residentes se planteaba la posibilidad de volver a vivir en su coche. Liu entrevistó también a un activista local que le habló de los numerosos problemas para acceder a una vivienda asequible en Silicon Valley. Liu se implicó a fondo en esta causa y siguió buscando soluciones, haciendo lo posible para ayudar. Su artículo termina con una pregunta acerca de la paradoja de Silicon Valley. La innovación y la tolerancia son algo cotidiano en nuestra comunidad, pero ninguna de ellas se utiliza con el fin de encontrar soluciones para las personas que peor lo pasan. Liu ahora está estudiando la asignatura de «Tecnología de la persuasión e influencia política» (una materia diseñada por ella misma) en la Universidad de Cornell, donde sigue investigando, cuestionando y buscando la justicia. Tengo ganas de ver cuál es su aportación al mundo.

Ben Hewlett, otro de mis exalumnos, generó titulares en 1996 por un descubrimiento revolucionario sobre nuestro consejo escolar. Todo empezó cuando Ben necesitaba una idea para un artículo del periódico. Yo había recogido mi correo de la oficina y estaba andando por el pasillo cuando Ben me preguntó: «Woj, ¿qué historia podría escribir para esta edición?». Le entregué el acta de una reciente reunión del consejo y le comenté que tal vez encontraría algo allí.

Al día siguiente, Ben me dijo que el consejo había celebrado una reunión de varias horas a puerta cerrada antes de abrirla a las 10.30 de la noche y, en tres minutos, aprobar diversas resoluciones en las que se aumentaban los sueldos del personal administrativo. «¿No te parece raro?», me dijo. «¿Cómo pudieron aprobar tres resoluciones importantes en pocos minutos si no las habían comentado antes en privado?»

A mí también me pareció extraño. El director adjunto había sido ascendido a vicedirector y se le había concedido un aumento de sueldo de 9.000 dólares en un año en que el presupuesto era tan ajustado que los directores estaban dando clases. El de «vicedirector» era un cargo nuevo del que nadie había oído hablar. Todo era muy sospechoso.

Ben era tímido, y no estaba seguro de si debía «curiosear en los hábitos de gasto de los adultos más poderosos del distrito escolar». Pero yo pensaba que sí debía hacerlo, que debía contar la historia. Según lo recuerda Ben: «Sin ninguna duda, Woj dijo que sí, que era buena idea; se trataba de funcionarios y, si habían hecho algo mal, tenían que asumir la responsabilidad».

Era exactamente la clase de injusticia que durante toda mi vida me he dedicado a denunciar, y sabía que esta iba a ser una experiencia transformadora para todos los que participaban en el periódico de la escuela. Supongo que puede decirse que estaba entusiasmada. James Franco era estudiante mío del mismo año, y recuerda con claridad mi entusiasmo: «Valía la pena ver el destello entre alegre y travieso en los ojos de Woj cuando dijo a Ben y a los estudiantes del equipo que publicasen la noticia [...] La historia de Ben Hewlett no era algo que un profesor leería y luego dejaría olvidado en un cajón. Era una noticia que tenía que ver con el mundo exterior».

Fue fantástico ver a Ben salir de su concha. «Tuve el placer de empaparme de toda la emoción, aprensión e indignación moral que generó la denuncia de lo que yo percibía como una traición a la confianza de las personas», dice. «Llevé a cabo entrevistas, revisé y fotocopié documentos y aguanté sesiones de edición hasta altas horas de la noche con otros estudiantes. Y durante todo el proceso Woj estuvo allí, nunca lo bastante lejos para no poder pedirle ayuda, nunca lo bastante cerca para que me sintiera obligado a hacerlo.» No todo fue fácil. Ben y sus colegas asistían a las reuniones del consejo y, en un momento dado, uno de los miembros del consejo dijo: «¿Por qué asistís a una reunión tan aburrida? ¿No deberíais estar haciendo los deberes o saliendo con los amigos?». El insulto solo sirvió para envalentonar a Ben.

Ben y sus compañeros descubrieron que todos los administradores tenían tarjetas de crédito que no estaban correctamente gestionadas. De hecho, algunos administradores tenían cargos de los grandes almacenes Macy's y de las tiendas de ropa Lord & Taylor. ¿Para gastos en educación? No era muy probable. Los estudiantes investigaron a fondo y redactaron un explosivo artículo sobre el exceso de gastos y la incompetencia administrativa en el distrito. El artículo salió a finales de mayo de 1996 y causó un gran revuelo. Todo el mundo (estudiantes, padres y profesores) examinó al consejo escolar con atención. En junio, el director dimitió. En agosto lo hizo el administrador. El aumento de sueldo de 9.000 dólares fue anulado y las tarjetas de crédito de los administradores fueron canceladas a perpetuidad.

«La sensación de poder influir en la comunidad en la que vives es muy agradable», dice Hewlett. «Soy una persona muy reservada, así que la atención pública no me gustó, pero estuvo bien que se reconociese el trabajo y también el periódico.» Como profesora, me sentía muy orgullosa de Ben Hewlett y de todos los estudiantes que trabajaron con él en la investigación. Contribuyeron de forma importante al bien ciudadano y demostraron que los adolescentes son mucho más competentes de lo que creemos, que son capaces de denunciar la injusticia y luchar por causas que nos afectan a todos. Desde aquel momento, la comunidad leyó el *Campanile* con un renovado respeto.

Estudiantes como Claire y Ben dejan huella cuando salen al mundo exterior. Pero nunca dejan de ser los hijos de alguien. No olvides que eres un modelo hasta el fin de tus días. La forma en la que vives y lo que haces, incluso durante la jubilación, importa. Este es mi problema con la jubilación: la mayoría de nosotros nos jubilamos de una vida plena, alejándonos del propósito, apartándonos de nuestras comunidades. Para los estadounidenses, la jubilación suele ser el momento de hacer lo que quieren. Puedes levantarte tarde, comer cuando quieras (y más de lo que deberías) y sentarte en el porche delantero durante horas. Muchas personas hacen precisamente eso. Viajan un poco, miran mucho la televisión. Con el tiempo, se aburren y se sienten vacías; con frecuencia, las personas jubiladas se aíslan y se deprimen. No es de extrañar.

Mi sugerencia es no jubilarse nunca. En vez de eso, ¿por qué no reinventarse como voluntario o mentor? Concéntrate en devolver lo que has recibido, en implicarte. Siempre se necesita algún tipo de propósito, y alguna forma de contribuir, y esto supone una lección importante para tus hijos ya adultos. En Reino Unido, para los ciudadanos mayores el propósito adoptó la forma de pollos. Sí, sí, pollos. Un proyecto denominado HenPower descubrió que cuidar pollos (una tarea muy simple) daba como resultado que las personas de edad se sentían menos deprimidas y solas, y experimentaban una mayor sensación general de bienestar. Yo lo entiendo, porque eso es lo que todos necesitamos: control personal, un sentido del propósito, algo que nos importe. ¿No es eso lo que queremos enseñar a nuestros hijos ya adultos, que en muchos casos ya tienen sus propios hijos?

La crianza no es solo un asunto de niños: tiene que ver con los adultos en los que se convierten. Con los ciudadanos que llegan a ser. Los cambios por los que luchan y las ideas que aportan. Es por eso por lo que debemos empezar a inculcar los valores TRICK muy al principio, y reaprenderlos nosotros mismos a lo largo de nuestras vidas, todas las veces que sea necesario. Estos sencillos valores allanan el camino hacia el éxito, y sus resultados son radicales. Los niños necesitan que alguien crea en ellos, y necesitan que se los respete por lo que son. Sin eso, no pueden desarrollar la independencia que será fundamental para su éxito como adultos en un mundo que cambia de forma impredecible. A lo largo de su educación, todos los estudiantes necesitan los mismos valores. En la situación actual, la mayor parte de escuelas que tratan a los niños con respeto son privadas. Ahora, los niños ya no están en una cárcel, sino en un entorno de aprendizaje. Pero ¿y los otros niños? Mala suerte para ellos. El respeto no es algo por lo que deberíamos pagar. Podemos hacerlo mejor. Los estudiantes deben aprender a dominar las aptitudes TRICK en casa, y sus profesores deben aplicarlas en la escuela. Todos tenemos que emplearlas en nuestro lugar de trabajo. No estoy diciendo que todas las escuelas deban adoptar TRICK; lo que digo es que todas deberían tener principios similares a TRICK. Aún necesitamos un plan de estudios típico para enseñar los conceptos básicos; pero, dentro de él, los niños necesitan la oportunidad de sentirse respetados y empoderados, de trabajar en proyectos que les importen, de enterarse de los problemas de sus comunidades y del mundo. Cuando lo prueban, dejan de pelearse y de luchar entre ellos. Se vuelven seguros de sí mismos y se comprometen con proyectos importantes.

Veo empresas que cambian y aceptan estos valores, y sé que cada vez más empresas las seguirán. Google fue una de las primeras que trató a los empleados como personas a las que había que cuidar. Últimamente, los clientes también esperan recibir un mejor trato de las empresas. Por ejemplo, la política de devoluciones de Amazon: fácil de implementar, gran respeto por el cliente. Zappos ganó cuota de mercado de la misma manera: generando confianza en sus clientes y cumpliendo sus promesas. Espero que todas las empresas tomen nota, porque este es el futuro.

En nuestros días nos enfrentamos a multitud de problemas, problemas que requieren soluciones radicales; y aún nos esperan más. Debemos dejar de pensar que lo que afecta a nuestro país no nos afectará a nosotros. Eso es un inmenso error. No podemos ignorar una política inhumana o una guerra lejana como si fuese un patrón climatológico que no nos afecta. Todos estamos interconectados, y los mayores desafíos nos afectarán profundamente a todos. El cambio climático es el más urgente de todos. Solo hay que mirar las sequías y los incendios: cada año son más. Uno de los muchos factores de presión que afectaron a Siria hace más de una década fue una grave sequía que forzó a millones de personas a abandonar sus casas en busca de comida y agua. Y, a pesar de que Siria puede parecer un lugar muy lejano, lo que sucede en ese país también nos afecta. ¿Y qué hay de los refugiados, las enfermedades y la contaminación del aire y del agua? No puede ser que haya millones de personas sin país deambulando por el mundo; las vidas de todos nosotros son desgraciadas por ello.

No podemos huir de estos problemas, y no podemos resolverlos solos. Necesitamos planificar juntos de forma inteligente, pensar de qué maneras todos nosotros, como planeta, podemos trabajar en soluciones colaborativas. Tenemos que unirnos. Esto es una súplica para que utilicemos TRICK en todas nuestras interacciones; en todas ellas. Si nuestros políticos no adoptan estos valores, nuestras comunidades tendrán que organizarse y hacer oír nuestras voces; tenemos que practicar estos valores nosotros mismos, y ser su modelo. Debemos avanzar, no retroceder. Tenemos que resistir y luchar por lo que es justo, no recurrir a la violencia.

Porque, al fin y al cabo, este es el sentido de una vida plena: mejorarnos, nosotros mismos y unos a otros, nuestras comunidades, el propio planeta. La crianza de hijos puede empezar por poca cosa, pero tiene implicaciones profundas. Todos compartimos el futuro, y la forma en que tratemos a nuestros hijos es la forma en que ellos tratarán el mundo.

Conclusión

Era una tarde de invierno en Nueva York cuando conocí a Stacey Bendet Eisner, una destacada diseñadora de moda y fundadora de la cadena de tiendas de ropa Alice + Olivia. Teníamos pensado hablar de su vida y su trabajo, y de cómo es la formación de empleados *millennial*. Siempre siento curiosidad por cómo les va a los trabajadores más jóvenes, cómo su crianza y educación los prepara (o no) para gestionar la vida adulta.

Stacey entró en el restaurante con un aspecto glamuroso; llevaba un abrigo verde azulado. La acompañaba su hija de siete años, Scarlet, que llevaba una ropa infantil muy a la moda. «Bueno», pensé, «esta reunión va a ser distinta.» Creí que prestaríamos mucha atención a Scarlet.

Nos sentamos, y Scarlet sacó su cuaderno y empezó a dibujar con una sonrisa en el rostro. Me quedé impresionada al instante. Stacey empezó a hablar sobre la nueva generación de empleados y a cuántos de ellos les faltaba *grit* y empoderamiento. «Es difícil encontrar empleados con ideas creativas», dijo. «Lo que más miedo les da es cometer un error. Y es difícil ser creativo cuando estás asustado.» Ambas coincidimos en que, casi siempre, la cosa se reduce a la crianza, mi tema favorito. Hablamos sobre confiar en los hijos y darles más independencia y responsabilidad, y al menos cierto control sobre sus vidas, y de lo importantes que son estas aptitudes para el éxito académico y en la propia vida. Le conté lo de aquella vez que dejé a mis nietos hacer su propia compra en una tienda de ropa y lo mucho que se había enfadado mi hija. A Stacey le encantó la idea, pero reconoció que cada vez parecía más difícil dar a los niños libertades, aunque fueran pequeñas. Nuestra reunión de la tarde duró alrededor de hora y media; y durante todo ese tiempo la pequeña Scarlet no dijo ni una palabra. Al terminar, tenía un cuaderno lleno de dibujos preciosos. Había diseños laberínticos llenos de color y otros que parecían conos de helado. Me quedé asombrada de su capacidad de concentración, y se lo dije.

Hace poco he tenido noticias de Stacey. Me contó lo mucho que había valorado mis consejos y, lo más importante, cuánto le gustaron a Scarlet. Yo no creía que Scarlet hubiera estado prestando atención, pero al parecer así era. Resulta que oyó todo lo que dijimos. Palabra por palabra. Ahora, siempre que ella y sus dos hermanas quieren hacer algo solas, dicen: «Esther diría que está bien». Incluso en el centro de la ciudad de Nueva York han estado cruzando solas la calle para comprar helados italianos en un restaurante cercano. Han ganado mucha independencia en pocos meses, y Stacey las ha observado volverse más seguras de sí mismas, más empoderadas, más capaces.

Esta familia es un gran ejemplo de cómo los pequeños cambios pueden producir grandes resultados. Me alegra que nuestra conversación tuviese tanto impacto; y, francamente, no me sorprende. Nunca he conocido a ningún niño al que no le gustase lo que he dicho, que no quisiera más respeto y libertad; que no adoptase inmediatamente mi método. Y se debe a que es natural: trabaja con los niños, no contra ellos. Todos los niños quieren reconocimiento y respeto. Quieren ayudar a otras personas y causar un impacto. De forma innata, son optimistas e idealistas, las cualidades más maravillosas de los niños. Así que ¿por qué no fomentar lo mejor que tienen? ¿Por qué no animarlos para que se empoderen y sean compasivos? Sus vidas, y las vidas de todos los que les rodean, serán mejores, como niños y como adultos. Cualquier paso hacia los valores TRICK es un paso en la dirección correcta. Y se puede empezar en cualquier momento. Nunca es demasiado tarde para decir a tu hijo: «Confío en ti». Nunca es demasiado tarde para dar un paso atrás y dejar que el mundo enseñe sus propias lecciones.

Lo sé porque lo he vivido, y siempre ha funcionado. Mientras escribo esta conclusión, empieza otro curso escolar. Este es el trigésimo sexto curso en el que he visto a un nuevo grupo de alumnos de segundo y tercer año entrar en mis clases de Periodismo. Como a muchos chicos de instituto, les preocupa saber si serán capaces de soportar la clase, qué notas van a tener y si harán nuevos amigos. Han oído hablar del programa de artes multimedia y todo lo que ofrece, y les han dicho que los profesores del programa (ahora somos seis) son diferentes, pero aún no saben qué esperar. Hasta el primer día, cuando ven que el curso de Periodismo Avanzado lo imparten los propios alumnos. Eso los pilla por sorpresa.

Mis colegas profesores y yo damos muchas charlas a lo largo del curso, pero la primera vez que nos dirigimos a los estudiantes les decimos que esta asignatura es única, que la finalidad del tiempo que pasaremos juntos es darles la capacidad y la oportunidad de aprender las más importantes aptitudes para la vida: TRICK. Al principio no son más que palabras; y cuando llegan al instituto, los chicos ya han oído muchas palabras. La diferencia es que realmente ven que esto sucede, y se dan cuenta de que van a estar al cargo. Igual que Scarlet, con solo siete años, están encantados de que se les conceda el poder, de tener el control y la capacidad de elegir sus propios proyectos.

A lo largo de los dos años siguientes, mis colegas profesores y yo los vemos transformarse, de tímidos estudiantes de segundo año en jóvenes adultos con voz y capacidad de acción. Después de la clase de Iniciación al Periodismo, pueden elegir para qué publicación quieren escribir. Hay ahora mismo diez publicaciones, y más en preparación. Mi colega Paul Kandell inició una nueva clase de Periodismo y Empresa en otoño de 2018, en la que los chicos pueden aportar sus propias ideas de publicaciones; y, como en un vivero de empresas, solicitar financiación. No importa qué publicación elijan: los artículos que escriben influyen en nuestra comunidad. El periódico *Campanile* mantiene la tradición de ser una voz importante en Palo Alto, y una de las mejores lecciones para los estudiantes es aprender a que se oigan sus voces. Eso es también válido para las otras publicaciones de estudiantes de Paly: *Verde*, *C Magazine*, *Voice*, *InFocus*, *Agora* y *Proof*. Estos estudiantes se convertirán en escritores y pensadores que influirán en el mundo.

A lo largo de este proceso, forman una comunidad que va más allá del momento de su graduación en el instituto, una comunidad en la que pueden encontrar apoyo. Como decía uno de mis antiguos redactores: «Es una gran familia». Durante la última semana de producción del año escolar, siempre celebramos una fiesta. Es una despedida para los alumnos de cuarto año y una celebración del gran trabajo en el que todos hemos colaborado. Les deseamos lo mejor y les decimos que no pierdan el contacto. Y la mayoría de ellos no lo pierden.

Mi programa funciona en el instituto Palo Alto y puede funcionar en centros escolares y hogares de todo el mundo. Por ejemplo, una escuela llamada Centro de Capacitación Integral (CCAI) en Monterrey, México, patrocinada por la Fundación Vicente Ferrara y dirigida por Marco Ferrara (el biznieto de Vicente). Conocí a Marco hace cinco años, dando una charla en Puebla, México, en el Festival Ciudad de las Ideas. Le encantó lo que dije sobre el empoderamiento de los estudiantes, y me preguntó si quería ser mentora y consejera de la escuela. Yo acepté sin dudarlo. La escuela está construida en lo que había sido un vertedero llamado San Bernabé, y los estudiantes son adultos que, por una causa u otra, no pudieron educarse y carecen de habilidades laborales. Se centra en el aprendizaje de aptitudes para el mundo real basado en TRICK y en la filosofía *moonshot* que describo en mi primer libro. Más de medio millón de personas viven en un estado de pobreza extrema únicamente en la zona de Monterrey, y el objetivo es ayudar a estas personas a salir de la pobreza y hacer avanzar el país. En los once años desde que dio comienzo el programa, han educado a catorce mil personas, y en 2019 serán diez mil más. A cada uno de los estudiantes se les promete un empleo después del programa, que pueden tardar en completar entre seis meses y tres años. Pero no es solo un trabajo: es una forma de vida. Se centran en la persona al completo: autoestima, ética, finanzas, deportes, etc. Entienden que respetarse, creer en uno mismo y la amabilidad son las aptitudes más importantes en la vida. Su lema es: «Dale a un hombre un pescado y lo alimentarás un día. Enséñale a pescar y lo alimentarás para toda la vida». El CCAI está creando personas de éxito de todas las edades, y tratando de marcar la diferencia a pesar de los factores en contra. El mundo necesita más objetivos como este.

Y también tenemos a mi antigua estudiante Kristin Ostby de Barillas, presidenta y consejera delegada de Boys Hope Girls Hope en Guatemala. Kristin trabaja con chicos que han sufrido algunas de las peores experiencias que se puedan imaginar. Pero ellos también pueden tener éxito si se les proporciona un entorno que los apoye y que haga hincapié en TRICK. Como dice Kristin: «Los jóvenes que están creciendo ganan, por fuerza, coraje y resiliencia. Si encuentran una comunidad de personas a las que les importen, que les ayuden a convertirse en individuos que aprendan durante toda la vida y que desarrollen las aptitudes más importantes, se convierten en los líderes motivados, persistentes, creativos y orientados al trabajo en equipo que nuestra sociedad actual necesita. Adquieren el carácter que los jóvenes que crecen en un entorno privilegiado necesitan desarrollar». La organización tiene programas educativos y residenciales en Ciudad de Guatemala, y está marcando la diferencia un niño por vez.

Actualmente hay en Estados Unidos más de cuatro mil trescientos Boys & Girls Clubs que atienden a niños en situación de pobreza. Incluso aquí, en Palo Alto, tenemos familias que viven en autocaravanas en El Camino Real, porque no pueden permitirse una vivienda en la zona. En todas las ciudades de Estados Unidos, ricas o pobres, hay oportunidades para servir a las personas. El legendario jugador de baloncesto Alex Rodriguez recibió la ayuda de los Boys & Girls Clubs, y ahora está devolviendo lo que recibió en el Boys & Girls Club de Miami. Todos podemos encontrar una manera de ser de provecho. Todos debemos apoyar a los jóvenes de nuestras comunidades, en escuelas, en organizaciones como los Boys & Girls Clubs, en programas como CCAI en Monterrey, México, y en nuestras vidas. TRICK funciona en todas las edades y etapas de la vida. Todos necesitamos que se confíe en nosotros y que se nos respete por lo que somos. Todos necesitamos que nos den libertad y que nos enseñen a trabajar con otras personas. Todos necesitamos experimentar la amabilidad para poder proyectarla de nuevo al mundo.

Porque ese es el verdadero sentido de criar personas de éxito: dar forma a la siguiente generación, enseñar las aptitudes que todos necesitamos para hacer que la vida sea mejor para todos. Y eso es lo que quería Steve Jobs para su hija mayor, Lisa, cuando la inscribió en mi programa a principios de los noventa (incluso vino con antelación para entrevistarme a mí. ¡Por suerte, aprobé la entrevista!). Como él mismo dijo: «Las personas que están lo bastante locas para pensar que pueden cambiar el mundo son las que lo hacen». Quizá me consideró «lo bastante loca»; y, por cierto, mis hijas opinan lo mismo. Bueno, yo sí me siento «lo bastante loca», pero necesito que muchos más locos se unan a mí para utilizar TRICK con regularidad y dar a nuestros hijos el poder de cambiar el mundo. TRICK solo parece «loco» en un sistema que sea realmente deficiente y destruya la creatividad, la ambición y los sueños de los estudiantes. Los padres siempre quieren lo mejor para sus hijos; pero, con frecuencia, lo que se considera una crianza «afectuosa» o «comprensiva» en realidad está sofocando la capacidad innata del niño para aprender y crecer. Nosotros somos los locos que cambiaremos el mundo dando a nuestros hijos confianza y respeto verdaderos para que ellos mismos desarrollen la independencia, aprendan a colaborar y sean amables. Esto es lo que el futuro espera de ellos. Esto es lo que el futuro espera de nosotros.

Este libro forma parte de un movimiento para cambiar la cultura de la educación y apoyar a los primeros educadores: los padres. Los padres y los profesores siempre se preguntan qué pueden hacer para ayudar a los jóvenes a tener éxito. Bien, he aquí la respuesta: redescubrir y enseñar los valores fundamentales que están en todos nosotros (y, por cierto, en todas las religiones), esto es, TRICK con amor. Eso ha sido el núcleo de todas las religiones (incluidos el judaísmo, el cristianismo y el islamismo) a lo largo de la historia. Recordémoslo. Espero que compartas este libro con otros padres, educadores, abuelos, terapeutas, orientadores y cuidadores; y, en general, con cualquier persona responsable de las mentes y los corazones de los jóvenes.

El éxito empieza por nuestros hijos y por nosotros mismos. Creamos que somos todos «lo bastante locos» para cambiar nuestro mundo juntos, y lo conseguiremos.

Agradecimientos

Este libro surgió por accidente. Yo no pensaba escribir un libro hasta que mucha gente me preguntó cómo había criado a mis hijas. Querían conocer las técnicas y los trucos que había empleado. Pensé en ello, pero no hice nada más hasta que un día conocí a mi fantástico agente literario, Doug Abrams, fundador de Idea Architects, en una lectura pública. Fueron su visión y su guía las que hicieron realidad este libro. Quiero dar las gracias a muchas personas que me han ayudado de muchas maneras a lo largo del camino. El primero es Doug Abrams, por ayudarme a poner hoy este libro en tus manos. Sin sus conocimientos y su orientación no habría sido capaz de hacerlo. Junto a Doug está mi ayudante editorial, Amy Schleunes, que estaba allí día y noche, dispuesta a poner a prueba mis ideas, ayudarme a aclarar mis pensamientos y asegurarse de que lo que había escrito tenía sentido. También me gustaría dar las gracias a la escritora Katherine Vaz, un tercer par de ojos que me ofreció sugerencias y directrices que marcaron la diferencia. Bruce Nichols, mi editor, entendió la visión del libro desde el primer día y en todo momento ha sido un gran colaborador.

En un nivel más personal, quiero dar las gracias a mi marido, Stan, que me toleró y aguantó cuando me aislaba durante días, incluso semanas y meses, sentada en un sillón de color rojo vivo con un ordenador en el regazo, escribiendo este libro. A pesar de que se preguntaba en voz alta «¿Qué ha sido de mi esposa?», hacía la compra, preparaba la cena y aceptaba con elegancia mi nuevo estilo de vida. El mismo agradecimiento y apreciación son para mis hijas, Susan, Janet y Anne, mi yerno, Dennis, y mis diez nietos, que se quejaban de mi ausencia en las celebraciones familiares («¿Dónde está Nana?») pero me apoyaron cuando les expliqué lo que estaba haciendo. «Estás tardando mucho, Nana», se lamentaban. El tiempo se mueve más lento cuando eres niño. Mis hijas, algo menos tolerantes, me recordaban constantemente las muchas actividades familiares que me estaba perdiendo. Sin embargo, me animaron y apoyaron cuando se dieron cuenta de que iba a hacerse realidad.

Este libro no habría sido posible sin el apoyo de cientos de exestudiantes del *Campanile*, que enviaron historias y recuerdos de su época en mi clase desde el año en que empecé, 1984. No podría incluir a la mayoría de ellos por limitaciones de extensión impuestas por mi editor, pero les agradezco que aportasen todas esas historias. Me gustaría dar las gracias particularmente a los redactores jefes del *Campanile*, que durante años me han ayudado a dar forma al programa y han aportado muchas ideas sobre qué se podía mejorar. Fueron esas ideas las que me ayudaron a convertir el programa en lo que es hoy en día. Enumero aquí a algunos de esos estudiantes en orden alfabético, y me disculpo si olvidé mencionar tu nombre. Todos los estudiantes son importantes para mí, y ya sabéis quiénes sois: Karina Alexanyan, Lisa Brennan-Jobs,

Aaron Cohen, Ben Crosson, Gady Epstein, James Franco, Ben Hewlett, Maya Kandell, Forest Key, Chris Lewis, Jennifer Linden, Claire Liu, Aidan Maese-Czeropski, Bilal Mahmood, Andrew Miller, Kristin Ostby, Lauren Ruth, Tomer Schwartz, Jonah Steinhart, Sammy Vasquez, Michael Wang, Oliver Weisberg, Andrew Wong, Brian Wong y Kaija Xiao. Gran parte de este libro está dedicada al programa de Periodismo que yo fundé y a la pedagogía que desarrollé en el instituto Palo Alto desde 1998. Buena parte de mi éxito con la ampliación del programa se debe a la dedicación coordinada de mi colega, Paul Kandell, sin cuya ayuda nunca habría podido construir el programa que tenemos en la actualidad. En 2000 pasó a encargarse de *Verde*, una revista de noticias, y en 2002 de *Voice*, una publicación en línea, y dio respaldo a mi tarea de seguir agregando publicaciones al programa para adaptarlo a los intereses de cientos de estudiantes. Me ha proporcionado ideas interesantes y grandes conversaciones sobre el uso del periodismo como herramienta para empoderar a los estudiantes en el siglo xxi. El programa comprende ahora ocho revistas, así como producciones de televisión, radio y vídeo, y estoy en deuda con todo aquel que haya realizado su aportación a *Campanile* (<www.thecampanile.org>), *Verde* (<https://verdemagazine.com>), *C Magazine* (<https://issuu.com/c_magazine>), *Viking* (<https://vikingsportsmag.com>), *In Focus* (<https://www.infocusnews.tv>), *Voice* (<https://palyvoice.com>), *Proof* (<https://issuu.com/proofpaly>), *Madrono* (<https://palymadrono.com>), *KPLY Radio* (<https://www.palyradio.com>), *Agora* (<https://issuu.com/palyagora>), *Veritas Science* y *Veritas Travel* (no hay direcciones web para estos dos últimos... ¡aún!). Hay otros cinco profesores de medios que han ofrecido un apoyo increíble: Rod Satterthwaite, Brian Wilson, Paul Hoeprich, Brett Griffith y Margo Wixsom. Tengo la inmensa fortuna de contar con un grupo de colegas excepcional.

También me gustaría dar las gracias a las personas que me cedieron su tiempo para ser entrevistadas; algunas de ellas hablaron conmigo regularmente de manera informal. Son muchas las personas que me han ayudado a dar forma a las ideas de este libro. He tratado de incluirlas a todas, pero es posible que haya omitido a algunas. Pido disculpas si, de manera inconsciente, te he dejado fuera:

Karina Alexanyan, MediaX Stanford

Stacey Bendet Eisner, consejera delegada de Alice + Olivia

Marc Benioff, consejero delegado de Salesforce

Gary Bolles, eParachute.com

Danah Boyd, presidenta de Data & Society

Andrea Ceccherini, presidenta de L'Osservatorio Permanente Giovani

Freedom Cheteni, presidente de InventXR LLC.

Ulrik Christensen, consejero delegado de Area9

Shelby Coffey, vicepresidente de Newseum

Jessica Colvin, directora de TUHSD Wellness

Bill Damon, profesor de Educación, Universidad de Stanford

Linda Darling-Hammond, profesora emérita de Educación, Universidad de Stanford

Carol Dweck, profesora de Psicología, Universidad de Stanford

Charles Fadel, profesor de Educación, Universidad de Harvard

Marco Ferrara, presidente de la Fundación Vicente Ferrara

Cristin Frodella, directora de Marketing, Google Education

Ellen Galinsky, Bezos Family Foundation

Khurram Jamil, presidente de Iniciativas Estratégicas, Area9

Heidi Kleinmaus, socia de Charrette, LLC

Julie Lythcott-Haims, escritora, antigua directora de Admisiones, Universidad de Stanford

Ed Madison, profesor de Comunicaciones, Universidad de Oregón

Barbara McCormack, vicepresidenta de Educación de Newseum

Dr. Max McGee, antiguo director de Escuelas Unificadas de Palo Alto

Milbrey McLaughlin, profesora emérita de Educación, Universidad de Stanford

Maye Musk, madre de Elon Musk, supermodelo, nutricionista

Dra. Janesta Noland, pediatra

David Nordfors, cofundador de i4j Summit

Esther Perel, escritora, psicoterapeuta

Marc Prensky, presidente de la Global Future Education Foundation

Todd Rose, profesor de Educación, Universidad de Harvard

Dan Russell, del departamento de Calidad y Felicidad del Usuario de Google Search

Sheryl Sandberg, directora de Operaciones de Facebook

Bror Saxberg, vicepresidente de Learning Science, Chan Zuckerberg Initiative

Michael Shearn, Compound Money, LP

Jamie Simon, directora ejecutiva de Camp Tawonga

Peter Stein, director general de Reunion

Jim Stigler, profesor de Psicología, UCLA

Linda Stone, escritora, conferenciante, consultora

Ken Taylor, profesor de Filosofía, Universidad de Stanford

Jay Thorwaldson, antiguo editor de *Palo Alto Weekly*

Tony Wagner, profesor de Educación, Universidad de Harvard

Ann Webb, Compound Money, LP

Veronica Webb, supermodelo, conferenciante, actriz

Lina Williamson, directora de Iniciativa Empresarial e Innovación, Brigham and Women's Hospital

Eddy Zhong, cofundador y director general de Leangap

Quiero dar las gracias especialmente a Kim Diorio, antigua directora del instituto Palo Alto, y a mi exalumna la doctora Karina Alexanyan, con quienes he hablado en profundidad sobre mis ideas para innovación en educación y sobre la participación y el éxito de los estudiantes. Están implicadas en mi nueva organización sin ánimo de lucro GlobalMoonshots.org, la fundación que he creado para la promoción de TRICK en todo el mundo.

Escribir este libro durante el último año y medio ha sido una experiencia intensa. Me siento agradecida a todos aquellos que me dieron su apoyo en mi pasión por divulgar TRICK por todo el mundo, en especial a padres, familias y profesores.

Notas

1. «Mental Health Information: Statistics: Any Anxiety Disorder», página web del Instituto Nacional de Salud Mental de Estados Unidos, actualizada por última vez en noviembre de 2017 (<https://www.nimh.nih.gov/health/statistics/prevalence/any-anxiety-disorder-among-children.shtml>, visitada el 22 de octubre de 2018); «Major Depression», página web del Instituto Nacional de Salud Mental de Estados Unidos, actualizada por última vez en noviembre de 2017 (<https://www.nimh.nih.gov/hcalth/statistics/major-depression.shtml>, visitada el 22 de octubre de 2018); Claudia S. Lopes *et al.*, «ERICA: Prevalence of Common Mental Disorders in Brazilian Adolescents», *Revista de saúde pública* 50, n.º 1 (2016), p. 14s. (<https://www.ncbi.nlm.nih.gov/pmc/articles/PMC 4767030>, visitada el 22 de octubre de 2018); Sibnath Deb *et al.*, «Academic Stress, Parental Pressure, Anxiety and Mental Health Among Indian High School Students», *International Journal of Psychology and Behavioral Science* 5, n.º 1 (2015), pp. 26–34 (<http://article.sapub.org/10.5923.j.ijpbs.20150501.04.html>, visitada el 22 de octubre de 2018); «Mental Disorders Among Children and Adolescents in Norway», página web del Instituto Noruego de Salud Pública, actualizada por última vez el 14 de octubre de 2016 (<https://www.fhi.no/en/op/hin/groups/mental-health-children-adolescents>, visitada el 22 de octubre de 2018).

2. L. Alan Sroufe *et al.*, «Conceptualizing the Role of Early Experience: Lessons from the Minnesota Longitudinal Study», *Developmental Review* 30, n.° 1 (2010), pp. 36–51 (<https://www.ncbi.nlm.nih.gov/pmc/articles/PMC2857405>, visitada el 22 de octubre de 2018).

3. J. A. Simpson *et al.*, «Attachment and the Experience and Expression of Emotions in Romantic Relationships: A Developmental Perspective», *Journal of Personality and Social Psychology* 92, n.° 2 (2007), pp. 355–367 (<https://www.ncbi.nlm.nih.gov/pubmed/17279854>, visitada el 22 de octubre de 2018).

4. Isaac Chotiner, «Is the World Actually Getting... Better?», *Slate*, 20 de febrero de 2018 (<https://slate.com/news-and-politics/2018/02/steven-pinker-argues-the-world-is-a-safer-healthier-place-in-his-new-book-enlightenment-now.html>, visitada el 22 de octubre de 2018).

5. Ian M. Paul *et al.*, «Mother-Infant Room-Sharing and Sleep Outcomes in the INSIGHT Study», *Pediatrics* 140, n.° 1 (2017), e20170122 (<http://pediatrics.aappublications.org/content/early/2017/06/01/peds.2017-0122>, visitada el 22 de octubre de 2018).

6. Jean M. Twenge *et al.*, «Increases in Depressive Symptoms, Suicide-Related Outcomes, and Suicide Rates Among U.S. Adolescents After 2010 and Links to Increased New Media Screen Time», *Clinical Psychological Science* 6, n.° 1 (2017), pp. 3–17 (<http://journals.sagepub.com/doi/abs/10.1177/2167702617723376?journalCode=cpxa>, visitada el 22 de octubre de 2018).

7. Ryan J. Dwyer *et al.*, «Smartphone Use Undermines Enjoyment of Face-to-Face Social Interactions», *Journal of Experimental Social Psychology* 78 (2018), pp. 233–239 (<https://www.sciencedirect.com/science/article/pii/S0022103117301737#!>, visitada el 22 de octubre de 2018).

8. Lingxin Hao y Han Soo Woo, «Distinct Trajectories in the Transition to Adulthood: Are Children of Immigrants Advanta-

ged?», *Child Development* 83, n.° 5 (2012), pp. 1623–1639 (<https://www.ncbi.nlm.nih.gov/pmc/articles/PMC4479264>, visitada el 22 de octubre de 2018).

9. Walter Mischel *et al.*, «Delay of Gratification in Children», *Science* 244, n° 4907 (1989), pp. 933–938 (<https://www.ncbi.nlm.nih.gov/pubmed/2658056>, visitada el 22 de octubre de 2018); Dra. Tanya R. Schlam *et al.*, «Preschoolers' Delay of Gratification Predicts Their Body Mass 30 Years Later», *Journal of Pediatrics* 162, n.° 1 (2013), pp. 90–93 (<https://www.ncbi.nlm.nih.gov/pmc/articles/PMC3504645>, visitada el 22 de octubre de 2018); Ozlem Ayduk *et al.*, «Regulating the Interpersonal Self: Strategic Self-Regulation for Coping with Rejection Sensitivity», *Journal of Personality and Social Psychology* 79, n.° 5 (2000), pp. 776–792 (<http://psycnet.apa.org/doiLanding?doi=10.1037%2F0022-3514.79.5.776>, visitada el 22 de octubre de 2018).

10. Diana Baumrind, «Current Patterns of Parental Authority», *Developmental Psychology* 4, n.° 1 (1971), pp. 1–103 (<http://psycnet.apa.org/doiLanding?doi=10.1037%2Fh0030372>, visitada el 22 de octubre de 2018).

11. Diana Baumrind, «The Influence of Parenting Style on Adolescent Competence and Substance Use», *Journal of Early Adolescence* 11, n.° 1 (1991), pp. 56–95 (<http://journals.sagepub.com/doi/abs/10.1177/0272431691111004>, visitada el 22 de octubre de 2018).

12. Robert Hepach *et al.*, «The Fulfillment of Others' Needs Elevates Children's Body Posture», *Developmental Psychology* 53, n.° 1 (2017), pp. 100–113 (<http://psycnet.apa.org/record/2016-61509-005>, visitada el 22 de octubre de 2018).

13. Michael Tomasello y Katharina Hamann, «Collaboration in Young Children», *Quarterly Journal of Experimental Psychology* 65, n.° 1 (2011), pp. 1–12 (<https://www.ncbi.nlm.nih.gov/pubmed/22171893>, visitada el 22 de octubre de 2018).

14. Marcy Burstein y Golda S. Ginsburg, «The Effect of Parental Modeling of Anxious Behaviors and Cognitions in School-Aged Children: An Experimental Pilot Study», *Behavior Research and Therapy* 48, n.º 6 (2010), pp. 506-515 (<https://www.ncbi.nlm.nih.gov/pmc/articles/PMC2871979>, visitada el 22 de octubre de 2018).

15. Sarah Myruski *et al.*, «Digital Disruption? Maternal Mobile Device Use Is Related to Infant Social-Emotional Functioning», *Developmental Science* 21, n.º 4 (2018), e12610 (<https://www.ncbi.nlm.nih.gov/pubmed/28944600>, visitada el 22 de octubre de 2018).

16. «Kids Competing with Mobile Phones for Parents' Attention», página web de AVG Technologies, actualizada por última vez el 24 de junio de 2015 (<https://now.avg.com/digital-diaries-kids-competing-with-mobile-phones-for-parents-attention>, visitada el 22 de octubre de 2018).

17. Brian D. Doss, «The Effect of the Transition to Parenthood on Relationship Quality: An Eight-Year Prospective Study», *Journal of Personality and Social Psychology* 96, n.º 3 (2009), pp. 601-619 (<https://www.ncbi.nlm.nih.gov/pmc/articles/PMC2702669>, visitada el 22 de octubre de 2018).

18. Jane Anderson, «The Impact of Family Structure on the Health of Children: Effects of Divorce», *Linacre Quarterly* 81, n.º 4 (2014), pp. 378-387 (<https://www.ncbi.nlm.nih.gov/pmc/articles/PMC4240051>, visitada el 22 de octubre de 2018).

19. Sara H. Konrath *et al.*, «Changes in Dispositional Empathy in American College Students Over Time: A Meta-Analysis», *Personality and Social Psychology Review* 15, n.º 2 (2010), pp. 180-198 (<http://journals.sagepub.com/doi/abs/10.1177/1088868310377395>, visitada el 22 de octubre de 2018).

20. Charlotte vanOyen Witvliet *et al.*, «Gratitude Predicts Hope and Happiness: A Two-Study Assessment of Traits and States», *Journal of Positive Psychology*, 15 de enero de 2018 (<https://

www.tandfonline.com/doi/abs/10.1080/17439760.2018.1424924? journalCode=rpos20>, visitada el 22 de octubre de 2018).

21. Jeffrey J. Froh *et al.*, «Counting Blessings in Early Adolescents: An Experimental Study of Gratitude and Subjective Well-Being», *Journal of School Psychology* 46, n.º 2 (2008), pp. 213–233 (<https://www.ncbi.nlm.nih.gov/pubmed/19083358>, visitada el 22 de octubre de 2018).

22. Hannah J. Thomas *et al.*, «Association of Different Forms of Bullying Victimisation with Adolescents' Psychological Distress and Reduced Emotional Wellbeing», *Australian & New Zealand Journal of Psychiatry* 50, n.º 4 (2015), pp. 371–379 (<http://journals. sagepub.com/doi/10.1177/0004867415600076>, visitada el 22 de octubre de 2018).

23. Hannah M. C. Schreier *et al.*, «Effect of Volunteering on Risk Factors for Cardiovascular Disease in Adolescents», *JAMA Pediatrics* 167, n.º 4 (2013), pp. 327–332 (<https://jamanetwork. com/journals/jamapediatrics/fullarticle/1655500>, visitada el 22 de octubre de 2018).

24. Shabbar I. Ranapurwala *et al.*, «Volunteering in Adolescence and Youth Adulthood Crime Involvement: A Longitudinal Analysis From the Add Health Study», *Injury Epidemiology* 3, n.º 26 (2016) (<https://www.ncbi.nlm.nih.gov/pmc/articles/PMC 5116440>, visitada el 22 de octubre de 2018).

25. «Setting School Culture with Social and Emotional Learning Routines», página web de KQED News, actualizada por última vez el 16 de enero de 2018 (<http://ww2.kqed.org/mindshift/ 2018/01/16/setting-school-culture-with-social-and-emotional-learning-routines>, visitada el 22 de octubre de 2018).

26. Julianne Holt-Lunstad *et al.*, «Social Relationships and Mortality Risk: A Meta-Analytic Review», *PLoS Medicine* 7, n.º 7 (2010), e1000316 (<http://journals.plos.org/plosmedicine/ article?id=10.1371/journal.pmed.1000316>, visitada el 22 de octubre de 2018).

Descubre tu próxima lectura

Si quieres formar parte de nuestra comunidad,
regístrate en **libros.megustaleer.club**
y recibirás recomendaciones personalizadas

Penguin
Random House
Grupo Editorial

 megustaleer